寧波歷史文獻叢書

四明叢書未刊稿

【二】

寧波市人民政府地方志辦公室　整理

寧波出版社

明小紀不分卷五朝耆舊記一卷

本書選用中國國家圖書館藏本影印

明遺民林時對撰。時對字殿颺，吾鄞人。其叙是書云：『本朝史例，書榻前議論之詞，則有《時政記》；録柱下見聞，則有《起居注》；類而次之，謂之《日曆》；修而成之，謂之《實録》。陳中丞于庭曰：《革除遺事》與《奉天靖難》并觀，則仗節與翊運之趨操自見；《否泰録》與《復辟録》互考，則御虜與奪門之功罪自明；《視朝餘録》與《雙溪雜記》相參，則宸濠之護衛誰復；《病榻遺言》與《内閣首臣傳》類閱，則顧命之付托誰承云。』觀其叙言，蓋欲纂成一代信史也。惜是八册爲未完之書、未定之稿耳。卷首有抱經樓藏書印，與余購得之《四明文獻考》《世系源流》諸書所鈐者同，乃四明盧氏故物也。輾轉入於古鹽官信天翁，不詳其姓氏。己巳歲，顧詒穀立仁携以贈我。詒穀雖爲商，雅人也，蓄舊書極富，今其人亡矣。余欲以是書刻入《四明叢書》，尚待整齊，要未可因其殘稿而忽之也。乙酉春，約園。

（《約園雜著三編》卷二《藏書題跋二·明小紀八册不分卷》）

此明小紀八冊明遺民林時對先生所輯建文至崇禎十二朝似未定之藁世無刻本傳寫亦甚罕見是書仍藏抱經盧氏民國初散出余購得之今夏曝書因蝕重裝後之人其寶視之

古鹽官信天翁識

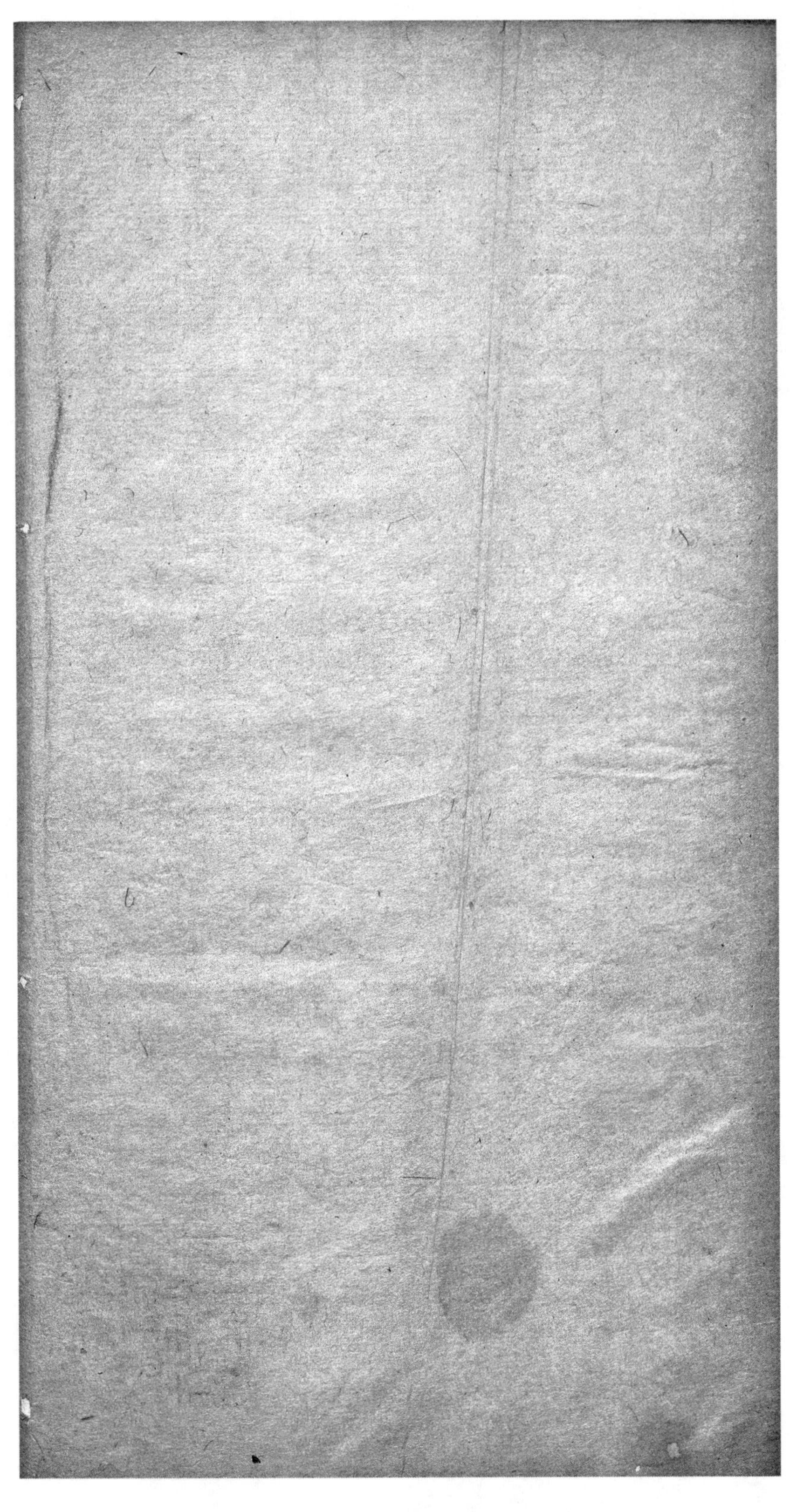

本朝史例書榻前議論之詞則有時政記録柱下見聞之實則有起居注類而次之謂之日曆脩而成之謂之實録陳中丞于庭曰華除遺事與奉天靖難記並觀則伏節與翊運之趍操自見否泰録與復辟録互攷則樂虜與奪門之功罪自明視朝餘録與雙溪雜記相參則宸濠之護衛誰復病榻遺言與内閣首臣傳類閱則顧命之付託誰承萬曆閒大學士玉壘陳公上言國家治化翔洽列聖經綸如日月之麗天而無正史以垂一代典謨何以昭來彰逞請詔儒臣開局纂脩書奏報可業已次第

發大內之秘令四方具以軼書進諸儒臣亦各搜羅辨證浸有
端緒矣會有所中格輙報罷有識者毎抱古今之慨錢虞山云
本朝學士大夫從事於史者衆矣以海盐之志焉而弗史以太
倉之力焉而弗史以南充之位與局焉而弗史陳眉公云本朝
有兩大恨楊忠愍受樂於韓苑洛精思之極夢舜授黄鍾試樂
之日有九鶴飛舞於庭而公以忠諫死王弇州司馬負遷固之
才若置之天禄石渠閒而以汪伯玉諸君子爲副其史必有可
觀而老於文人以没

國史之失職未有甚於我朝者故事有不諱始命內閣翰林臣
纂脩實録六科取故奏部院咨陳牘而已其於左右史記言動
則闕如是故無所考而甚者當筆之士或有私好惡焉然則史
失求諸野乎然野史之獘三一曰挾郄而多誣人非公平賢者
寄雌黄於睚眦若雙溪雜記瑣綴録之類是也二曰輕聽而多
舛生長閭閻不復知縣官事謬聞而遂述之若枝山野記剪勝
遺聞之類是也三曰好怪而多誕創為幽異可駭以為新奇不
覈而遂書之若客座新聞庚巳編之類是也無巳則求之家乘

銘狀與雖然國史人恣而善蔽真其叙典章述文獻不可廢也野史人臆而善失真其徵是非削諱忌不可廢也家史人諛而善溢真其續宗閥表官績不可廢也錢虞山云自絲綸之簿左右史之記起居召對之籍化為煨燼學士大夫各以己意為記注憑几之言可以增損造膝之語可以竄易而國史偽自史館之實録太常之謚議琬琰獻徵之記載委諸草莽世臣子弟各以私家為掌故執簡之詞不必登汗青裂麻之奏不必聞朝著而家史偽自貞元之朝士天寶之父老桑海之遺民一一皆沈

淪竄伏委巷道路各以胸臆爲信史於是國故亂於朱紫俗語流爲丹青又才華之士不自貴重高文大篇可以數縑邀取鴻名偉伐可以一醉博易而野史僞然則論史於今日誠哉其難矣

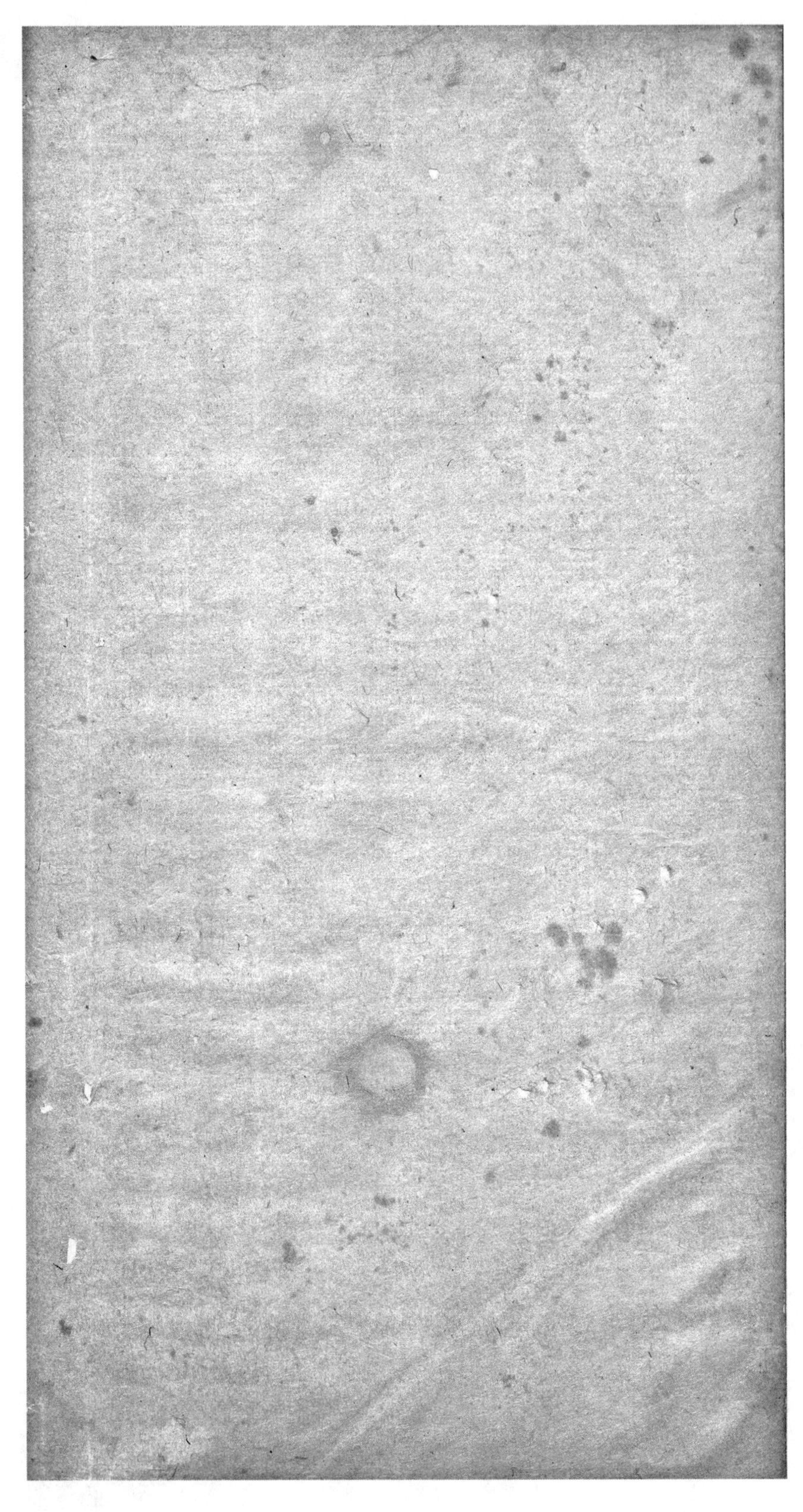

大将軍中山王之北伐也盡收奎章圖籍徙而之南北平定爲則又輦而之北以　二祖之聖學　仁宣之右文訪求遺書申命史館歲積代累二百餘載一旦銷沈於闖賊之一炬館閣之書盡矣而內府秘殿之藏如故也煨燼之餘繼以狼籍凡珠囊玉笈棐几之横陳乙夜之進御者用以汗牛馬藉槖駝求其化為飛塵蕩為烈焰而不可得海內藏書之家冣莫先於諸藩秦晋蜀趙熸已周藩之竹居寧藩之欝儀家藏與天府埒今尚有尺蹏片楮存焉者乎汶洛齊楚之間士大夫之所藏又可知也

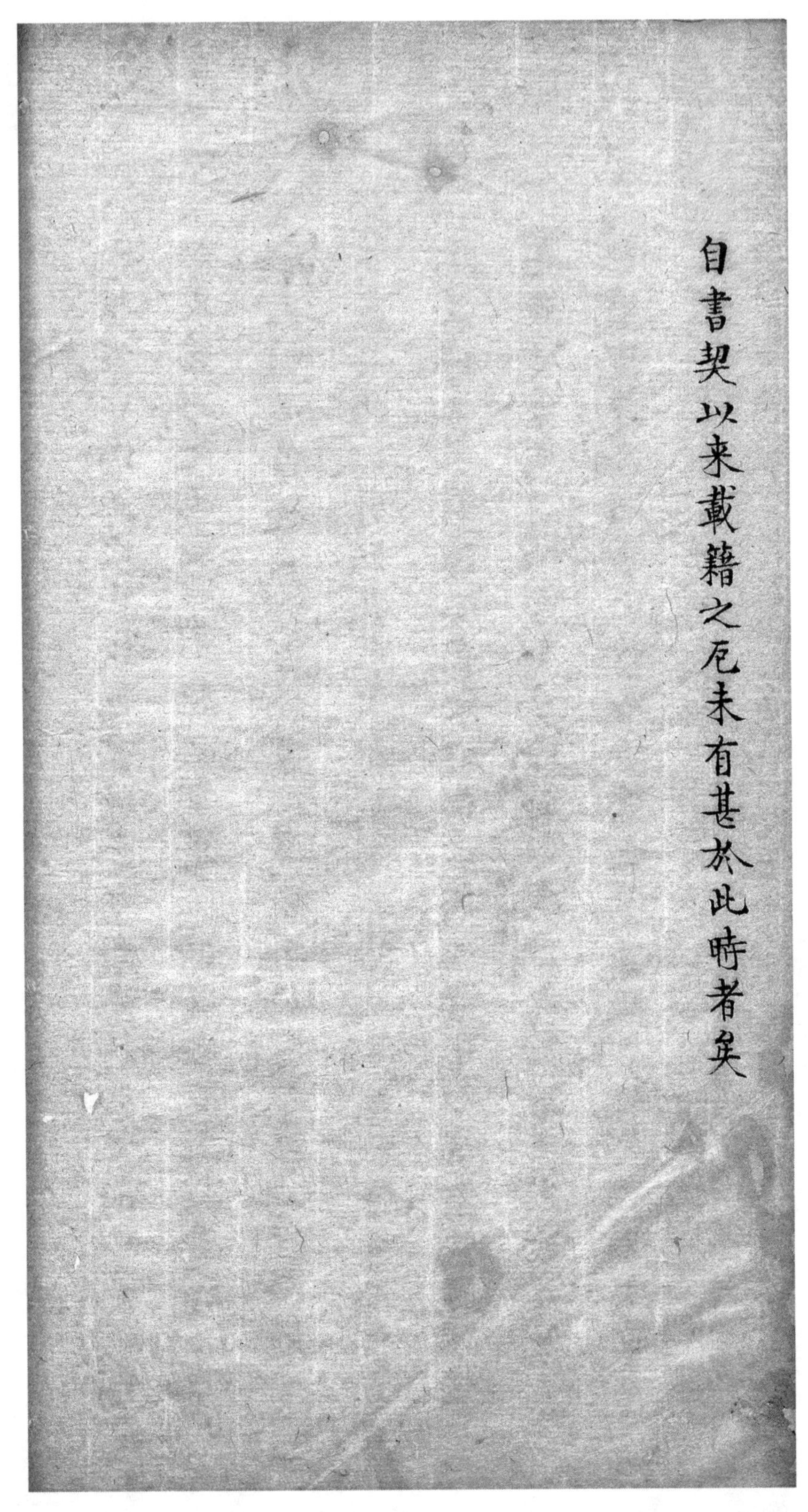

自書契以来載籍之厄未有甚於此時者矣

惠宗讓皇帝紀

高皇既厭羣臣太孫御極而二十三王者皆叔行以意行國中自如禮樂刑政發不自上裁之則寡恩縱之則傷法於是齊黃以鼂大夫之謀進而掩襲時下戮辱繼之諸叔惴惴不自保太宗因燕之成資奮戈南向僅三載而易大物雖神武絶倫猛將戮力蓋亦有天助焉嗣是以後高煦狃於勝宸濠秉國瑕用其螳臂蛙鼓而當伏軾不旋踵而糜碎雖順逆之理懸亦强弱異勢歟

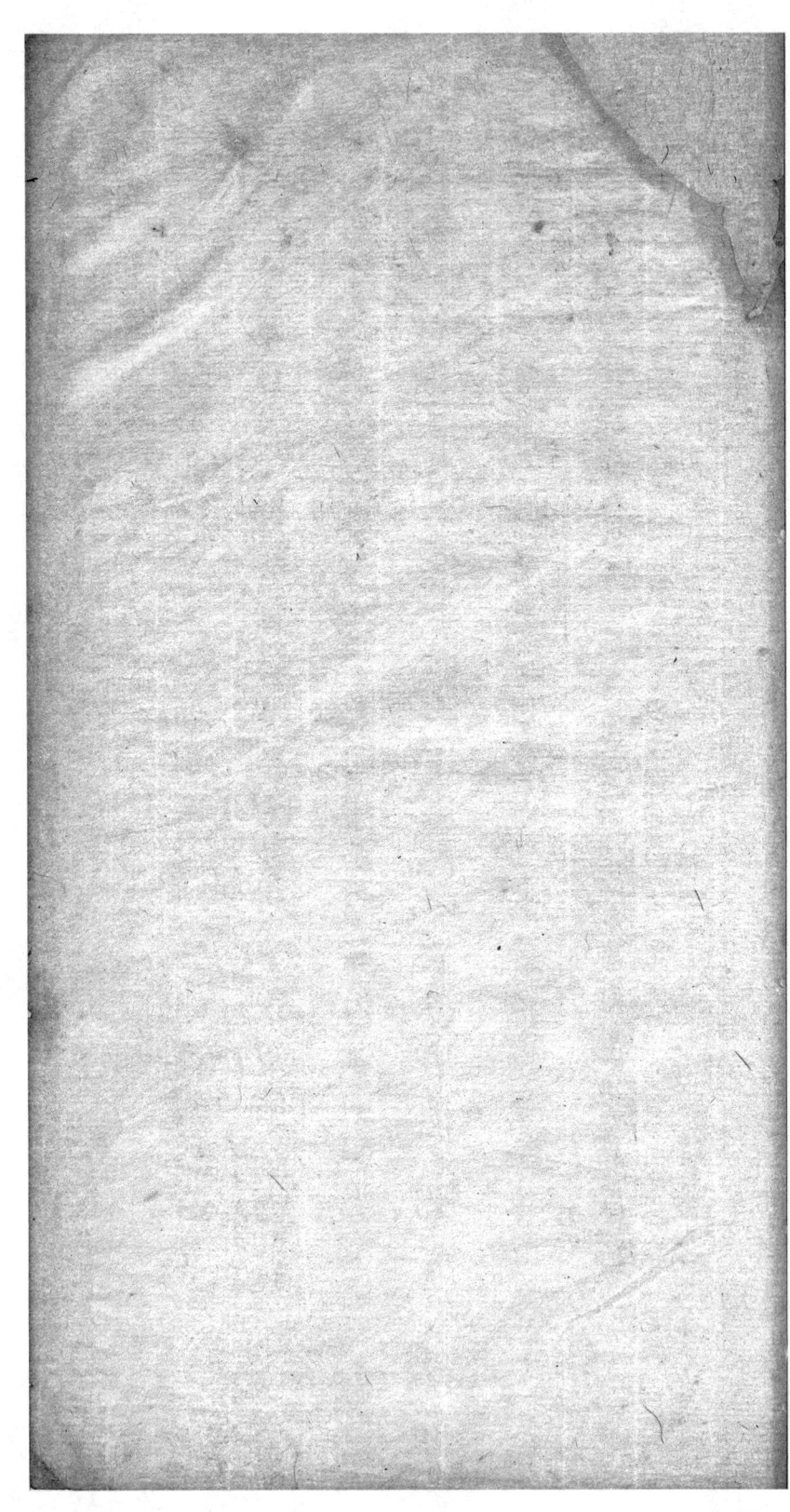

靖難兵未起中朝已有備江陰侯吳高兵十萬屯遼東都督宋忠兵十萬屯懷來都督徐凱兵十萬屯河間而張昺謝貴在北平城中長興侯耿炳文又統兵三十萬至真定何以兵起竟敗塗地謂非天命與

高煦之至京師也齊泰欲即収之以黄子澄不可而止宸濠之將發難也許逵欲先發後奏以孫燧不可而止事機之先後着間不容髮若此

開平王長女為皇太子妃實生　建文皇帝其子昇襲開國公以抗靖難師安置雲南之歸安以憂死一云洪熙初召還賜鈔幣尋遣歸然爵終不得復至弘治中録六王後曾孫復得襲南京錦衣衛指揮嘉靖時會議復四王後始封常玄振為懷遠侯視中山王封魏定兩公垂三百年者枯菀何天淵耶

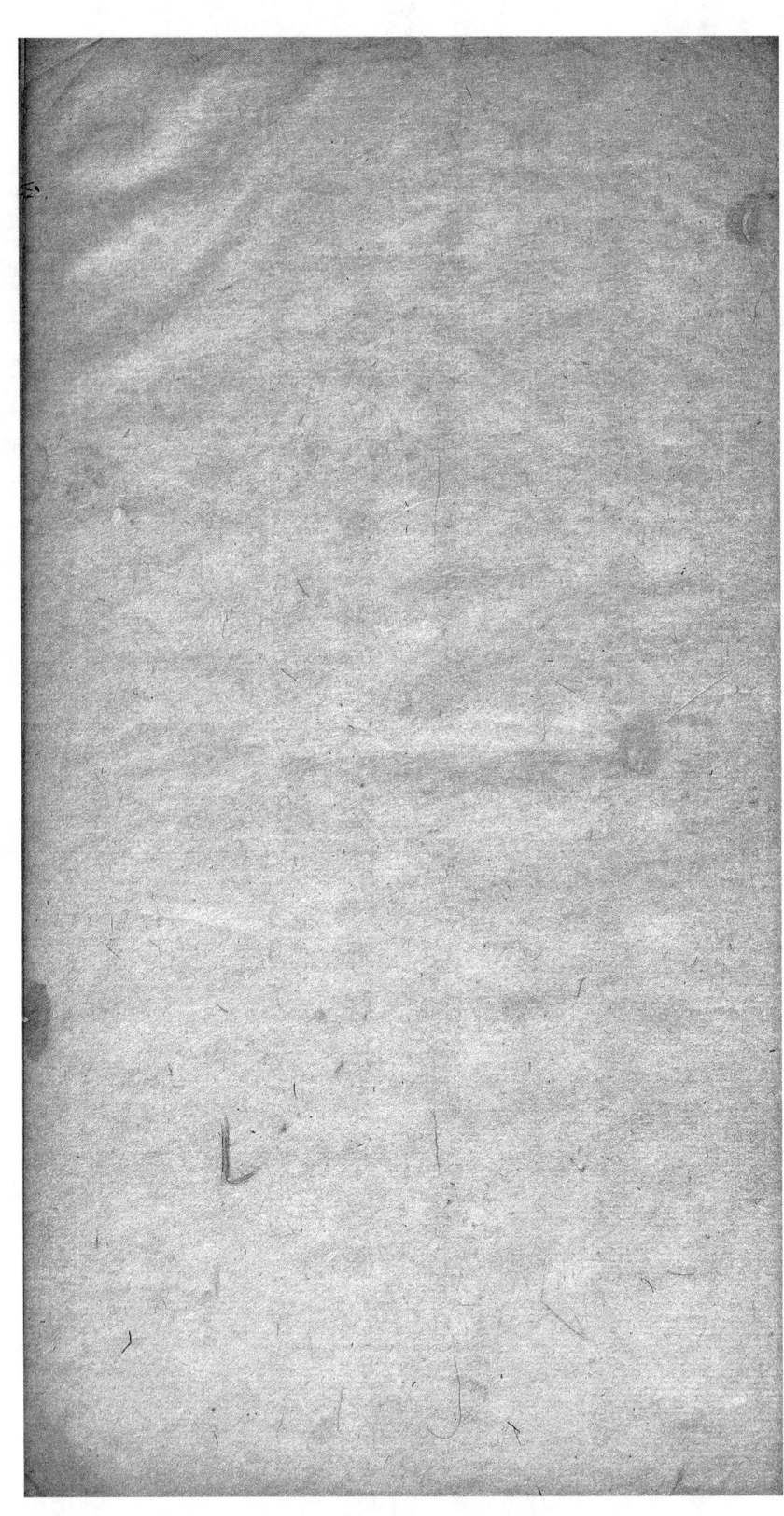

梅殷有才智　太祖最眷注臨崩皇太孫與殷侍側　太祖囑
太孫曰燕王不可忽次謂殷曰汝老成忠信可托幼主乃出誓
詔及遺詔授曰敢有違天者汝為朕伐之至北兵漸逼建文令
召集兵民號四十萬以殷統臨淮上扼燕師燕王遣殷書假道
殷割使人耳鼻口授詞答文皇曰留汝口與殿下言君父恩義
後文皇即帝位殷尚擁淮上上迫公主招殷〻得書慟哭詢皇
帝所在中使曰去矣殷曰君存與存君亡〻亡吾姑忍俟之乃
還京見上上曰駙馬勞苦曰勞而無功徒自愧耳　文皇寵賚

甚至而心啣益甚明年冬早朝都督譚深指揮趙曦令人擠殹
死笪橋下公主牽衣大哭問駙馬安在上笑曰為公主踪跡賊
無自苦官其二子順昌景福初北平兵起公主嘗貽書以大義
阻　文皇不答兵至淮北與公主書言興師不得已之故令遷
居太平門外勿罹兵禍公主亦不答朱史氏曰北平師起中朝
用兵其籌畫於内者俱不必言而戮力於外稱知兵善戰守者
莫如鐵尚書持重有威望者莫如梅駙馬而盛庸平安輩亦皆
良將可以立功者惜天命已去智不及謀勇不及決駙馬雖不

即死其曰君存與存意念深切朝對之語極中事情婉而寔亢嚴主心媿當亦霽威公主貽書及韋衣之哭一時見憚居然烈丈夫之風矣

大政記曰建文君避位大約自吳江史家轉入義門鄭氏由楚蜀至滇依西平侯入山令武定府龍隱臺在獅山之巔孤峰入雲兩石相抱中容數人帝曾隱於此弇州謂正統復出之說妄而頤宗伯起元斷其言為有見謂帝龍而魚服辱而鴻冥何戀戀於京師一坏土豈鄭海鹽辥武進之說盡妄耶乘傳至京移入大內以壽終葬西山不封不樹之說非盡髣髴也吾鄉黃南山潤玉為廣西提學嘗見之言其狀貌魁梧聲如洪鐘語當不妄此不敢據為誠有亦不可斷為必無大事記謂當時遺詩一

首不傳决非所傳之三律詩豈并不可過而存之乎至靖難日
𤈦搜無遺誰敢指后屍誑以為帝又記載葬帝以天子禮令陵
寢復在何地以意逆之姑以存疑此則誠如頎所云耳

壬午遜國之期以六月十三日帝獨從地道諸臣悉出水關痛哭仆地者五十餘人自矢從亡者二十二士而廖平之議以爲多人必生得失不若逢爲應援於是謹侍左右者三人楊應能葉希賢稱比丘程濟稱道人是也往来道路給辦資糧者六人馮漼郭節宋和趙天泰王之臣牛景先各諱名號潛相通問是也其經由之地則自神樂觀啟行由松陵而入滇南西游重慶東至天台轉入祥符僑居西粵中間結菴於白龍題詩於羅永兩入荆楚之鄉三幸史彬之第去來踪跡何歷、也年逼桑榆頽還骸骨奉瑛據之以聞吴亮辨其非妄夫不復國而歸國不作君而作師雖以考終亦云慝矣假令　文皇晏駕沙塲　昭帝新居苫次此時兵力黷於邊閫内難伏於高煦國勢危疑人情臬兀而滇黔地險沐氏兵強因申控告之義非流冗而藉共和則東還而依晋鄭一軍出荆門即襄鄧可揺一軍出漢南即長江可據柰何枕席有涕泣之痕行旅多槖饘之奉而興復大計闕焉不講乎至於正統改元主易四朝統踰五紀嗣服相承天定之矣而况主君已老從者彫零當險阻備嘗之餘正精志

銷亡之日奄兹待盡尚安望其復振耶乃若從亡諸臣國爾忘家四十餘年捍王於艱櫛風沐雨雖無包胥之義亦有子家之忠推此志也雖與日月爭光可也而議者據太宗實録謂建文自焚疑一龍之未出挨衆蛇而不載亦思胡濙訪仙思恩擢職以及葬在西山不封不樹又豈得以傳聞異詞置之存疑而不論哉

李本寧太史曰建文帝五年為天子而廟食缺焉至今　高皇
冢其虛號後人不得辭其責矣若謂姪不可先叔則靖難師初
起屢上書稱陛下臣獨可以先君乎列建文於帝紀中而序
高皇之下　文皇之上日久論定變而不失其常有餘恫焉有
餘慕焉頗宗伯起元曰建文於靖難師起手詔軍中毋使萬世
而下令朕有殺叔父名及靖難師至潛身遠遁又毋使萬世而
下令　文皇有放逐名真可謂三以天下讓矣至萬曆乙未復
建文年號附於　太祖高皇帝實録之後弘光初上廟號為惠

宗謚曰讓皇帝庶幾慰在天之靈云

壬午以還天位大定　文皇帝苟有分毫利天下之心國難方
新遺種未殄必剪滅此而後即安遁將何所以　文皇帝之神
聖明知孺子之不焚也明知亡人之在外也明知其朝於黔而
夕於楚也胡濙之訪張邋遢舍人而求諸仙鄭和之下西洋舍
近而求諸遠藥燈之詛呪雜染之藉手彼兇之罪百倍方黄以
榮國榻前一語改參夷而典僧録其釋然於溥洽者所以慰藉
少帝之心而畀之以終老也　文皇帝之心　高皇知之　昭
皇知之　天地鬼神知之而三百年之臣子服事其聖子神孫

使　文皇帝之心事晦昧千古此則可為痛哭者耳金川之師

禍深喋血　讓皇帝苟有分毫不忘天下之心憑仗祖德依倚

民懷散卞可以收合蚩夷可以煽動誰則非之　讓皇帝明知

天命之不可干也明知大位之不可再也明知本支百世之不

可傾動也以神州赤縣為孤竹之封以休髮壞衣為採藥之適

髦遜遯荒自比退耕於野頭陀乞食豈曰糊口四方由是而內

治外攘踰沙軼漠　高皇帝之基業安祖宗之統緒安三百年

之天神人鬼罔不乂安寧非　讓皇帝之所貽予　讓皇帝之

至德與泰伯媲美矣

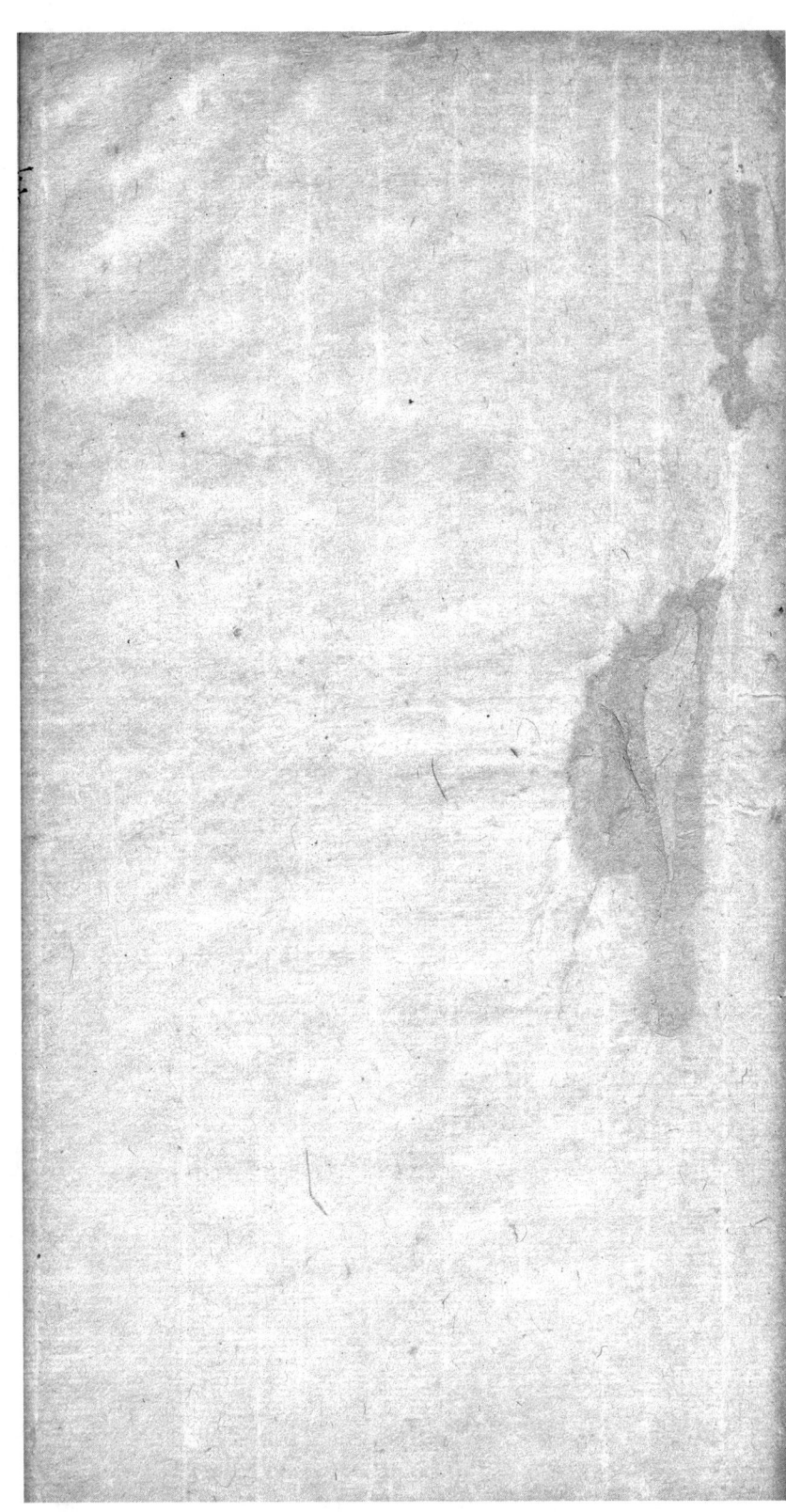

靖難師未起朝邑程公濟為岳池教諭上書言某月某日北兵
當興時以其妖言繫獄至期果應以翰林編脩充軍師護北征
徐州之捷諸将樹碑紀功叙統軍姓名濟一夜往祭碑人莫喻
其故後　長陵過徐見之大怒趣鐵椎〻碑再椎遽曰止為我
録碑文来按族誅之無免者濟姓名正在椎脱處其神術如此
後從建文帝出亡每遇險竟以術脱去相從數十年莫知所終
自古有變事有恨事即有奇事〻莫奇于程編脩矣

陳太史仁錫壬午殉難列傳叙古来死忠代不數〻商惟墨允漢獨龔勝唐家河北無一義士宋季南朝止李侍郎未有開創未逾再傳而忠義千古為盛如昭代遜國之際者也當靖難師起以誅錯為名獨齊黄兩人耳暨天下大定榜列奸臣前後凡五十一人蓋自推戴勸進外人〻奇息豫讓矣而引繩披根株連瓜蔓澤量若焦孤犢夜嗷參夷之憯於是極已則孝孺十族之言有以激之也愈激愈殺愈殺愈激至於斷舌碎骨湛宗燔墓而不悔而萬乘之威亦幾於殫矣夫以遜順天非若蕭墻之

喋血也以旦代辟非若易姓之受命也建文君何以得此於諸臣哉則皆　高皇帝所培養之忠臣義士也當平元捷至詔群臣嘗仕元者不許賀建余闕李黻祠贈謚福壽每歲遣官致祭而履聲橐橐之老臣則愧之以文天祥而終竄以死蓋激勵若斯之至也三十年亘萬世矣食報之厚不亦宜乎昔人有言平時有犯顔敢諫之士則臨難必有伏節死義之臣有國家者欲收忠義之報其務先儲養哉

鄭履淳曰觀革除遺事考書契以來死義之臣未有盛於此時者也 文帝伏義周公師陳江上金川不守本 高皇親嫡子豈易姓比況英毅豁達遠邁建文使智如管仲以忠 高皇者忠 文皇他日齊名蹇夏亦無不可胡乃茸餡於赴咼取適於指生宗嗣奄滅而守不移朋屬既殲而心不動精金以百煉益勁長河雖萬折必東壯烈泣鬼神血誠貫天日方練暴鐵之節尤爲皎、而周景諸公相時委曲終完大義他若知名無考有迹無名者不可勝數又寧無名迹俱泯詩不見於蛾眉幾豫決

於色舉者予蓋自推戴留名外人、荀息豫讓矣自是以後四
十八年乃有己巳之變去戊申八十餘年德教愈深宜有文丞
相李侍郎者光我中華盛於建文可也於時死綏授命之士寂
無聞焉己巳以来又百二十年廷臣危言潔行固多可表求其
格心善俗歷乂如漢汲黯唐韓休宋田錫歐陽修者殊未易得
即得之未安於位也度之濟難槩可知矣嗚呼人才關氣運之
盛衰士氣係人才之隆替故詳遜國諸臣以附名臣之後有風
教之責者庶幾有感於斯

弇州壬午殉難諸臣賛夫鐵公憑未堅之版築鼓不振之兵氣
轉弱為强數就而挫天之所廢誰能興之支有虀碎膝無少屈
斯為最矣希直以天挺之才當人文之會雖經綸未究而黼黻
已彰至於勁氣峻詞昭揭今古金石無泐日月長新嗚呼烈哉
姚安陸之牧三吳毋議文翁高遼州之筴諸王奚減賈傅其他
從容慷慨歸盡不同要以鼎忠完節舍生成仁無可議者魏公
詘彼肺附堅此股肱非武寧開天之勲仁孝厚坤之懿豈直盆
庾𤠣犴亦將參夷五宗矣景公懷豫讓之誠而不獲逞齊黄東

鼂錯之忠而無所成心無餘旃國有遺恨若張太宰少揖於蹇
擊而終安於雉經可謂不遠之復未盡處死之道乃其數積湞
羌餙躬銓部與廸肩衡視瑺骨臭亦洪建之良臣也因附而贊
之其辭曰桓又嵑石高皇所器完璣立堅鼓敗為鋭大履拉邏
一木焉制抗節内庭捐軀東市譬彼隕璧光完愧碎希直儒雄
先民是程剪過戎機鋪張治平絶命長哦麗日經星流誼滄海
建標赤城景道矯又宣威滇池進秩春宮寅清帝儀碪鏤鑊烹
骨芬肉餡子孝父忠表卞同辭有斐瀾伯公車駿發銜新蟬冕

職邇璽節飛檄逾琳投湘擬屈臣擦松筠閻儀霜月蹇又子寧
著聲中外帥臣失律以罷自解抗詞請執不愧司敗玉胥遺芬
金川表派英又卓公徵奇履虎曲突能謀逆鱗匪迕歸誠故天
流惜新主疇云孔壬乃實爰汝復初長者獻替是勞御李與尸
馮河殉要大方佐泰毋忝祖焦入臺而隕卒以節昭於赫秋官
有侯有纂又司來訪以燕事告侯漕六師無絶甬道斷舌餘聲
抉心猶跳高既宏識曾亦强辨賈傅請纓魯生飛箭妖鵬垂凶
蹈海終殘叔英熸夷乃茾食薇殷德為是周粟為非是脩申雄

在閤尊經前崎孔廟後瞰鍾陵良例錢塘程到豫章心無變謫
道不移卞無如元一宣猷股肱化美文翁封同杲卿鉞也苦土
自沈于淵外無負友内不辱親士淵循吏狗知酬宥彦亨純孝
感親捐軀皇又魏公氣如長虹委心王室削款椒風璟亦負奇
出控藩封從理入口皆以餓死武寧不沒文成有子烈又景君
詭跡專謁山䫻避名文曲徵象憤擬伍員俠肩豫讓事乙志畢
形泯神王泰固受遺澄亦家令削瀵晁生除旦子孟寬遠心通
瀦宮移姓謀之不終得死為正張公治滇樂不可支錦績鷚封

衡樞僞池會是浮沈大僇不施拊心内謀竟以完歸凡此貞臣
以及吉士封彊能死社稷是衛精白既同休戚咼異竄跡文身
不可遄計聖皇開天爰立臣則錫龍旌祠以垂無極汨江揚波
首陽勵色我作頌詩有光明德

壬午遜國諸忠臣在　文皇時已蒙陳瑛之慘毒嘉靖間給事
中楊公僎請為諸臣編集往迹追贈官謚淑立祠宇録用子孫
此本朝最盛德事也而礼部尚書夏言力絀其議且謂齊泰黄
子澄輩是當時誤國之人　太宗文皇帝名為君側之惡聲其
罪而誅之者瑛肉不足食也夏亦為是言欤厥後西市之誅當
是遜國諸臣之靈奪其魄耳

太宗文皇帝紀

永樂玉牒載　高皇后以庚子四月十七日生　文皇而南太常誌謂孝陵祀殿第四位碽妃生帝此又何說也聊以存疑可耳

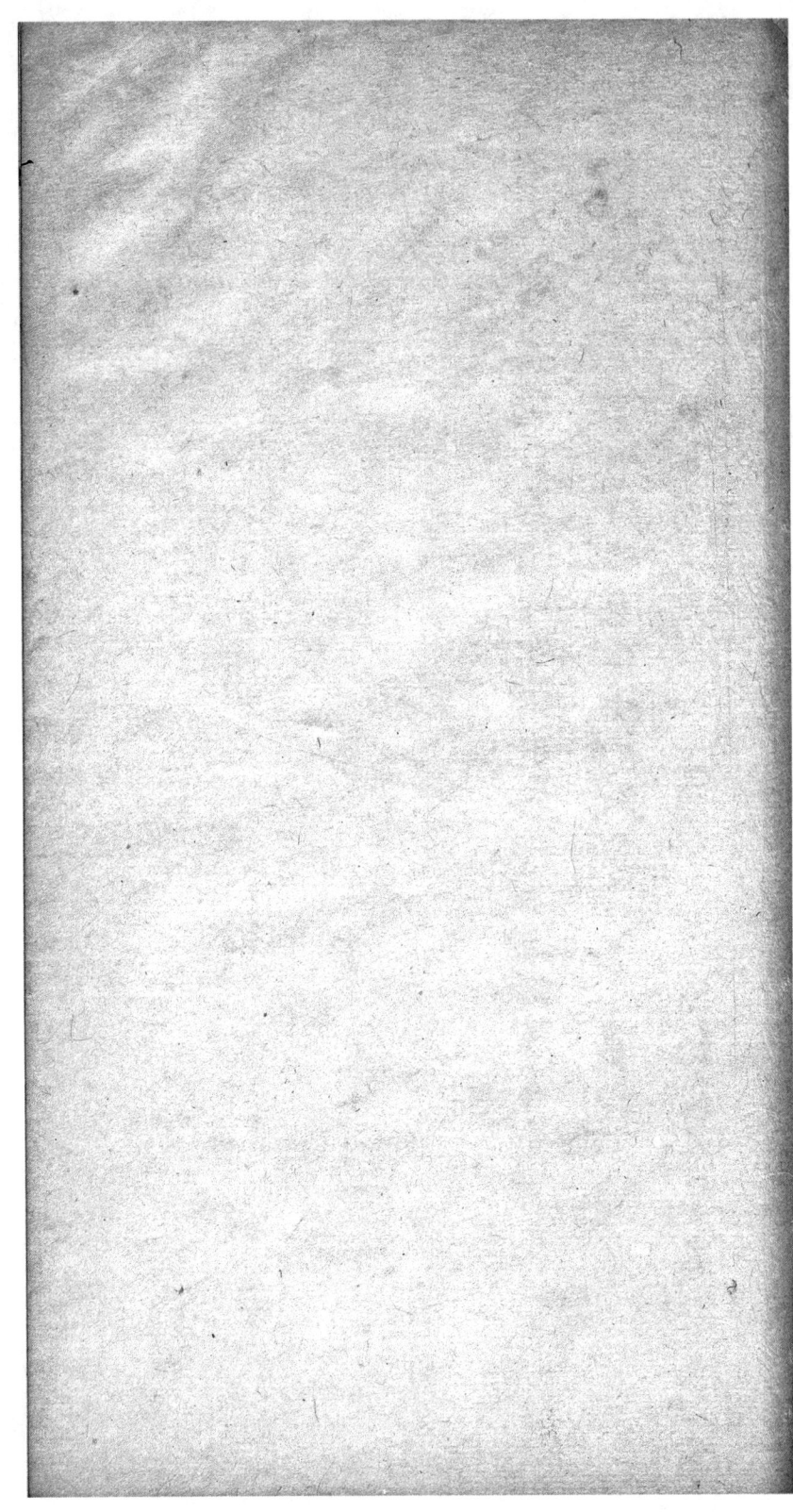

嘉靖議禮追尊　太宗文皇帝爲成祖宗雖少讓於祖而成則有殺於太按三代而後一統之正莫過於漢唐宋其功德之盛者莫過於三太宗然未聞以祖稱也禮祖有功宗有德太祖之前不得不稱祖太祖之後不得不稱宗惟晋武帝身開大統而迹讓創業故追尊宣王爲高祖而身爲世祖北齊文宣亦然豈足爲法乎然則我　文皇宜復故號爲太宗斯於尊親之典更協

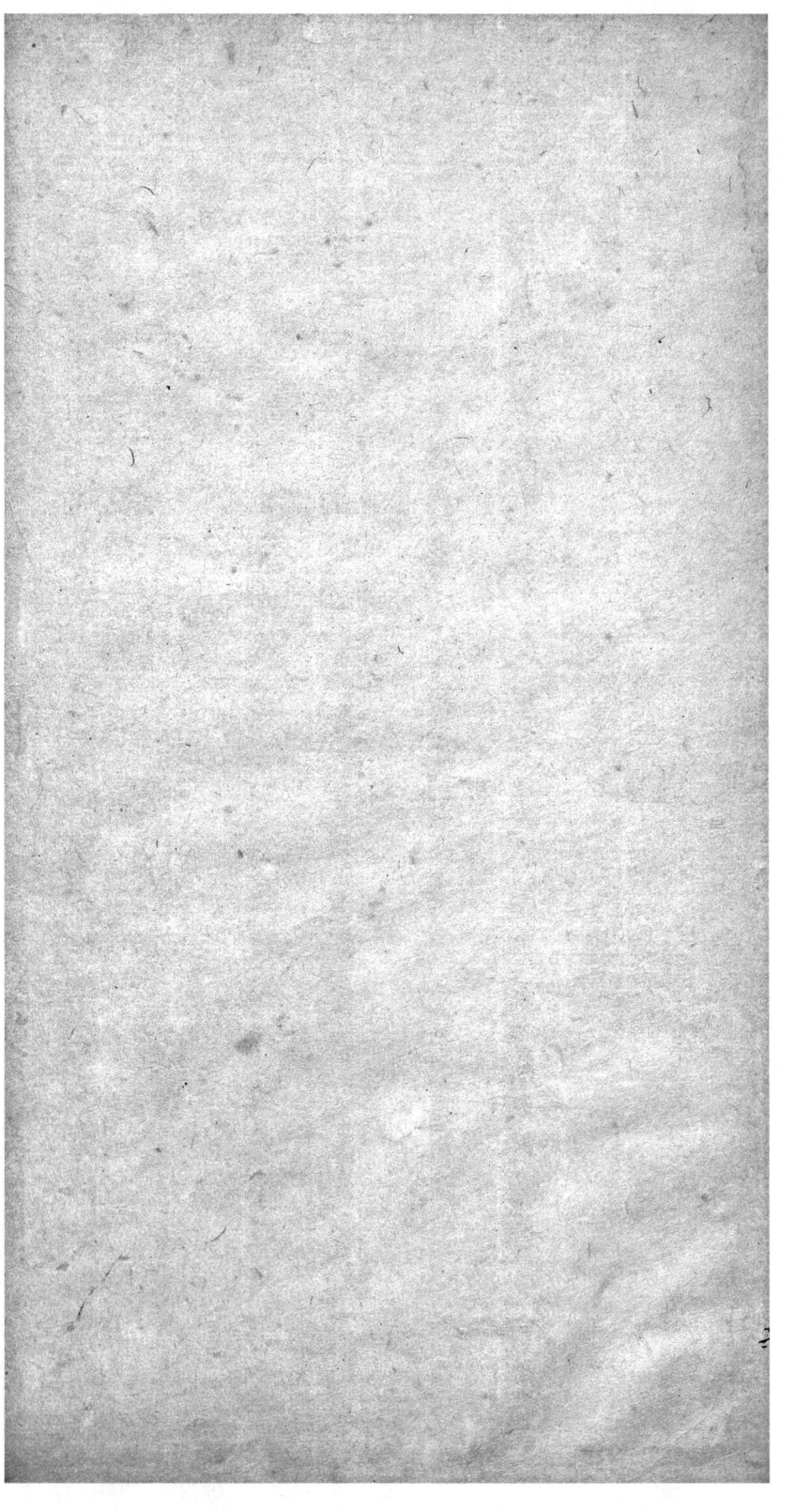

文皇靖難在己卯秋寧庶人作難亦在己卯秋相去正得二甲子文皇之起以都督三司譤讞伏甲僇繫之寧庶人亦然豈偶合耶抑有所襲也其用李士實爲太師劉養正爲國師亦似有取於韓公誠意同姓然　高皇之帝業成於鄱陽一戰而庶人却敗於其地又何與　文皇起自北藩征誅而得天下壬午年即位後一百二十年　肅皇帝起自南藩揖讓而有天下亦壬午年改元帝王自有真所謂妙合者固不在彼而在此矣

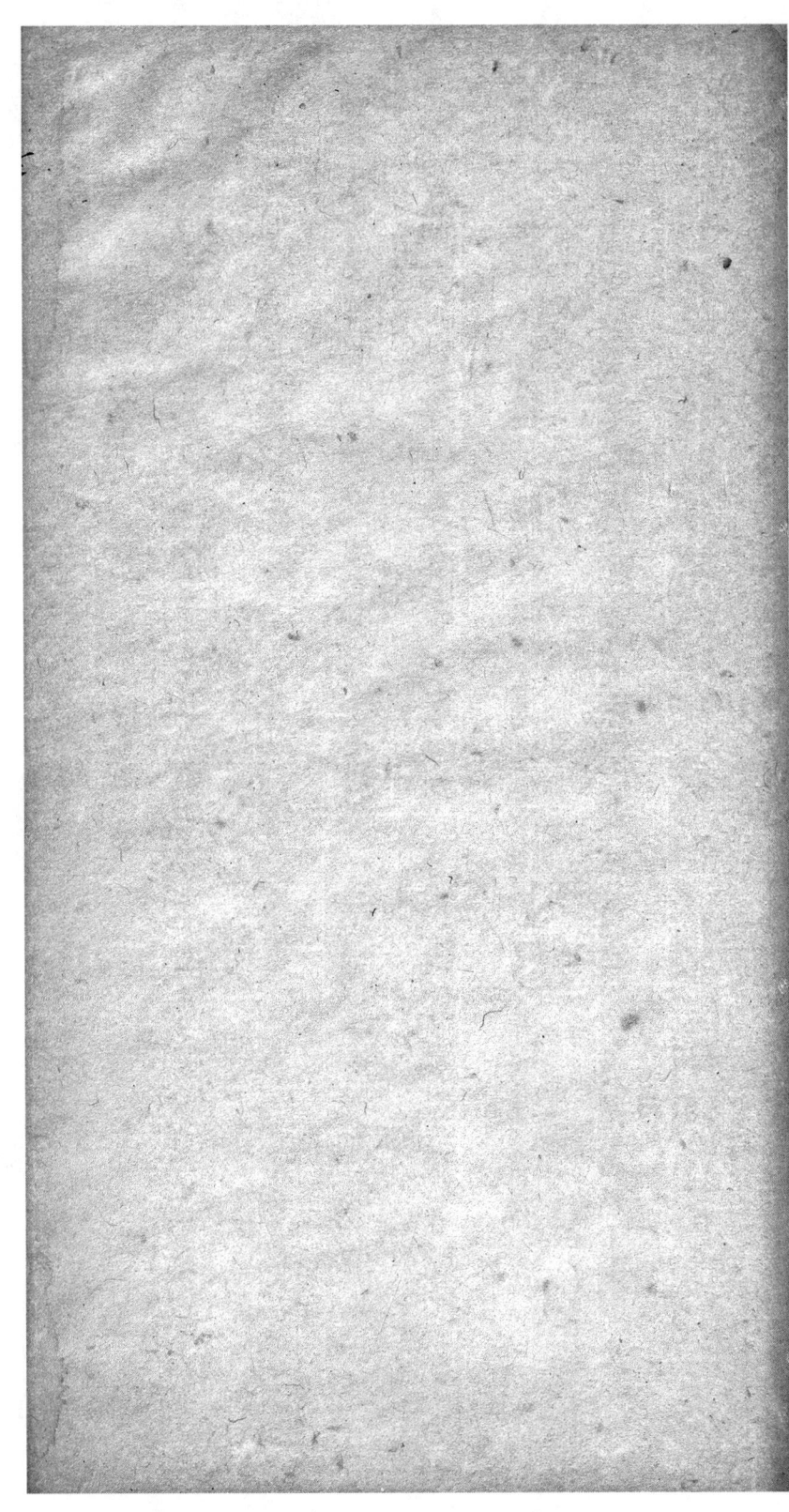

太宗渡江時解縉胡廣黄淮金幼孜胡儼及楊士奇周是修相約同盡於應天府學既而解使人覘胡動静因得廣如厠回問家人曾飼猪否解笑曰一猪尚不肯捨豈肯捨性命乎蓋初皆無意於死也惟是脩竟行其志諸公後来雖有王魏之事業不能盖斯恥矣後解為周誌墓士奇作傳且謂其子曰當時吾亦同死誰為爾父作傳者聞者大噱

文皇初入城楊文敏迎見馬首問何人曰翰林學士楊榮白請
殿下今始入城當先謁陵先謁廟乎上瞿然曰固當先謁陵遽
從之既而召文敏謂曰非若言幾誤由是寵遇遂隆又兵駐金
川門即命訪解公大紳既至甚喜始建内閣處翰林七人而公
為首令内閣規制皆公創為之及議儲未决召公預議公言立
嫡以長繼曰好聖孫宸衷頓悟事遂定

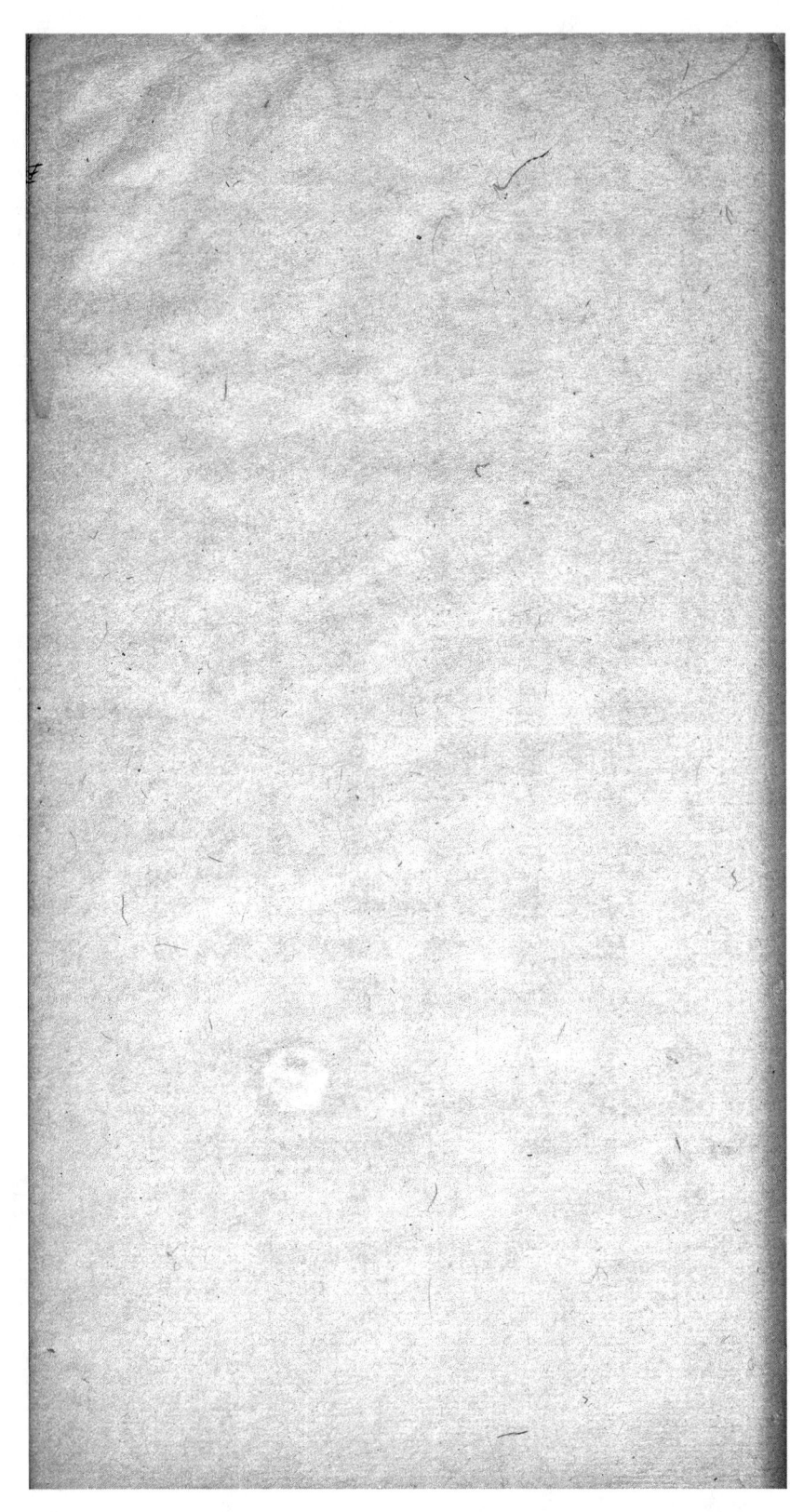

耿長興炳文北兵之起率衆二十萬困守真定靖難後陳瑛劾炳文衣服器皿僣飾龍鳳上曰炳文先朝老臣亦為此其速改尋籍其家炳文自縊故黄金開國功臣録及黄佐革除遺事皆言炳文死於陣忠節録據二書收入而國史則云永樂二年被劾縊死不知誰是愚獨惜長興事　太祖四十六年困守長興驅馳邊塞有功無過保全終始任寄大約與郭武定英等後武定以椒房至親且非特將得免并獲贈謚耿獨譸、至父子竝死恐　太祖在天之靈亦有所不安耳

王弇州曰靖難諸臣從藩邸起以一旅之師彈丸之地出萬死者三載而遂定宗社於泰山之固其績誠巨然英主實在軍攻堅履危斷自神授又大戰不過十餘所定軍府不過三四而已無論中山開平其視曹衛宋潁而下抑何徑庭也定興之掃安南固自偉亦何能超潁國之下滇蜀且久復失之令　高皇之盟白馬指黃河而誓其功臣鮮有存者易世而後所當僅如綫之虜與萑苻之盜鹵級數十以至百積封自伯而至侯遂有公者令胡以貂綿蟬聯也以此況彼誠不可同年而語自　孝宗

而後執政者始知愛守名爵不輕畀而不能無畏於首尾未暇
一又釐正之然至新建之取叛王不煩天子璽書不費太倉水
衡金錢縛之於股掌寧遠之摧東虜積級至萬餘其所遘敵固
皆瑕然其積豈與他徼倖等而薦紳大夫猶斷斷有後言者何
也少所見多所怪恒也又陋而不習掌故故余固表之以告司
勲者

直文淵閣入内閣預機務出納帝命率遵祖憲奉陳規誨獻吿
謨猷點簡題奏擬議批荅以備顧問平庶政不得專制九卿事
九卿奏事亦不得相関白凡上所下一曰詔二曰誥三曰制四
曰勑五曰冊文六曰諭七曰書八曰符九曰令十曰檄皆審署
而調劑焉平允乃行之凡下所上一曰題二曰奏啟三曰表箋
四曰講章五曰書狀六曰文冊七曰揭帖八曰會議九曰露布
十曰譯皆審署而調劑焉平允乃行之凡東宮出閣講讀領其
事叙其官而授之職業凡脩實録史誌諸書充總裁官實録成

呈上焚其草禁中凡宗室請名請封及諸臣請謚並擬上焉凡
圖書繕寫讐校皆課而察之凡郊祀廵狩親征巵行凡累朝御
文寶録寶訓玉牒之副古今書皆籍而藏之凡會勅稽其由狀
而叙述上請焉凡禮部會試廷試貢士國子生月課歲貢生廷
試四夷館譯字生皆總領之其屬制勅房書辦制勅誥敕誥命
冊表寶文玉牒講章碑額題奏揭帖一應機密文書及王府勅
符底簿誥勅房書辦文官誥勅番譯勅書并夷書揭帖紀功勘
合皆稽按典故起草進畫若漏泄稽緩遺失妄誤皆有罰盖罷

中書丞相此直文淵閣者即虞揆殷衡周宰之職也治亂安危
恒係於斯可不慎哉

九

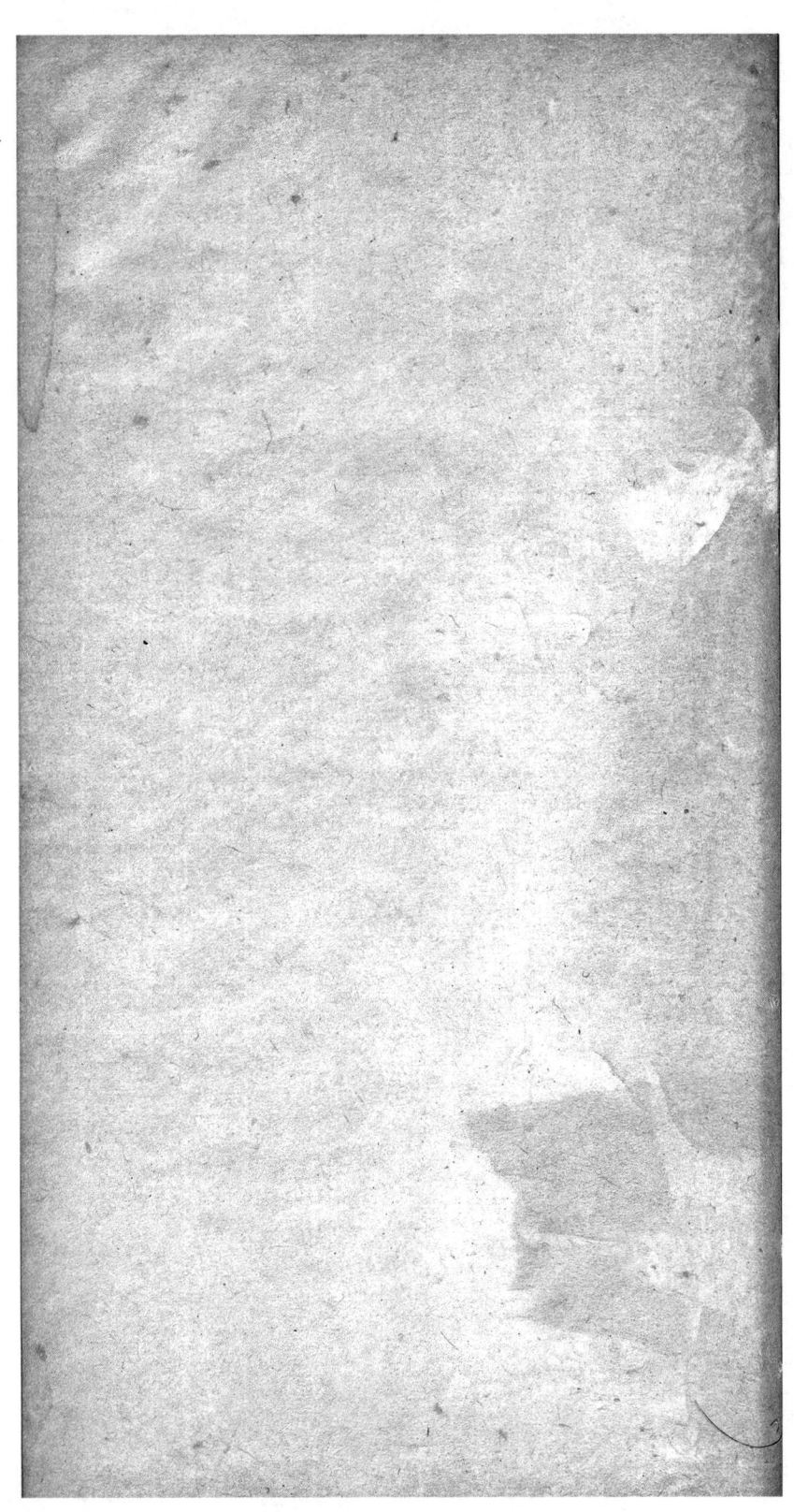

青溪暇筆云五經朱子於春秋禮記無成書慈谿黄東發震取二經為之集解其義甚精盖有志補朱子之未備也不欲顯故附於日抄中其後同郡程端學有春秋本義東匯陳澔有禮記集說皆無以過之永樂中脩五經大全諸儒皆未見日抄故一無所取

千

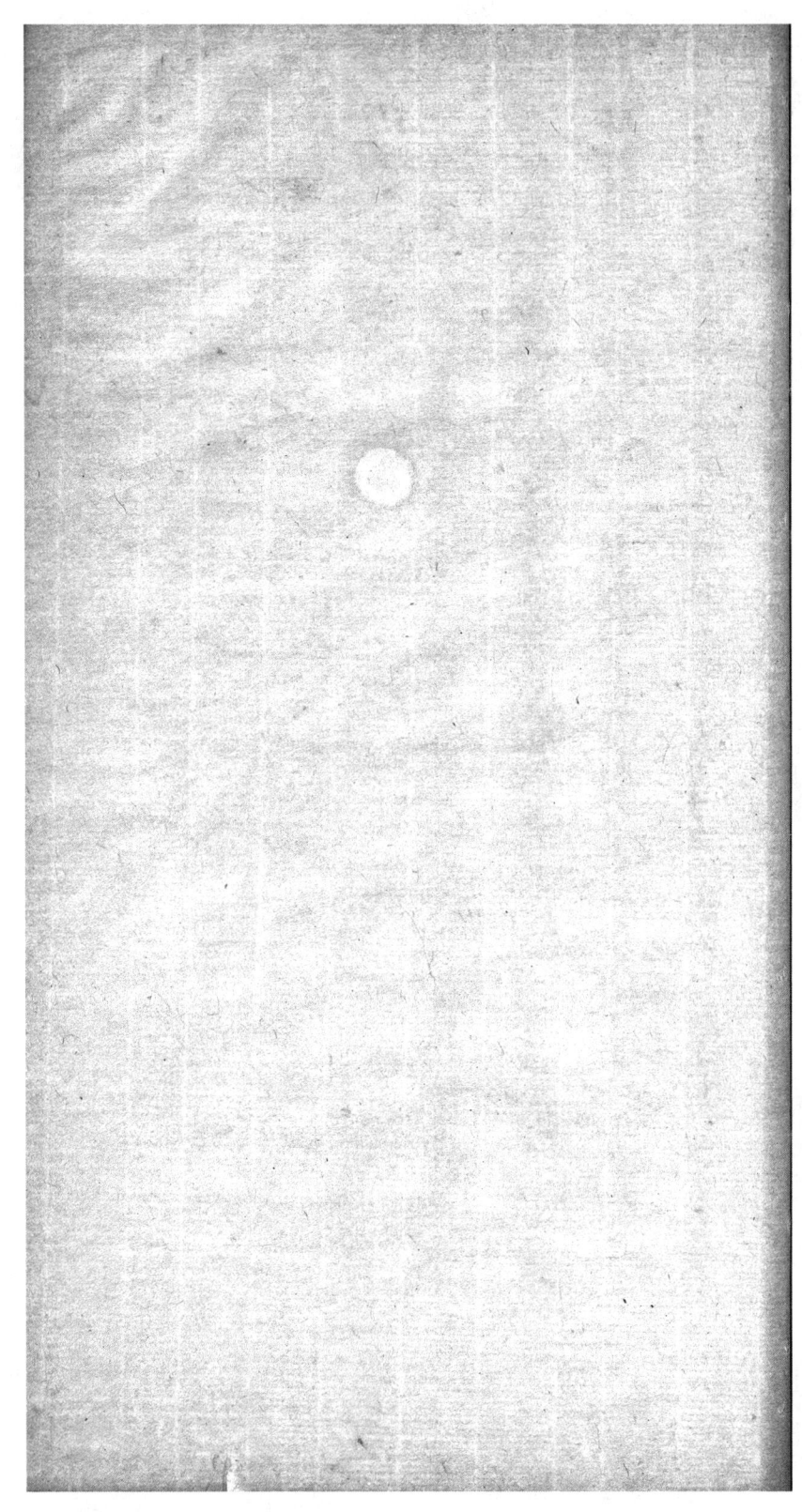

文皇勑百官有云朕聞為君難為臣不易爾惟盡心勿謂忠為有餘爾惟盡力勿謂力為不足為名而善﹣無成計利而勤﹣必怠又曰勿為朋比朋比必至於淪胥勿縱利口利口必至於傾覆勿為奸欺奸欺必至於敗露勿為怙終怙終必至於殄絕依阿尸禄位者昧理擅權作威福者逆天貪汚恣情慾者速禍讒殄惑衆志者啟刑亦有柔姦隱慝享貌深情請託行私附下罔上不感天子而感權臣寧負公門而不負私室同惡相濟同勢相倚同為讒邪以陷忠良同為奸宄以護私短同側媚以相

師同諂諛以相悅所謂朋比淪胥者爾惟戒哉讀此一勅具見

聖謨洋洋而末流之獘已蚤燭於數百載之先矣

南海周志新又名新永樂甲申拜監察御史廵按福建彈劾不避權要敢直言雖屢犯天威不少變貴戚皆畏之目為冷面寒鐵擢雲南按察使未赴改浙江有寃民淹繫聞之喜曰冷面寒鐵公来吾無患矣公至洗其寃放之後死於紀綱之搆黄佐論之曰公持身之廉臨政之明辨寃澤物之仁與夫持風裁臨患難之直而不撓可謂剛且大者同里彭森曰公發姦摘伏有廣漢風而宋有鐵面御史公似過之又曰被刑之夕司天奏文星降上以是悔後見一人紅衣立日中呵之問為誰曰臣周新也

上帝以臣剛直命為城隍為陛下治姦臣貪吏言已不見天顏

憸然嗚呼其然豈其然乎豈亦鄭伯有䰟元徽之流乎要之新

之清風勁節固不待此而傳耳

今御史之職烏臺霜肅白簡山凝爲朝廷振揚風紀至攬轡澄清則墨吏望風解綬姦豪閴聲歛跡自非天下第一等人豈能無忝　太宗嘗諭吏部尚書蹇義曰御史耳目之官惟老成識治體者可任新進小臣遽授斯職未達政治之體而有可爲之權遇事風生以喜怒爲威福以好惡爲是非甚者貪饕無藉賢人君子正直不阿往、受其凌侮小人阿順從諛則相與爲膠漆其於政治得失軍民利病畧不留心安在其爲耳目也爾吏部自今須慎擇無得輕畀　孝宗時劉忠宣在兵部上召公并

十三

都御史戴珊諭曰爾輩諸司事惟奏行巡按御史豈以此官公道可託乎權之所在惟有識量者能不移否則恃權好奉承任喜怒將以是為非以賢為不肖民不被其澤矣自今務擇老成有識量者毋用輕躁新進之人兩公嘆曰聖諭諄諄可謂切中時弊矣因憶嘉靖間王肅敏公廷相為御史大夫遵憲綱以考察臺員有云天下官邪民玩皆由御史不執法以肅風紀今後御史之職一在除姦革弊錢糧出納侵欺驛傳往來泛濫里甲困於無藝糧長苦於應官巡鹽即販私鹽捕盜與盜通氣入官

有見面之錢管事有常例之賄假公用而科歛指修理而罰金吏典無賄文書不行豪富通財差役得免隱奸匿惡不可枚舉今後務要悉心廉訪但有姦弊發露即寘於法使按屬之地弊絶風清一在伸冤理枉權勢之家闒官怵於利害富豪之室賄賂通於神明樸實之民鈍口奪於狡佞暴酷之吏殺人輕於草菅粗疎之官才情拙於淑問情偽莫分冤枉無愬今後務要慎刑明獄一應詞訟勘問虛心推理緣情求實但有枉抑弗拘成案一在揚清激濁御史為朝廷耳目人才臧否賴之采訪部院

考察憑之黜陟關係至重也近來旌舉司府州縣等官不問人品高下立心行事但見其奉承周備禮貌足恭一槩濫舉致令賢否混淆薰蕕倒置所糾者類取一二縣丞典史塞責而大姦大貪蠹政害民者則以鄉里同年親故掩而不發惟念私情全不為國今後務要即事察政即政察心果有人品高明心術正大政事卓異方許薦舉若乎平常之才中人以下不得混同以辱薦章所糾劾首先貪酷殃民次及罷軟無為老疾之流據其寔跡奏行罷黜不許挾私報怨以害良善此三項最為吃緊為

御史者宜名書一通當晨鐘三省

十五

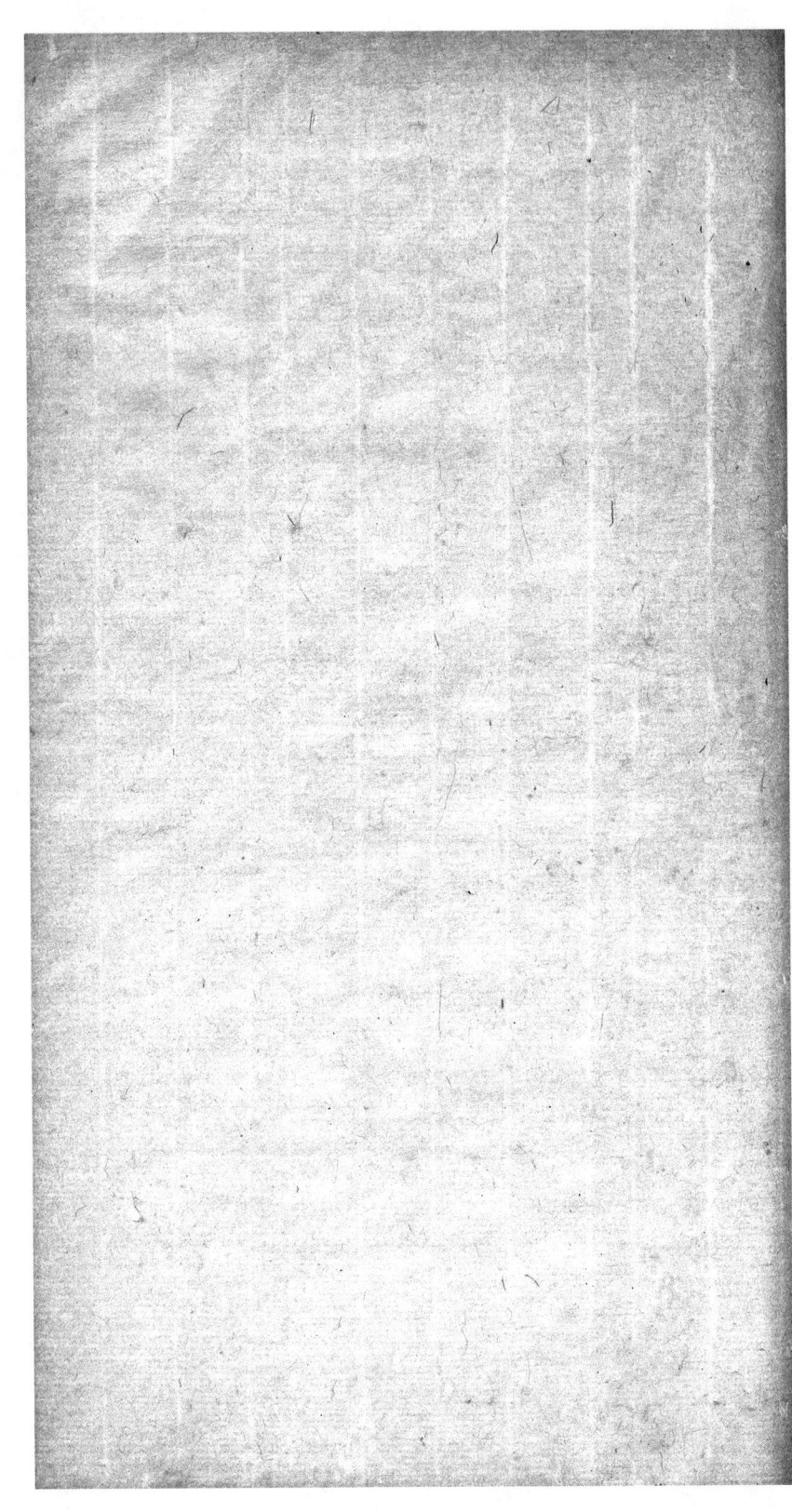

永樂時北京刑部尚書郭資等奏真定棗强縣民因缺旱流殍者衆乞遣人齎寳以施賑濟　太宗曰民困如此濟之當如救焚拯溺若遣人齎寳展轉往復非兩月不得民命迫於旦夕其可待乎命户部速遣官往賑并差御史一員監督賑畢具實以聞十八年皇太子奏前過山東遇民饑即令布政司發粟以賑未曾先聞上喜曰昔范仲淹之子猶能舉麥舟濟其父之故舊況百姓吾赤子乎又景泰間命僉都御史王竑巡撫兩淮時徐淮大饑民死者枕籍竑至盡所以救荒之術既而河南山東流

民猝集紘不待奏報發廣運倉儲賑之全活數萬人先是淮徐饑上在樓橋閱奏驚曰柰何百姓其饑死乎已得紘奏輙開倉賑濟大聲曰好都御史不然饑死我百姓矣嗚呼祖宗之軫念民生如此湛恩汪濊安忍負耶

夏忠靖之治水東南也得嘉定劉家港即古婁江徑通大海常熟白茆港徑入大江皆廣川峻流宜疏吳淞江南北兩岸安定等浦港引太湖諸水入劉家白茆二港使直注海松江大黄浦乃通吳淞要道下流壅塞難即疏濬傍有范家浜至南倉浦口可徑達海宜浚令深濶上接大黄浦以達泖湖之水此即禹貢三江入海之跡俟既開通相度地勢各置石閘以時啓閉每歲水涸時脩圩岸以禦暴流上從之此吳人世之所尸祝也正統間世家奪水利溝防盡壞周文襄忱治之景泰間復壞李侍郎

敏治之弘治中又壞徐侍郎貫治之正德末又壞李康和充嗣

又治之蓋東南治水之畧如此

永樂中丘淇公福覆十萬之衆於虜雖身膏草野而追削階爵
家發海南孟重其敗績之罪而畧其死事之忠也以靖難元勲
而猶不免故受脤之日凛若嚴霜好謀篤全撓敗自少厥後柳
安遠陷安南七萬人以身死故贈公謚襄敏至沐定遠麓川之
捷擁兵不救以至喪大將身亦知罪飲酖朱平陰久為禁帥戎
政不修出陷也先五萬騎無一矢還者遂致犬羊憑陵乘輿失
守猶各贈以王爵加之尊名固云國家忠厚之道然軍律漸懈
飛捷日稀竊謂前之處淇公雖甚傷恩而後之處安遠定遠平

陰不免傷義任事之臣有難逭責矣

太宗嘗諭武臣曰國家盛衰存亡未有不係於武備之張弛者昔宋太祖太宗將勇兵強削平暴亂及其子孫弗卒武備不脩醜虜僭竊馴致海內分裂宗社丘墟元以胡人主中夏戎部整肅甲兵強盛傳至數世嗣主荒淫軍政廢弛竟至覆亡我皇考受天命定四海於時將帥効忠士卒奮勇遂建洪業嗣位以來夙夜惕厲虞蹈宋元覆轍以墜皇考丕緒爾等世有爵祿與國同休戚脩飭武備為國爪牙乃爾等之責而比來紀律廢弛壞隊伍空虛軍士逃逸者不追究死亡者不勾補甚至通同有司受

賕買放縱其在外取回多不至猝有緩急無從調遣武備若此
國何賴焉自今宜體國家之委任務恤士卒實軍伍繕器械使
兵政振舉奸宄不作朝廷有磐石之安爾等亦永享富貴若不
遵行仍蹈前失必罪不宥捧讀寶訓至此我　文皇帝神謨遠
慮已豫見　烈廟末年之禍矣又萬曆間　神祖嘗諭輔臣曰
祖宗開拓的封疆督撫官奉有勅書受朝廷委託平日所幹何
事既不能預先整理至虜酋過河侵犯緫未奏報可見邊備廢
弛皇祖時各邊失事督撫官都拏來重處朝廷自有法度又曰

邊備廢弛不止陝西差科道或九卿大臣前往料理如軍伍錢糧一一整頓商量書云事〻有備無患趂今收拾還好往後大壞愈難用力又曰欵貢亦不可恃宋家之事可鑒虜心驕意大豈有饜足之時須自家修整武備保守封疆又諭秋防事宜曰近来各鎮糧餉日增武備日弛兵数雖多堪戰者少督撫官如何不振刷料理以致有警之時動輙張皇責将諉誰盖神廟之留意邊事如此而惜乎當時内外文武大臣不能奉行神謨廟筭以消患於数十年之後耳

二十

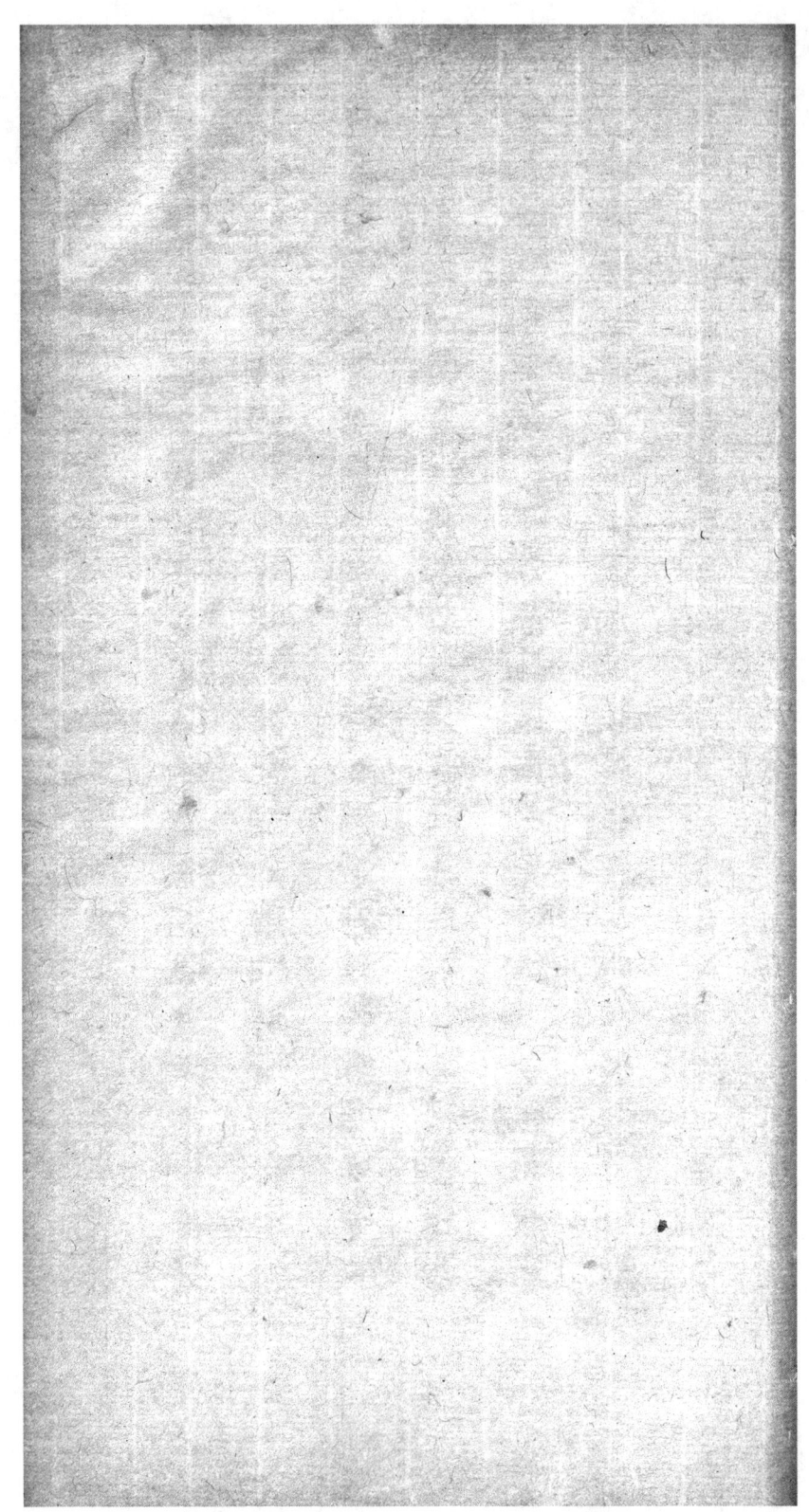

大事記曰　文皇五涉虜庭三與虜遇以太平天子年至六十五猶介鑾輿於金戈鐵馬間且有榆川之変矣　宣廟親侍行間克繩祖武遂成喜峰之捷金文靖北征記載車駕經潤灤海子令幼孜往觀去營五六里有山如長堤以限海子甚濶迭望無際但見水高如山白浪隱隱天下之物莫平於水獨此水遠見則高近則極下殆不可曉觀畢復命上曰此水周遭千餘里斡難臚朐凡七河注其中故大遂賜名大冥池黍民懌悅跋曰自古帝王之自將若周宣伐淮北撥亂反正謂之定師、定者理漢高祖平城之役輕挑强胡謂之漫師、漫者挫隋煬帝唐太宗好大喜功皆有高麗之伐謂之荒師在淫主則亂在英主則衂自是而後若宋太宗財力未贍即欲収復燕雲謂之棘師棘則不支我　太祖浄掃彌天之虜謂之滌世之師　太宗迅摘孽芽永清沙漠謂之繼武之師滌世之師功冠百王繼武之師澤流後裔今觀此録始知聖躬龍潛之時凡虜地山川之險要周知已悉而於焚龍城犁漠北之策久已熟於胸中且以正興師鐵騎百萬川湧山峙尚何醜虜之敢犯耶貴州古鬼方地漢以來未有能郡縣之者然滇南之境非繇貴不達漢惟不能有貴故自巴蜀通邛筰達牂牁紆壄險遠率不能令黔中被聲教如中土唐亦不得志於南詔蓋有以也　高皇撫有滇南貴州諸夷旋亦服屬暨永樂間復郡縣其地任土作貢服從役與諸甸服同其大一統之盛遠過三代矣馬燁鎮黔功文獻無徵然黔人往、能道其事令會城及帥府廳事猶所建立要不失為任事之臣政刑過嚴豈亦亂國用重典乎高皇誅之誠非得已至　太宗以一介之使深蹈夷庭執二酋

而市肆不易道路不知其淵謀靡筭真鬼神所不能測也大抵

夷性嘆怨而恋主負悍而喜殺樂縱肆而憚文法馭之在威信

素乎簡静不擾耳

永樂間淇成二公雖元勲然未嘗專節鉞淇國公征北敗没成國公征南病卒惟張定興輔三下南交㓛以新城侯掛征夷將軍執偽虞上皇黎季犛幷其子大虞國王黎蒼再以英國公掛征虜副將軍執偽越上皇簡定三復以征夷將軍執偽越王陳季擴皆獻俘闕下使倣洪武中黔國公守滇故事俾英國統兵世鎮安南則交趾布政司雖至今存可也惜乎 宣皇厭兵而容勿重臣無深謀遠畧借將順之名行棄地之實損中國數萬生靈於蠻雲瘴雨之地楊文貞不得辭其責矣

太祖開基　文皇靖難當時之士或際風雲之會而功業顯赫或勵霜雪之操而節義昭彰彬彬盛矣猶有徐舫蓑笠以示同儕傅淳退啟以傳家學鮑恂辭宮輔之榮謝應芳甘邑巢之隘纖履者直絕師相之交龔詡不負城門之慟亦各從其志也若陳静誠先生不受翰苑屢辭宗伯終身恬退此其人豈易得哉李鄴侯恐有所不逮矣

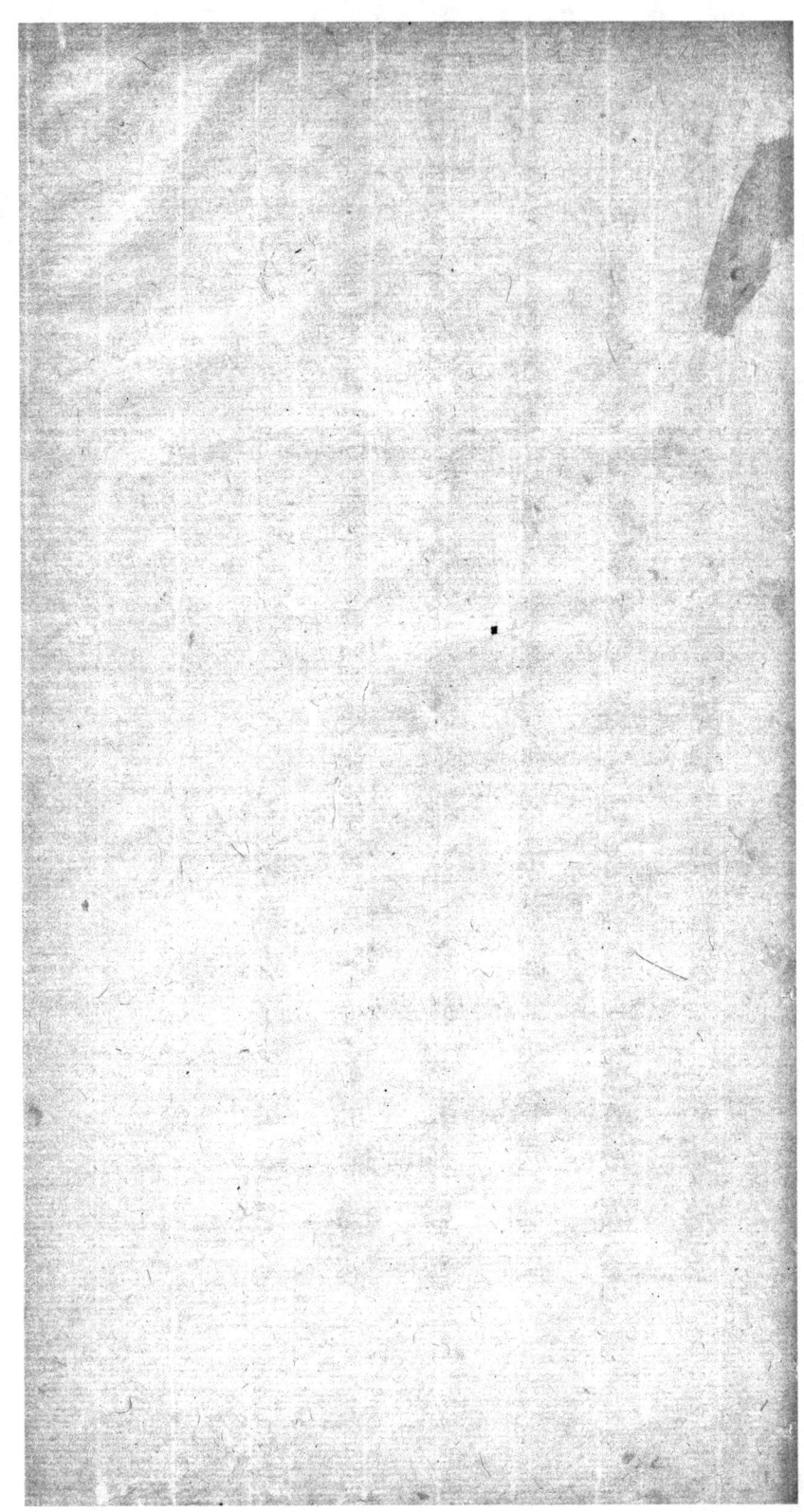

高皇之初或致禮網羅或收由扶筆皆朝起鏁禾夕登旃席至三年始開科取士已復罷之十七年復頒科舉定式然易代之後灼然名卿尚有楊士奇之揩簦劉中敷楊善之版築夏原吉郭璡胡儼吳中呂震之應鄉書而後遂寥寥矣若况伯律起自吏員海剛峰擢由乙榜峻節高標尤為間出

二五

頌　文皇功烈者自國史並見外臣譚希思曰　文皇天錫智
勇德備聖神嗣　高皇統緒克勤克慎懷保小民嘉與萬姓共
躋仁壽奠基北京休祥昭應民安物阜四夷畢來𢑴其神謨睿
筭真有預決於萬里之外以成千古所無之功而三邊永寧天
下蒙福所謂武烈弘靖於華夷者也至其簡東宮官則有文華
寶鑑立皇太孫則命大臣輔導脩經書性理以明學術刻名臣
奏議以擴言路求遺書著大典以廣經濟頌為善陰隲孝順事
實以秩倫紀命陳瑄兼江淮轉運命宋禮濬會通舊河簡任名

二六

賢遇災頒赦恭儉愛人再奠邦家此又其文治之光昭於日月者當時若鄒緝之清邊頒解縉之四夷咸賓詩序與夫楊士奇之進寶録表言人、殊而所以名狀神武歌咏駿烈者則至今讀之有餘慕焉何喬遠曰明興二百餘年於兹臣子論及　成祖尚有武未盡善之疑豈知高帝閎謨遠烈非成祖繼之則都必不北虜必不威四夷必不賓服中外制度必不晏然一尊于後世夫拘攣之行豈所以論上聖之主哉　成祖居然以唐太宗自擬有唐家法則非我儔蓋湯武耶朱國楨大政記所云文

字雖佳不録

二七

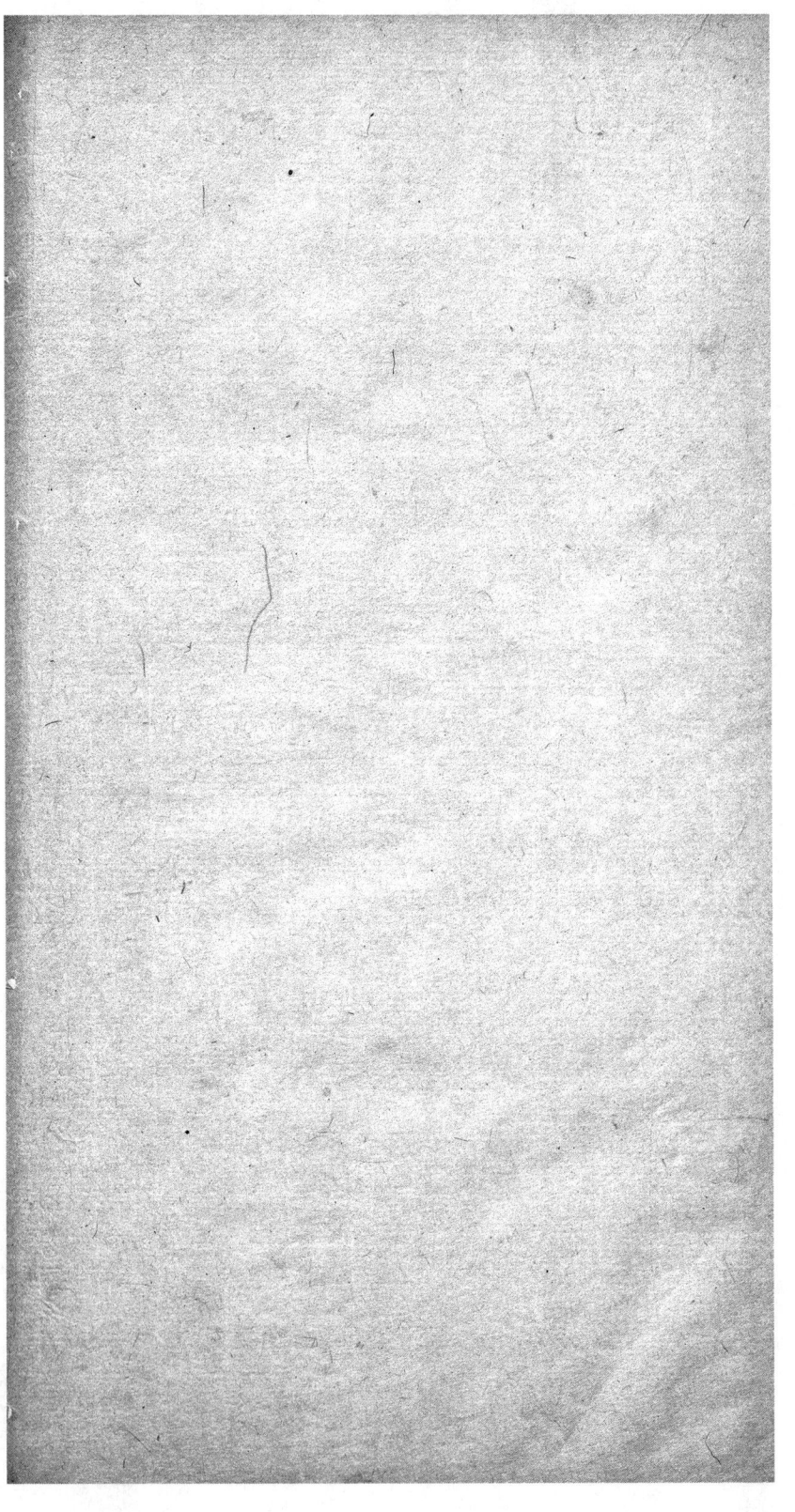

仁宗昭皇帝紀

大行晏駕　仁宗遣皇太孫出居庸赴開平迎梓宫太孫瀕行啟曰出外有封章白事非印識無以防偽　仁宗顧楊文貞曰渠言良是但行急恐製不及柰何士奇對曰殿下未踐阼無所事有事自應用常用之寶東宫小圖書亦開可假以行此出一時之權歸即納上上即取付太孫曰有事來以此封識此不久亦當歸汝、就留之既行謂士奇曰汝此說雖出從權亦事機之會大行臨御儲位久未定浮議喧騰吾今就以付之浮議何

由興

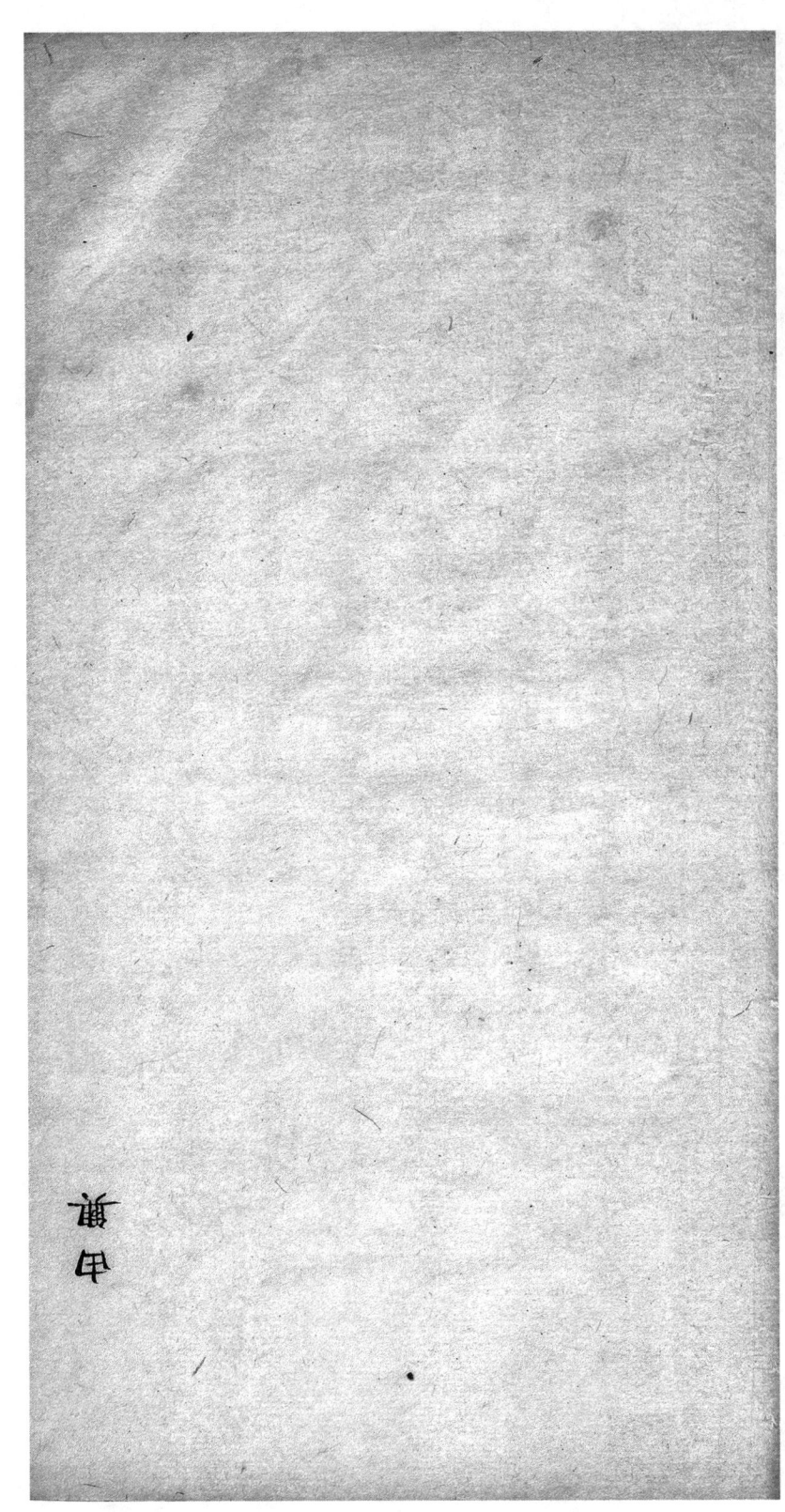

昭皇帝即位之歲召禮部尚書呂震與御劄曰建文中奸臣正犯悉受顯戮其家屬初發教坊司錦衣衛浣衣局習匠功臣家為奴今有存者既經大赦並宥為民給還田土又撰長陵聖德碑稱建文君雖追廢猶書其殁曰崩當其在位猶尊之曰朝廷又諭群臣曰若方孝孺輩皆忠臣詔從寬典於是天下始敢稱諸死義者為忠臣焉先是靖難初陳瑛言車駕至京師有不順天而効死建文者如侍中黃觀太常少卿廖昇翰林脩撰王叔英衢府紀善周是修浙江按察使王良沛縣知縣顏伯瑋等計

其存心與叛逆同宜從追戮上曰朕初舉義誅姦臣不過數輩後來如張紞黄福王鈍鄭賜尹昌隆皆宥而用之彼食其禄自盡其心弗問又曰諸人盡忠於　太祖故盡忠於建文觀此則長陵于遜國諸臣原無苛求過督叅夷爪蔓實陳瑛煽惑之罪盛德為所累多矣　余又嘗恭繹　文皇寶訓載都察院逮至嘉興知縣李鑑上問鑑何罪陳瑛言受命籍姦黨姚瑄、弟亨當連坐而鑑不籍鑑言初奉都察院文止籍瑄未有亨名以故不籍上曰罪至於籍非輕矣無上司之文不坐亦是慎重之意

知縣無罪又黃巖縣告豪民建文時書中有干犯語請付法司
處治上曰朕初即位命有司凡建文中書有干犯者皆朕未即
位以前事悉宥之有告者弗聽令復行是號令不一也帝王之
度如海百川無所不容何暇瑣屑咎往事所告勿行億　文皇
心無適莫如此蓋信陳瑛逢君之罪可勝誅耶

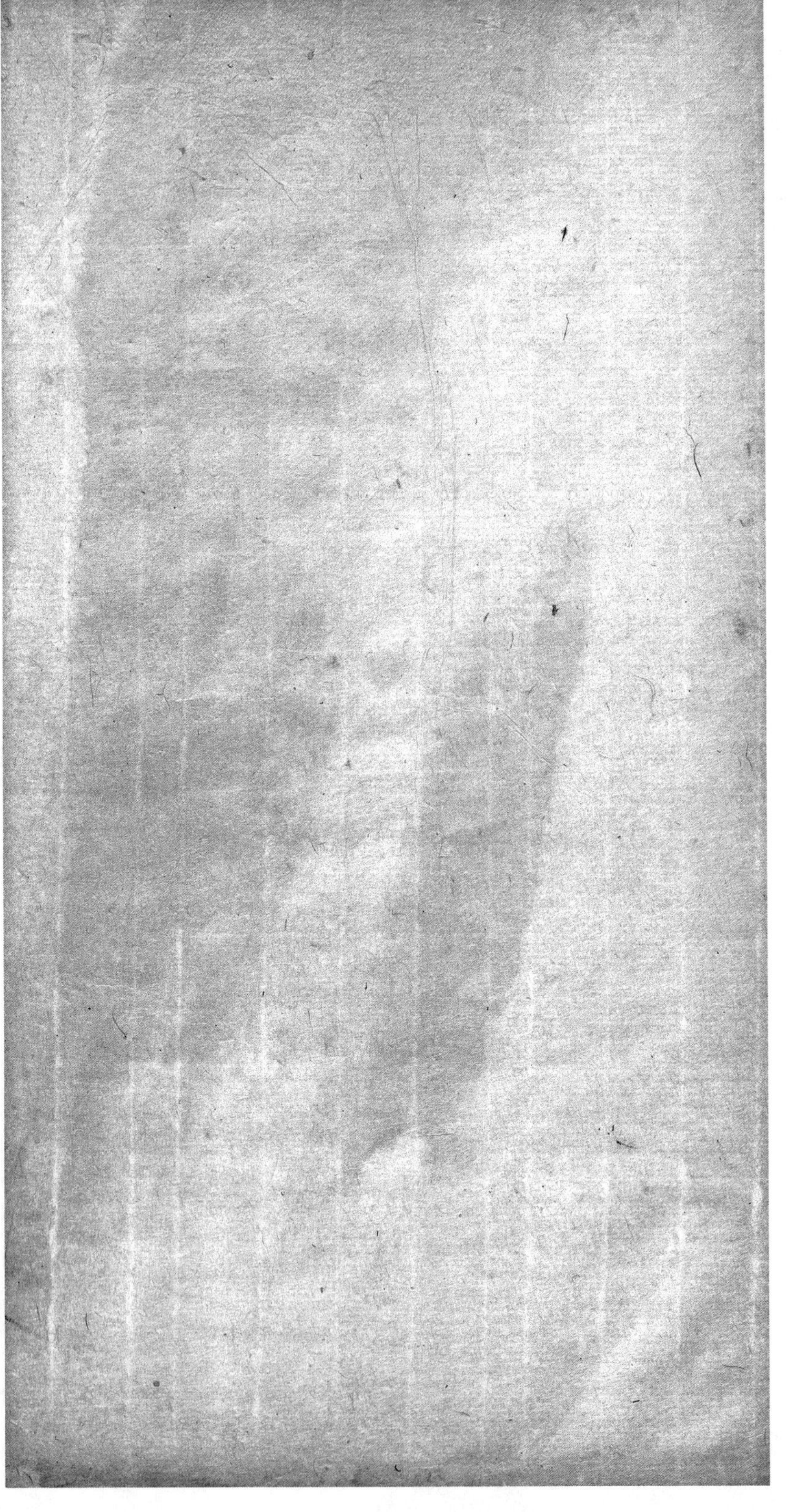

鄭端簡公曰　昭皇帝屢勅法司崇寬厚戒刻深然極惡贓吏每戒法司曰贓吏剥民肥已罪在不赦國家恤民必自去贓吏始又曰　章皇帝法司覆上刑名常垂寬宥獨懲贓削籍戍邉不少假貸嗟乎此醒貪録家法也今日若遇　高皇覺二帝猶為寛政當行剥皮之法庶幾稍懲

四

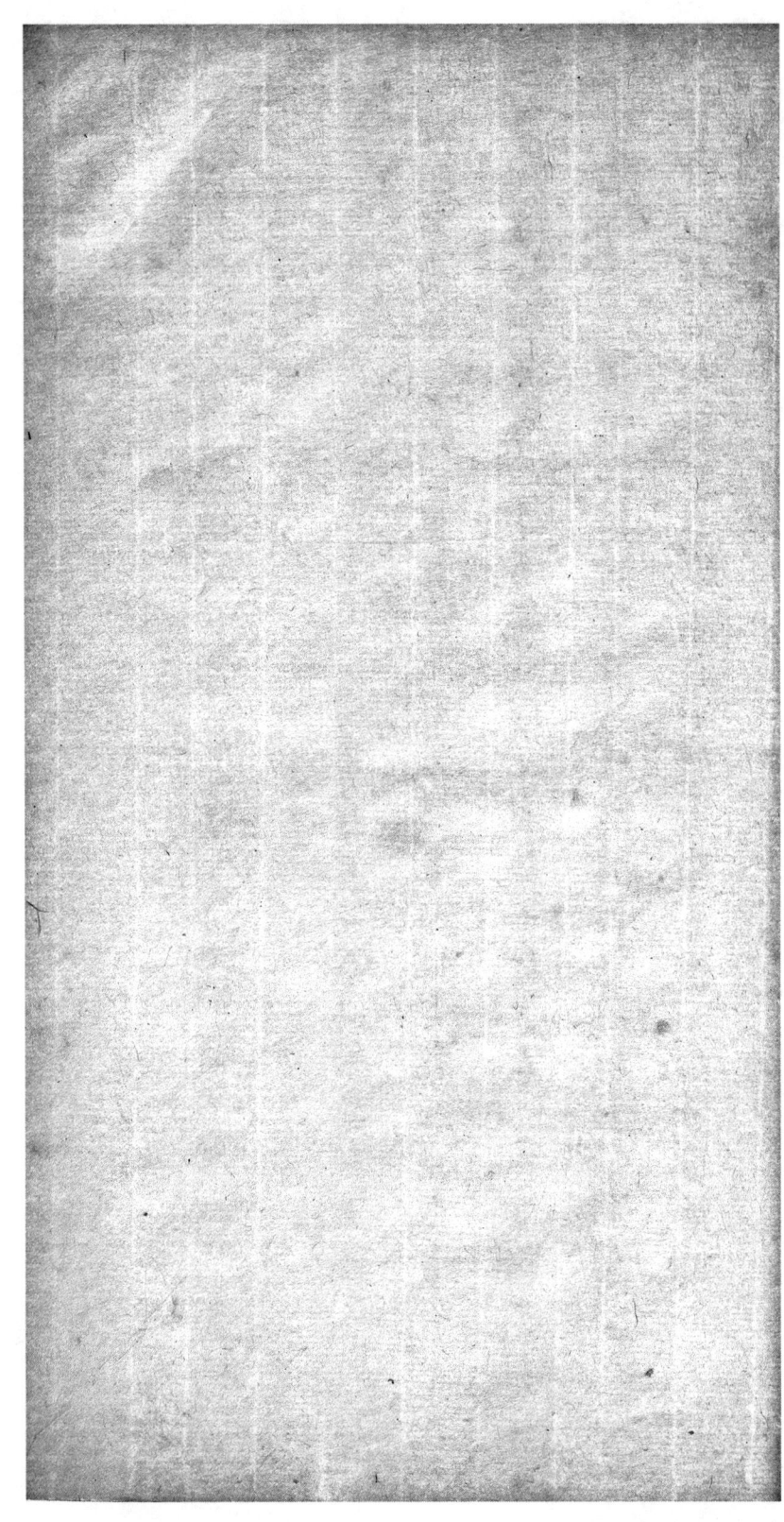

楊文敏公兩京類稿云劉公江以中軍都督鎮守遼東備倭寇至即相地形勢請於金線島西北之望海堝築城堡立烟墩一日瞭者言東南海島夜舉火光公計寇將至即遣馬步軍赴堝上小堡備之翌日倭海艚船三十餘艘泊馬雄島寇相屬登岸徑奔堝前公親督諸將伏兵堡外山下預遣一裨將領馬隊要其歸路一裨將領步隊與之逆戰公舉砲伏發寇大敗奔入櫻桃園空堡中合軍圍之自辰至酉擒戮無遺間有潛脫走艚者又為馬隊所縛生擒百餘人斬首千餘級無一人得脫事聞賜

璽書褒諭徵公至京師面勞之封爲廣寧伯子孫世襲仍遣赴
鎮先是倭出沒海上焚民居掠財貨殺擄生口北自遼東山東
南抵閩浙海濱州郡無歲不被其害官軍猝不能制往〻有坐
失機罪死者至是踈害屏息傍海千餘里兵民安生樂業以至
於今

宣宗章皇帝紀

高煦反車駕親征罪人既得尚書陳山請乘勢移師彰德襲執趙王楊榮賛之遂傳旨令楊文貞公草勑公曰事當有實天地鬼神豈可欺乎　太宗皇帝惟三子今上惟二叔其有罪者不可恕無罪者當加厚庶慰在天之靈時惟楊溥與公意合事遂止駕還京師上大悟召公諭曰吾思所以保全之道欲封群言示之俾自處公曰更得璽書諭之幸甚遂遣廣平侯袁容都御史劉觀持勑往趙王喜曰吾生矣即獻護衛上表謝恩自是待

趙王日益親而薄陳山召文貞謂曰吾待趙叔不失親、之禮

爾有力焉

宣廟初思用舊人召蹇義等寵待之皆依違承順惟東萊黃忠宣公為户書持正不阿未嘗輕有所狥命觀戲曰臣性不好戲命圍棊曰臣素不會棊上意不懌居數日勑福年老不煩以政着任南京優閑實疎之云

宣德以来許臣寮宴樂歌伎灩前法紀爲之不振乃以太康顧
端肅公爲總憲罷斥劉觀黜貪汚不職御史數員禁用歌伎糾
正百僚朝綱頓肅公正色立朝未嘗輕有所毀譽人以爲言曰
我知善則當舉不善則當去何事掇拾以爲名高乎旦晚東朝
房小憩前呵雙藤立户外行道者以此爲驗往往有挽驢駐馬
折而還者雖公遭時得君之盛要亦有帽服彈壓之意焉

三

弇州劄記云壬午之難有功而無愧色者一人焉曰鐵司馬鉉
已巳之難有功而無愧色者一人焉曰于司馬謙其才同也忠
同也酷禍同也又曰漢庶人之叛也非楊文敏之贊親征國事
幾失矣其還師欲襲趙也非楊文貞之力止國恩幾傷矣雖然
吾尤以文貞之功大於文敏焉此二則俱確而後一則尤微

李忠文公時勉洪熙改元上疏觸忌諱　仁廟大怒命武士撲十八金瓜折其脇曳出明日下詔獄先是折脇內向不相着及用梃斷骨忽自接得不死宣德元年十月上恨公顚觸　仁考怒令縛時勉來朕面鞫之必殺時勉已又令王指揮縛斬西市使者宮門相左公以間得見上憐時勉忠立脫公桎梏復其官噫二帝欲殺之而卒不死大是異事亦見忠直之嘿有呵護如此

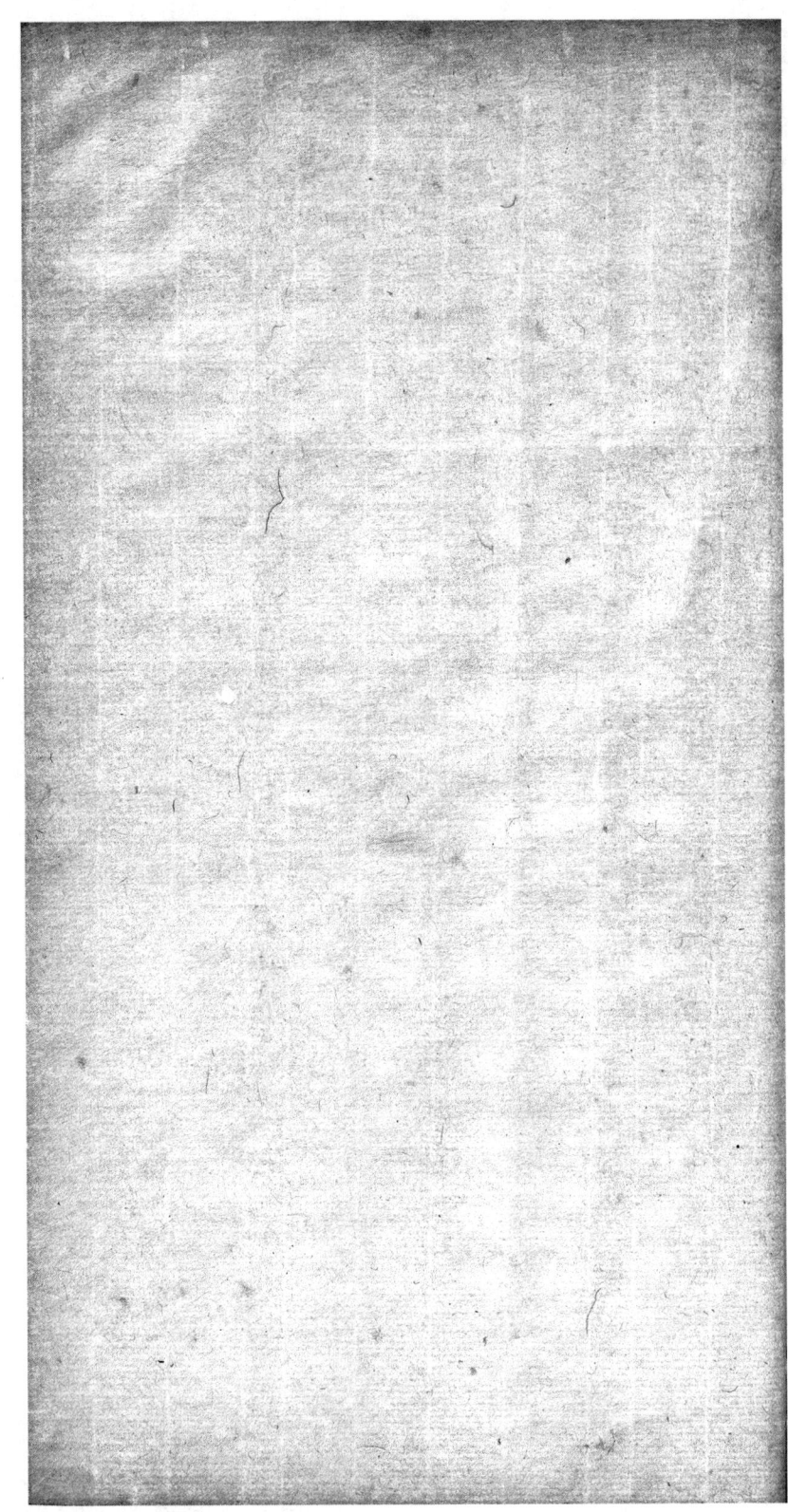

安福李忠文公三次免奇厄真有天意存焉當仁廟時以直諫攖鱗金瓜折其脇楊文貞公灌以燒酒獲甦舁至獄錦衣千户某爲遍覓醫療之須真血竭千户曰橐固嘗餉公豈忘之耶詢諸夫人果得和諸藥傅瘡以板束之一夕而合　宣宗御極恨公觸怒先帝將戮之令校尉逮公既又令押赴市曹倉皇閒禁門相左得見上察其忠誠釋令復職公出至朝門外遇行刑者已徼寬典矣天順初爲國子祭酒忤王振因太學有元許衡手植栢公嫌其妨諸生班稍伐之振誣以盜砍官物荷校國學門

竅隘甚喘急欲死門下有李生者遨游勲貴間得通會昌侯孫
承宗會昌侯者皇太后弟上母舅也會昌誕日宮中饋物至因
附奏云臣今日殊不樂往年國子李先生壽禮不過帕一方喜
大人長者罷臨心甚慰今遭譴荷校臣竊痛之太后立召帝讓
云祭酒重臣何故囊其首帝謝不知太后云不知做甚皇帝立
傳旨亟放李祭酒即令往賀孫國舅公奉命至會昌第壽筵尚
未散也又公為大司成簡四方名士置講下若岳文肅彭文憲
商文毅王端毅皆與焉其氷鑑如此國史載西楊嘆祭酒難其

人程南雲在旁言無過公者聞公貌寢不識程公何處得之荷

校時諸生石大用上章願以身代世固不乏奇士耳

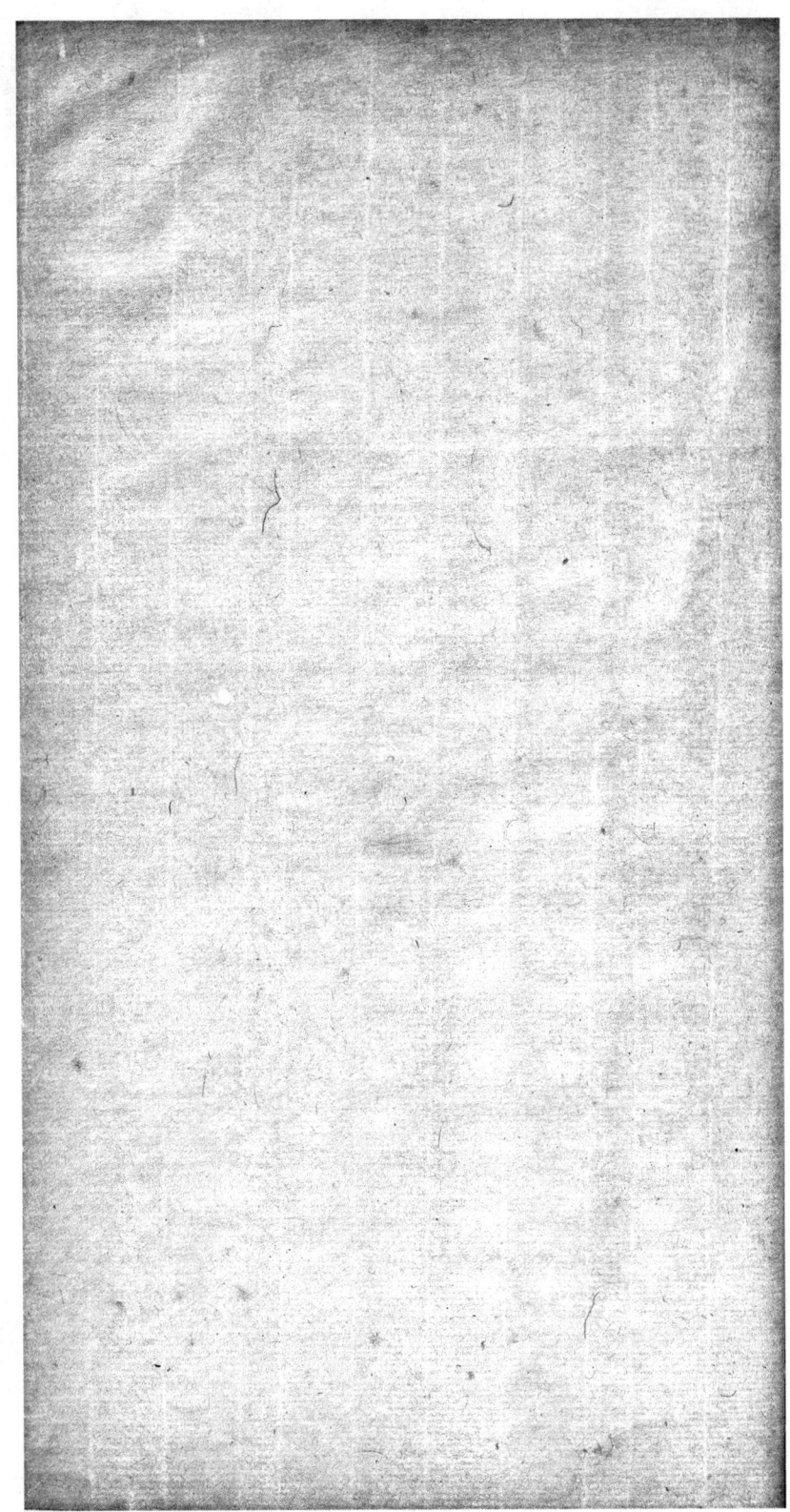

南臯鄒公李古廉先生祠堂記余嘗校閱國初名臣至李忠文公最有慨於不拾金錢一事嘗設處公之地未嘗不慴於天威咫尺不能不頫首以拜賜也公斯舉也有至意焉人君使臣以禮置金於地令諸臣拾之如嬰兒之摶黍非所以教臣禮武帝於汲黯不冠不見然内嚴憚之公雖袖手上取懷中金與之亦冠而見黯之意乎所謂萬鍾當前而不慴卒然臨之而不驚者非公也耶

頎東江雜記曰周文襄爲侍郎巡撫十九年爲尚書巡撫又二年百姓不知有凶荒朝廷不知有缺乏或問其故曰當時濟農倉米常數十萬一遇水旱便奏聞免糧奏上無不允所免之數即以濟農倉補完所以不知凶荒缺乏也問何處得此米曰此有二項一奏改公侯禄米於各府支門省下運耗十五萬石一遵朝命勸借得米六萬石催糧里甲運入濟農倉賑濟補災之外歲有寬餘此米之所以多也又曰每歲臘月徵糧畢新正十五後便有文書來放糧曰此是百姓納與朝廷餘賸數今還與

九

百姓食用種朝廷田秋間又納朝廷稅也故米每户率二石不曾有一石時雖云抵借還官其實多不取先祖言吾家嘗一次領黄豆六石後升合不曾追予幼時聞此亦不知其曲折後聞公年譜及胡祭酒儀濟農倉記始得其詳故事公俸祿米皆請於南京各府運來南京者每石加六斗公請其人赴各府就支每石與船價米一斗計所餘石該五斗總得米十五萬石又遵朝廷勸分之令於秋糧帶徵得米六萬石歲積米共二十一萬石賑濟補災及糧運虧損悉於此出所謂百姓不知凶荒朝廷

不知缺乏者識不知也公宇量恢弘才識通敏練達精密雖古
劉晏韓滉無以過其最善者在不執己見務集衆思故所建立
皆審計利害可施之永久而又身受知眷遇三楊當國夏忠靖
在户部故得久於其位言無不從以展布所藴云

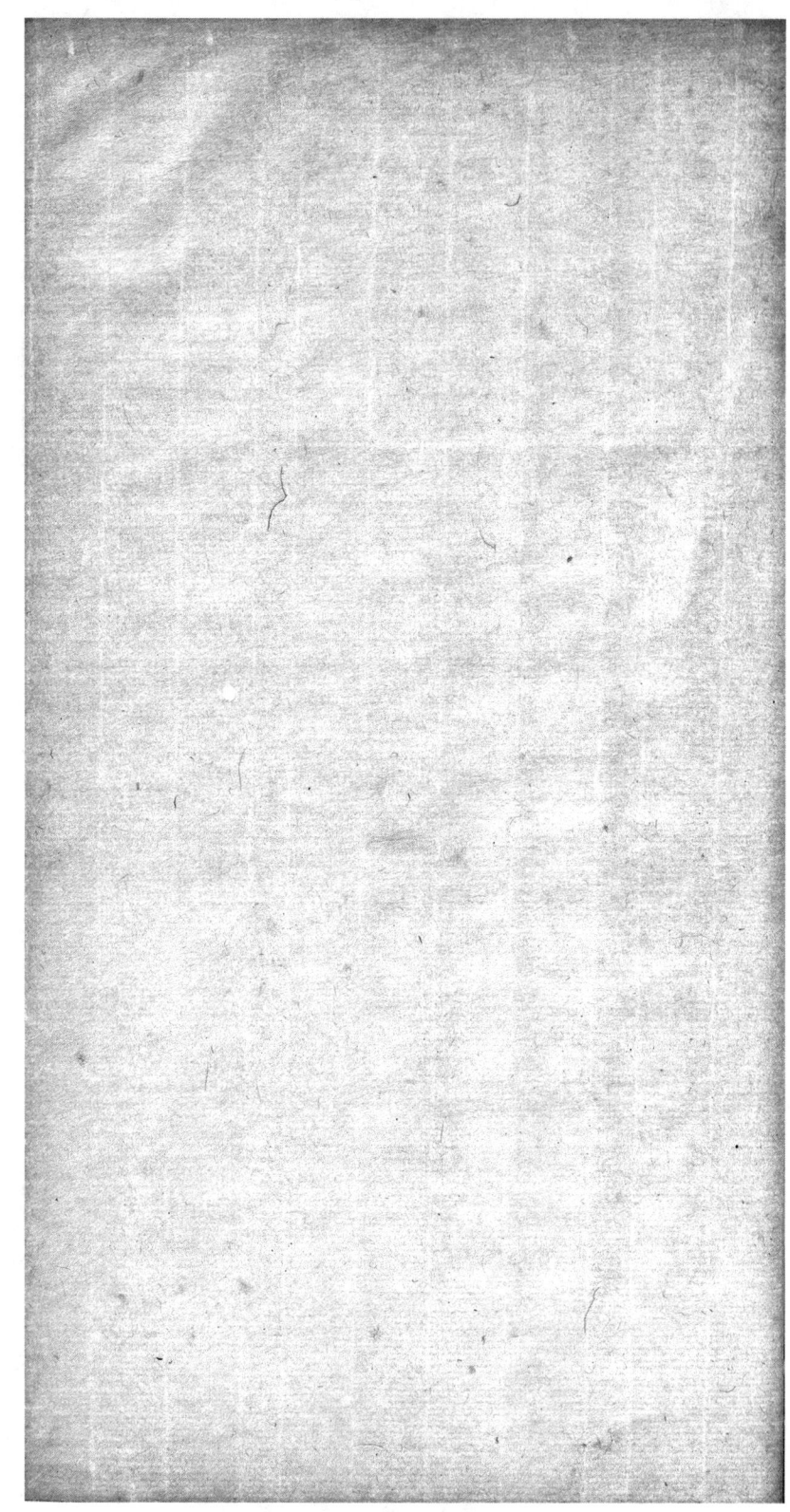

交阯自漢與番禺桂林同為郡縣洪武初陳氏奉國稱臣率先入貢　太祖許為外藩不利土地及永樂中黎氏弑主盜國稱帝改元非徒得罪本國實抗衡天朝俘馘其衆不為過暴既分郡縣編置官僚垂三十年儼然宇下一旦匹夫犯順遽爾割土加王是賞叛也是獎奸也若曰存亡繼絶則陳乃孤也以義當立黎乃賊也以法當誅而乃遣使下詔修好撤藩君臣相賀自鳴盛德至於旌節符綬狼籍裔夷將吏公卿流離草莽戰士汚䰟孤臣嘆血班師之日攜家而歸者八萬六千餘人為黎賊

遮留不遣者尚餘數萬貽笑蠻方損威中國誰秉國成至於此極嗟乎漢火方昌呼韓稽首元成不競乃棄珠厓唐美貞觀組加突厥文昭板蕩始棄維州　宣宗四海乂安九州咸盛王通敗因紈袴柳升失在浮躁而拾捐之為美談比祖宗於穆滿儒生狃安撫經誤國所可異者　太祖使沐英取雲南即留英鎮滇　太宗使張輔取交阯不以輔留鎮彼國二十年後并召還黃福禍發於中官亂成於庸帥三百年來終淪王化豈非廟算有遺策耶

楊文貞公總裁三朝史事是﹅非﹅實徵諸實每語同列曰天下萬世之事當以天下萬世之心處之如有一毫出於私意不論厚薄皆當獲罪神明耳此言可為後来脩史者法

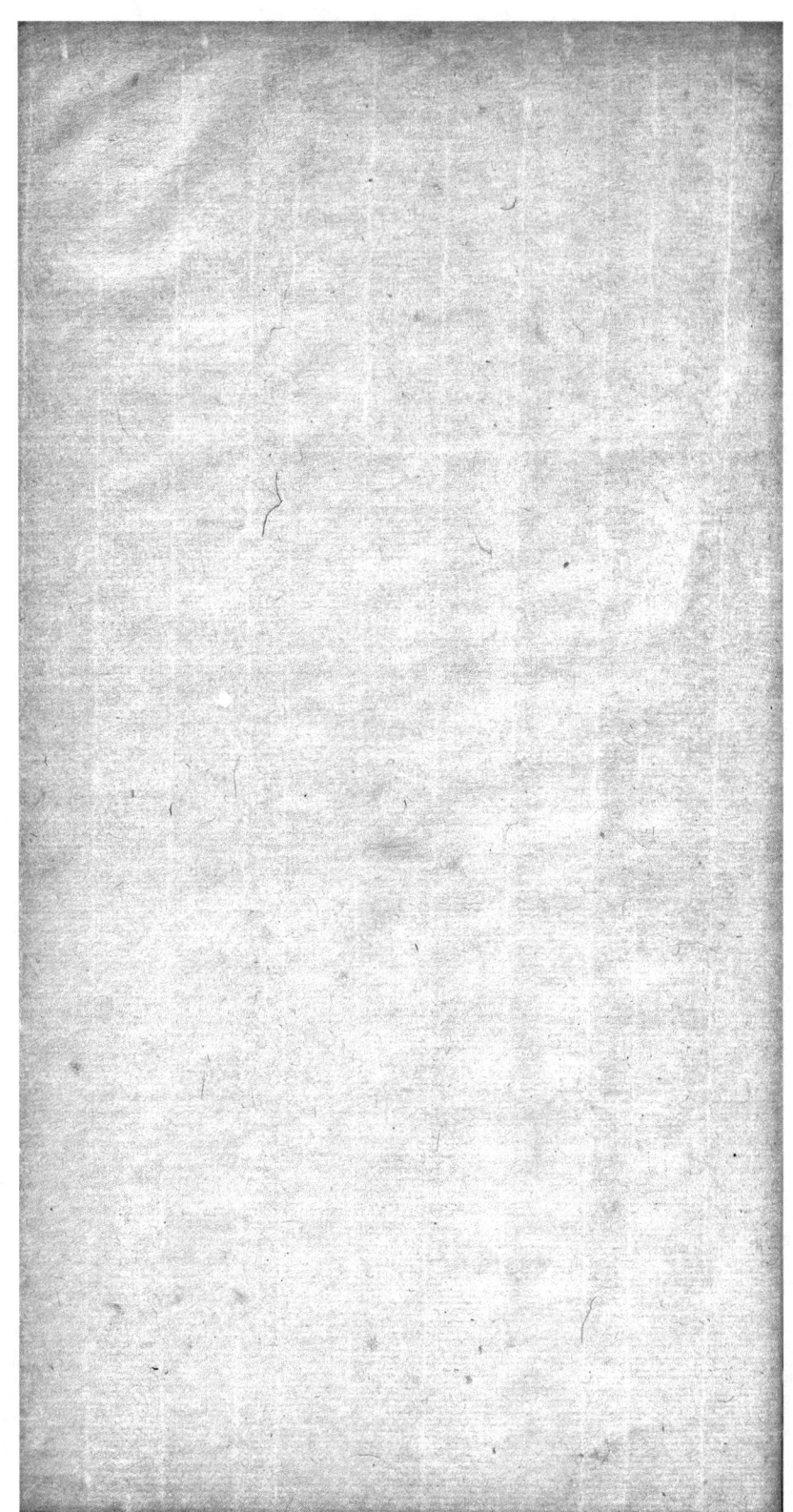

章皇帝之論臣何喬遠曰　高廟承胡元縱弛之後弘振威武

以儆天下　文皇以英達之姿大服海内竦慹震厲者五十餘

年　昭皇至德深仁不久於位　章皇繼之乃涵濡以醇懿陶

填以德義休矣哉文武恭儉之主也臣朱國禎曰　文皇之繼

太祖如樹之折而復接也根本不傷更剔其蠹　章皇緣　仁

皇以繼　文皇如導星宿之流注之龍門壯表裏山河之固彌

遠而彌潤天佑我明以猛糾縱氣乃肅以剛致果威乃申肅矣

申矣以仁德涵濡天若回春民易見德而萬世不拔之基乃定

十三

於此嘗謂侍臣曰君臣一體貴在孚恊聖人推心置腹人樂爲用若知賢不用、賢復疑上下睽隔惡在其爲一體也以故礼敬大臣元弼元宰未嘗易人當時三楊柄國外命王驥爲司馬夏原吉爲司農胡濙爲宗伯顧佐爲総憲黄福理屯田成均築海堤陳瑄督漕運于謙撫河内周忱撫江南吏稱其職民安其業萬世之基在此而親征高煦曲諭趙王不動聲色立平大難厥績雖懋猶其一時之戡定耳

英宗睿皇帝紀

正統元年楊士奇等請經筵日講時上方十歲用幼學工夫讀以五遍爲度當直者對上念一句王音應一句講亦依文直解想國初教太子及諸王舊法以讀爲重故至今官序先侍讀後侍講而上下通稱爲講官云

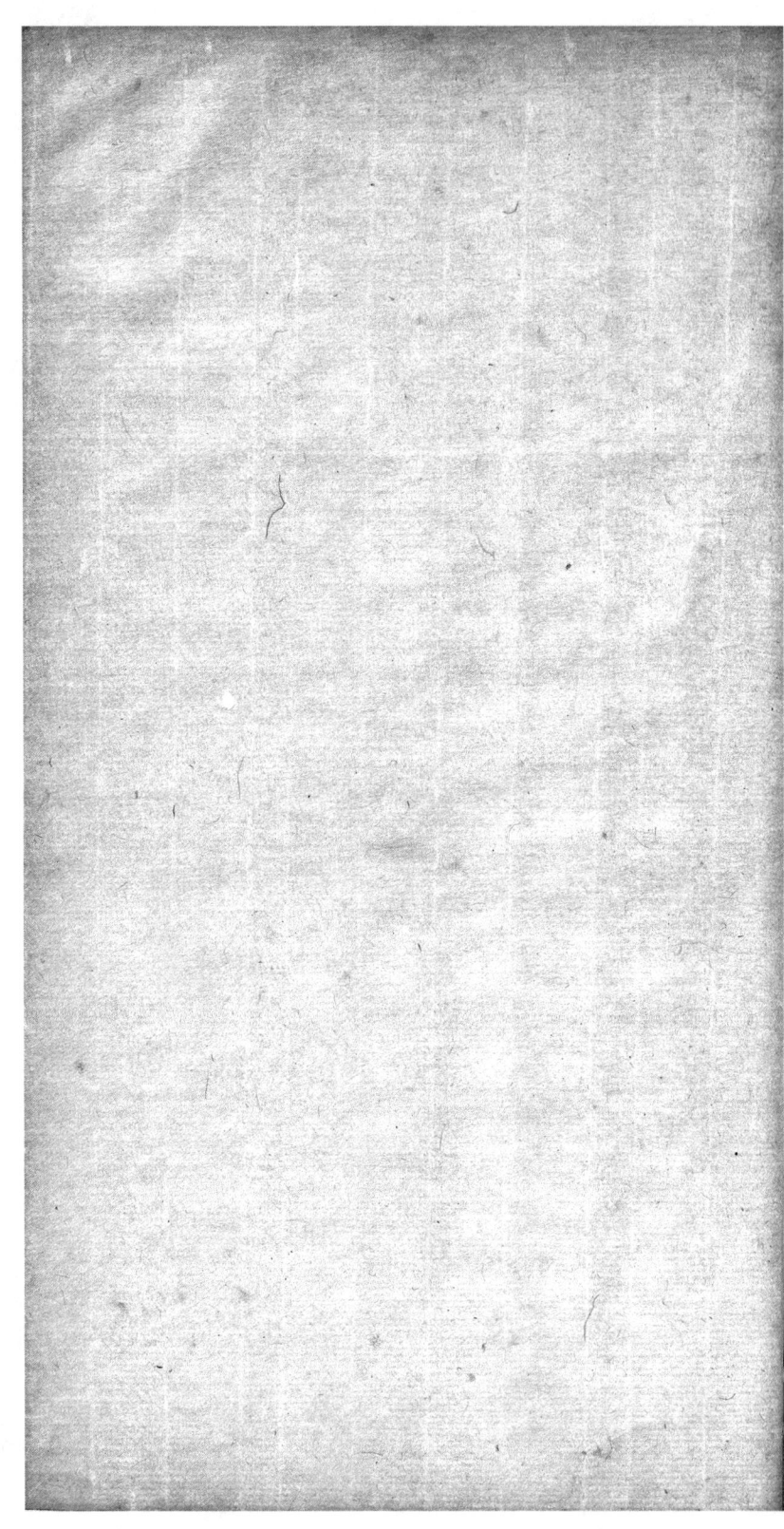

英宗幼冲即位朝廷大政　張太后指裁為多　太后嘗御便
殿執政大臣英國公張輔大學士楊士奇楊榮楊溥尚書胡濙
被旨入朝　太后左右女官雜佩刀劍侍衛凜然　英宗東立
英國公西下立　太后召問諸臣皆有獎勵之辭及溥乃嘆曰
先皇帝嘗稱卿忠不謂今日得相見也因顧　英宗曰此五人
先朝所簡貽皇帝者非五人所贊成不可行也　英宗受命有
頃宣太監王振、至俯伏　太后顏色頓異曰汝侍皇帝起居
多不律令當賜汝死女官加刃振頸　英宗跪為請諸大臣皆

跪　太后曰皇帝年少豈知自古此輩禍人家國多矣我能听
帝暨諸公留振此後不得重令干國事也　太后駕起詔賜英
國公等酒飯乃出嗚呼　太后其所謂女中堯舜乎

正統數年天下休息皆張太后之力人謂女中堯舜信然蓋政歸臺閣委用三楊非太后不能凡有詔行事入白太后然後行太后又付閣下議決王振雖欲專而不敢每數日必遣中官入閣問連日曾有何事來商即以帖開或王振自斷不付閣下議者必召振責之由是終太后之世不敢肆　文皇嘗曰媳婦兒好他日我家得他氣力果然

國朝自永樂而後后妃不選公侯家正統初太皇太后下詔令彭城伯張杲左都督張昇不得與議朝政自後雖爵至公侯位為師傅亦優游禄食奉朝請而已惟會昌侯孫繼宗以元舅總團營兵馬監修國史知經筵此亦政體一大變也夫以張壽寧兄弟之寵方安平右父之重李武清外祖之尊而皆不得預此聖子神孫百世所當取法耳

永樂至正統間諸老臣在政地既久且專忠定秉銓忠靖握利權皆二十七年忠宣尚書兩京三十九年而在交南者十有九年忠安為禮部尚書三十二年文襄巡撫江南二十二年以故用人理財禮樂征伐諸大政文經武緯各盡其才稱極治焉

五

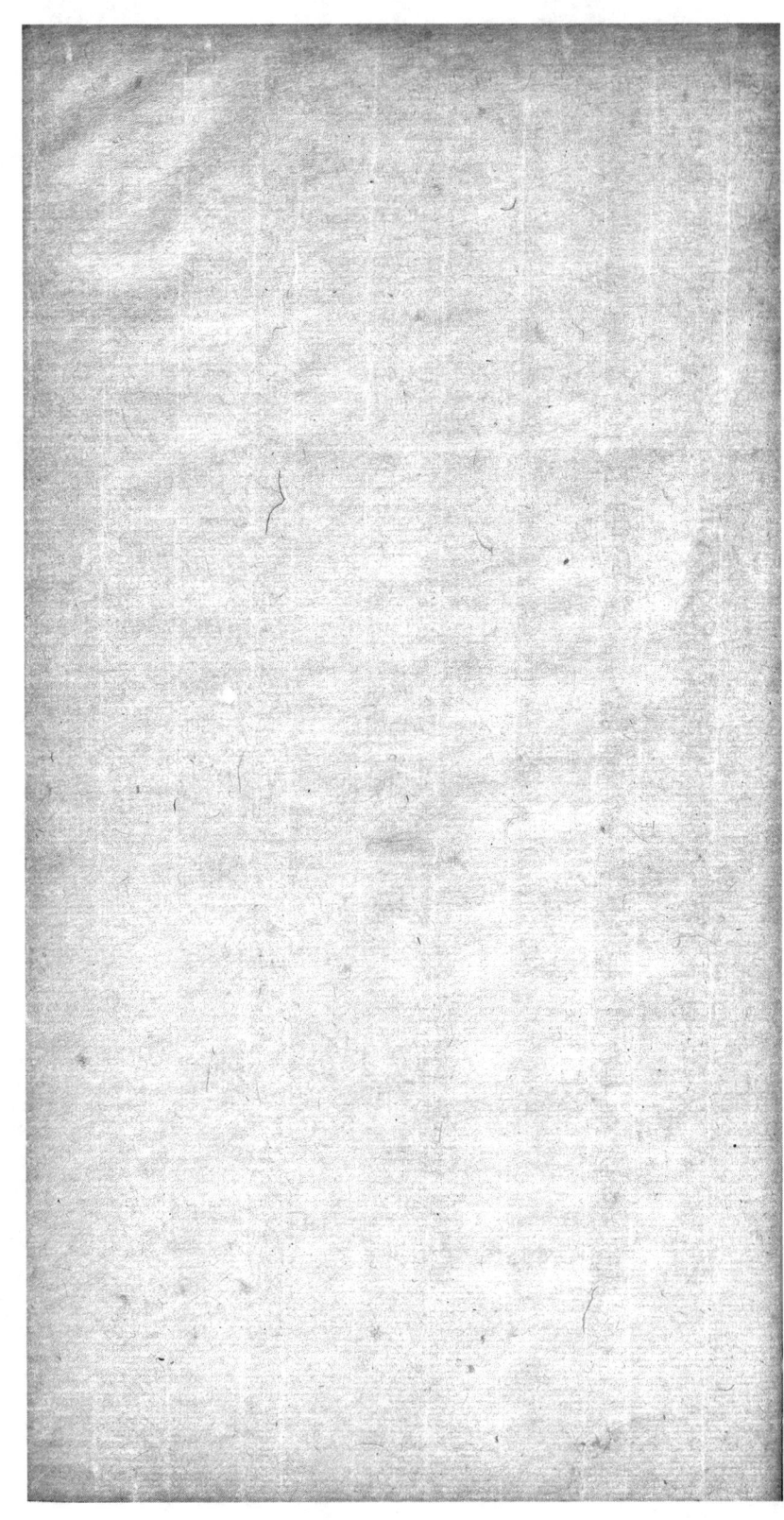

國初設中書省罷丞相永樂初乃設內閣選翰林六七儒臣居之日備顧問參決政機隱然相職而官不過學士洪熙初始陞孤卿皆潛邸舊人而三楊同官最久當是時干戈甫定 宣廟英武乾綱獨斷百司守令久任不更官民相安天下號為太平三楊之名所由以著也正統沖齡嗣服時福建僉憲廖謨杖死驛丞東楊以鄉故欲坐償命西楊以鄉故欲擬因公互爭不決請裁於太后王振因而進言三楊皆有私償命過重因公過輕宜對品降調府同知太后韙之自是振日据摭內閣之誤裁決

皆歸焉三楊乃迭請告展省丘文莊云一時賢相稱三楊蹉矣
然南交叛逆軒龍易位勅使旁午頻泛西洋曾無一語杈歸常
侍遠征麓川兵連禍結極於土木之变誰實啟之春秋責備賢
者其能逭哉

我朝之有內閣輔臣也自解大紳始也其有謹身殿大學士也
自楊文敏始也閣臣之加少師也自西楊始也西楊卒而少師
虛位者四十餘年萬安亦加少師傅野繼之自是洛陽長沙新
都順德丹徒鉛山永嘉貴溪分宜皆少師矣吏部尚書之領少
師也自蹇忠定始也王文端馬端肅王恭襄皆少師也漕運之
有都御史也自王竑毅始也兩廣之有總督文臣也自王忠肅
始也鄖陽之有撫治也自原侍郎傑始也江南之有巡撫也自
周文襄始也南贛撫臣之得提督軍務也自王文成始也恭政

之贊理軍務也自葉文莊始也南京兵部尚書之叅贊機務也自黄忠宣始也治河之命大臣也自宋尚書禮始也陝西之有鎮守憲臣也自王毅愍陳僖敏始二公在内臺歲更出鎮也廵撫之必兼憲職也自耿清惠始也至柴荆之有提督都御史自孫祥始薊州之有邊備都御史自鄒来學始皆景泰初年事又北邊有虜警則設總制大臣或都御史或尚書侍郎兼憲職自廵撫以下皆禀受節度東路宣府大同一員西路陝西延綏寧夏甘肅一員西路有警則宣大游兵駐河東濱東路有警則延

寧游兵駐河西濱西路總制治固原在延慶凉洮之中東路總制則往來於宣大嘉靖中改總制為總督云南贛與湖廣福建廣東相連流賊易起鄖陽與陝西四川河南相界流民易聚故江西湖廣既有廵撫此又設提督撫治之官也南贛山深而人狡鄖陽土曠而民貧

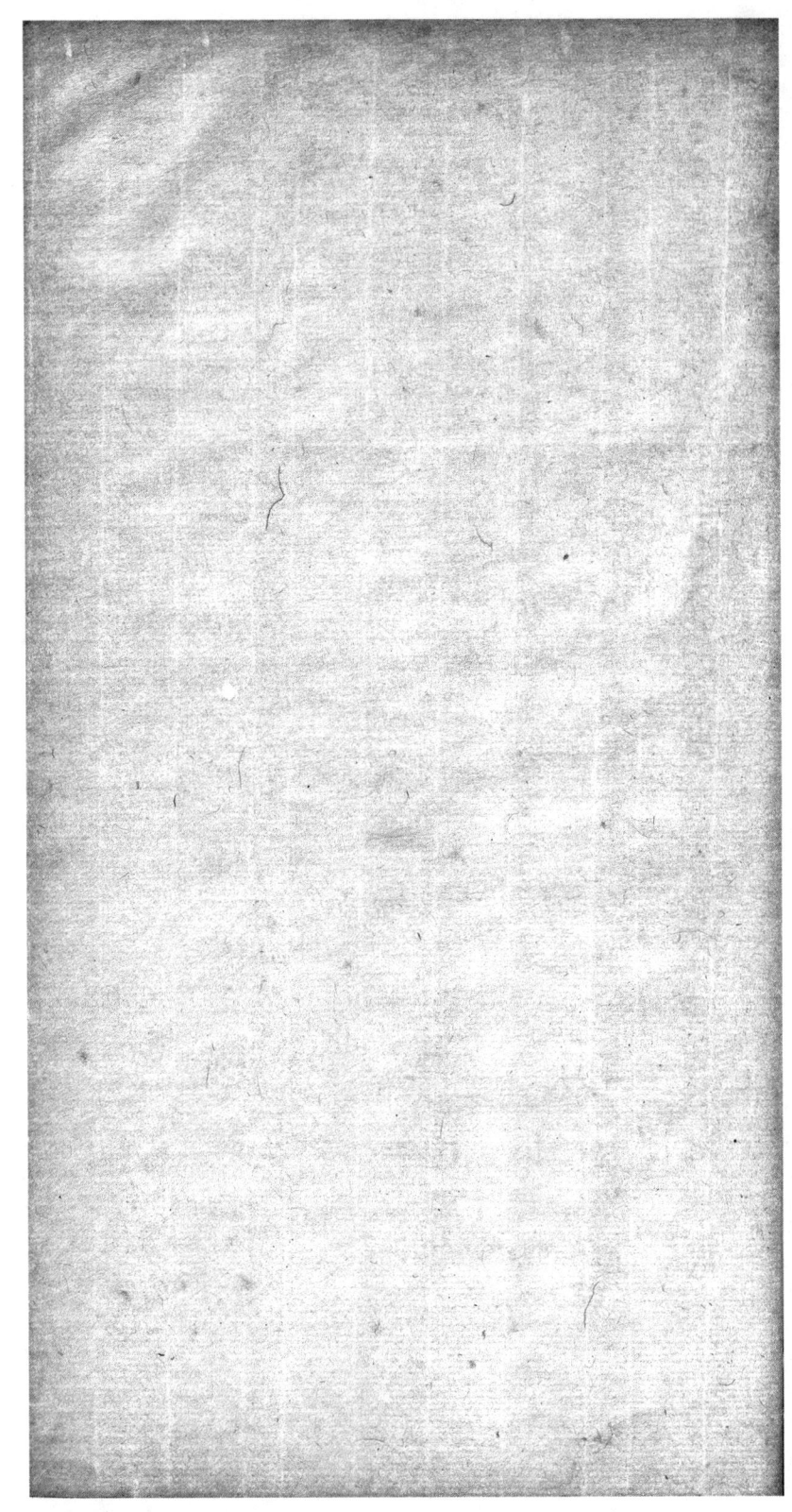

憲臣提督學政設於正統初元以御史薛瑄為山東提學始景泰元年革天順六年復設以吾鄉南山黃公潤玉為廣西提學始時以學政廢弛命廷臣有學行者督之黃蓋李文達公所荐也霍韜曰今申而人從之速者莫若督學憲臣故督學者好諂諛則一省皆佞舌也好文藻則一省皆摛詞也好實學則一省皆返躬也好實行則人將易轍也何也朝廷使之懸其的以示人人心有不歸往乎

九

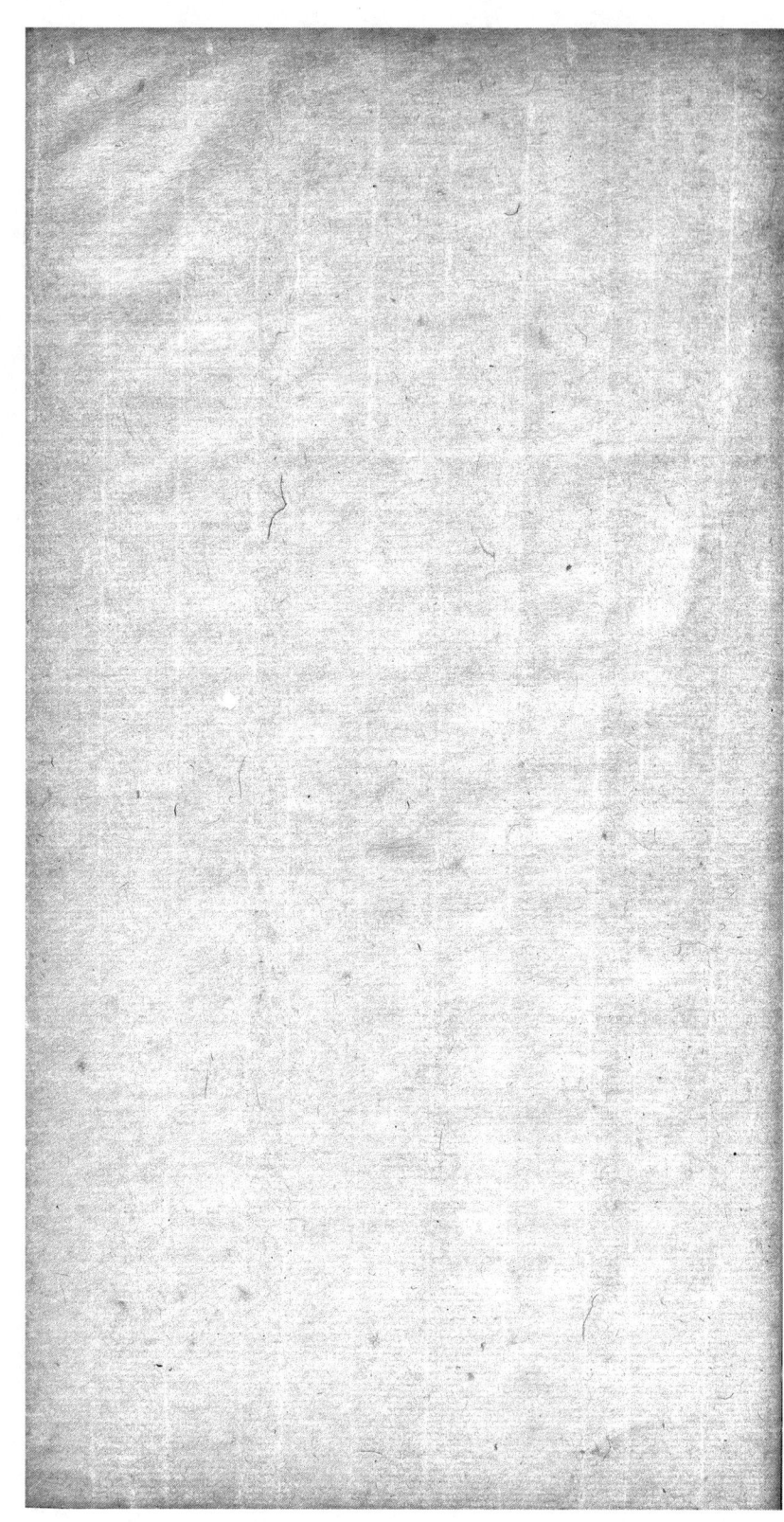

薛文清公董山東學政人稱薛夫子王振專政問三楊吾鄉人亦有可爲京堂者乎三楊以公對乃召爲大理少卿初抵京宿朝房三楊先過之語其僕令往謝振明日朝罷公不往又令李文達轉致意公曰德遠亦爲是言耶拜爵公朝謝恩私室吾不爲也久之振知其意亦不復問會指揮某死妾有色振侄王山欲娶之妻持不可妾因誣告妻毒殺其夫都察院鞫已誣服大理駁還之如是者三王文長憲承振旨劾公受賄故庇死囚詔逮至午門會訊公呼文曰若安能問我若爲御史長自當迴避

文怒奏强因不服理詔榜西市殺之門人皆奔送公神色自若

振有老僕素謹厚是日泣於厨下振問曰聞今日薛夫子將刑

故泣耳且備言其賢振意解令長繫錦衣獄公後爲南京大理

卿太監金英奉使至各官俱迎餞惟謹公獨不爲禮及還上問

所過官吏賢否英對曰南京好官惟薛卿耳

慈谿陳文定公廣眉修髯儀觀甚肅齋居端坐儼若神人為文根極理要片言尺楮皆有關名教奄振希一見不可得用是久次不遷為南司成十九年安意教育晚更號休樂老人楊文貞公請其過公以直告文貞曰真吾師也李文達公嘗致書謂為天下第一流王文端公為天官從容問曰老先生久居成均以司徒相轉何如公起揖曰敬宗託先生為知己豈有與天下英才終日講論道學而以桎梏之徒見辱乎王公屈服風節嚴、如此嘉靖間禮部議謚云學優而正行直而堅居官歷五朝剛毅貞介之節雖抑權貴而不渝司成淹六考方嚴詳整之規雖老師儒而彌力是誠篤行之君子一代之儒宗也頗得其實公與李忠文公同在翰林袁柳庄嘗曳二人並列曰二公功名相埒時公貌魁梧而李公短小人未以為然後公以方康肅下李公以公恕得士聲望並赫然柳庄之術驗矣

陳芝臺三吳水利論畧夏忠靖之慱大周文襄之敏慎海忠介之果決皆著於治水故布衣徒步盛暑揮盖則賢忠靖詰庋江上立表江心則勤文襄決開吳淞不撓旁築則勇忠介

十二

正統麓川之役所謂輕病而重醫也夫遐僻小夷稱亂戕殺縱欲問罪付之沐晟自處足辨矣乃至廷議遣將節制不專而致潞江之敗舉措何大謬耶王靖遠傾國家之力集數鎮之兵而先後十年之久卒不能殲殄渠魁竟從姑息獲免罪戾幸已何復裂茅土乎嚮使從劉忠愍之言移此兵力經畧西北已已之變必有以禦之者窮疥癬之爬搔而耗腹心之元氣安得不敗嗚呼奄振之專横不足責驥稱一代名臣而恬然為之不顧大臣謀國當如是哉

十三

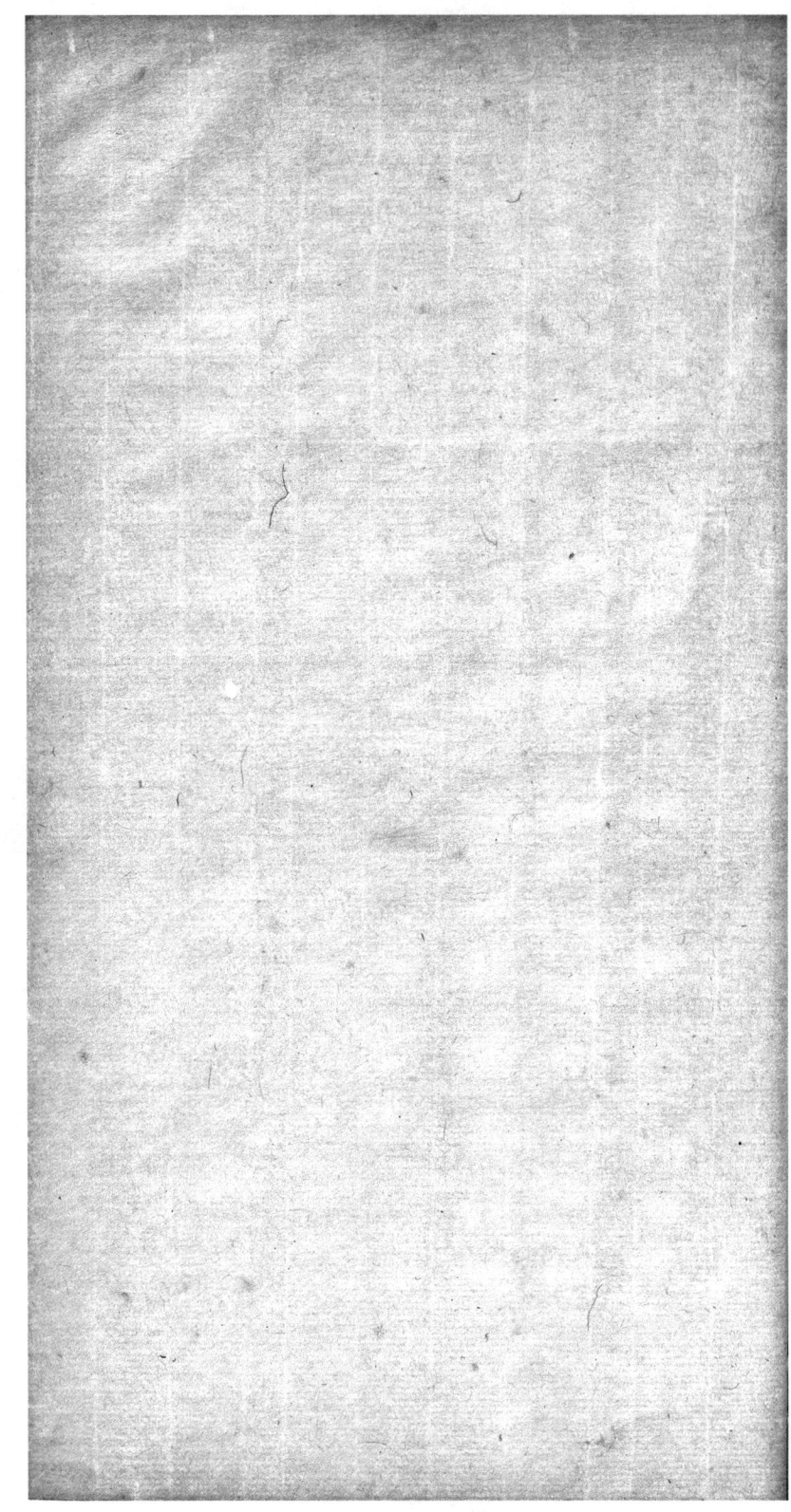

楊文貞公云洪武中令每縣四境設立四倉用官鈔糴穀儲其中又近倉之處僉點大户防守以備荒年賑貸官籍其數斂散皆有定規又於縣之各鄉相地所宜開濬陂塘及修築濱江近河損壞堤岸以備水旱耕農甚便皆萬世之利也自後有司雜務日煩於凡便民之事率無暇及是以一遇荒歉民無所賴官無所措此固守令之責然風憲之官皆不能無罪焉今日有司亦曾留心於此否乎

十四

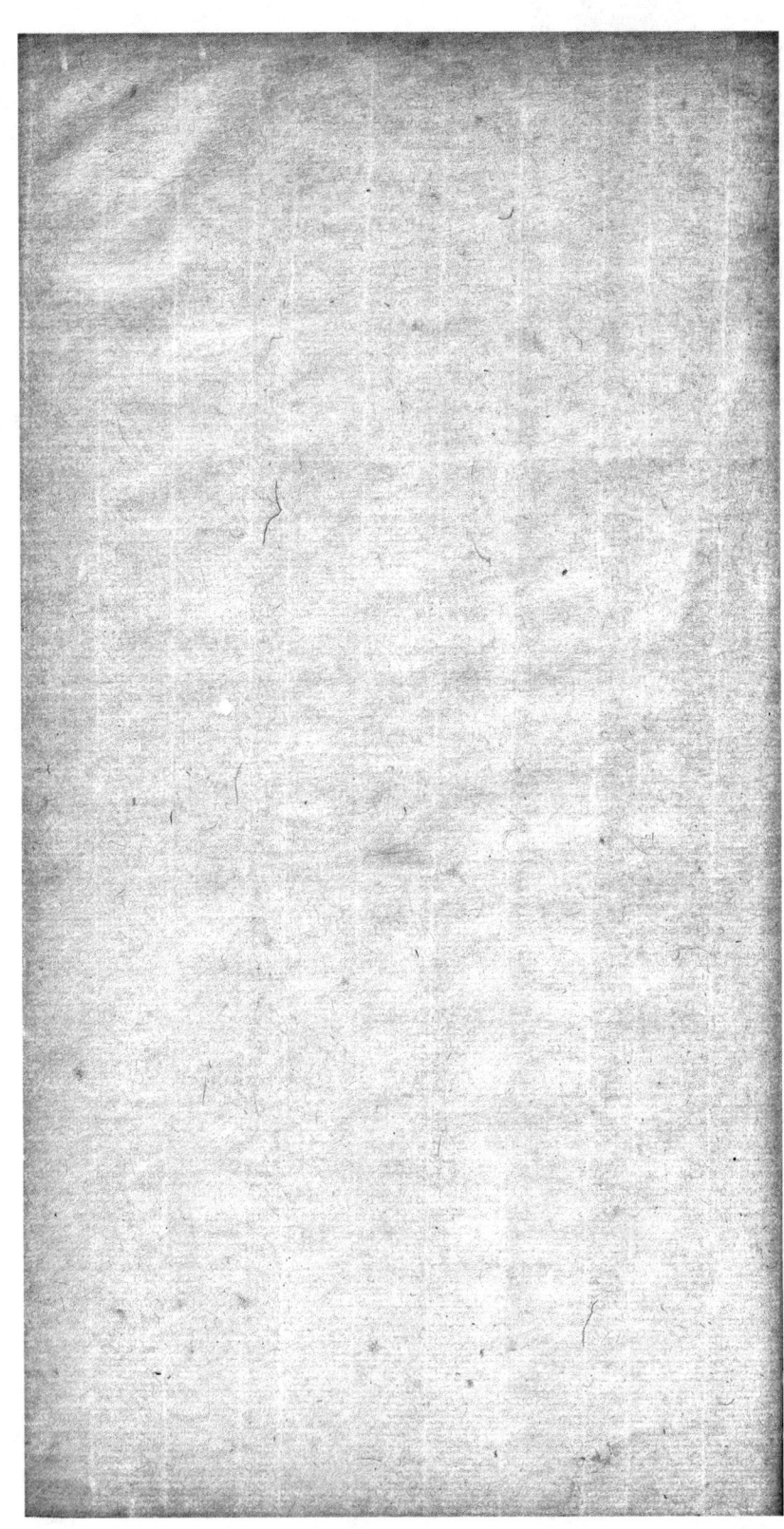

楊文貞公自江西省墓還所過不受餽遺惟獃清惠公饋鵝果則受之示激揚之意也楊文定公在内閣其子來自石首備言所過州縣官迎送餽遺之勤惟天台范公理時知江寧縣獨不為禮公聞而異之廉知其賢薦知德安府為令終八月耳王忠肅公自兩廣召為冢宰次濟寧都水主事法以先後序過雖貴官不得越人以為異公曰彼立法安忍壞之至部即調為考功主政白恭敏公任浙左轄過徐州洪家人與水手相毆主事袁規杖其儀士懇請而解未幾入為少司空袁不自安而公未嘗

形於辭色于忠肅公爲中樞葉文莊在兵垣屢疏相皷後葉喪偶請于誌其墓公慨然成之前輩德量爲官擇人未嘗系以好惡如此

方遜志在翰林寵任時薦西楊西楊脩實録乃誣方叩頭乞餘生西楊薦陳芳洲不荐東西兩王芳洲族人許西楊之子稷、竟坐法死芳洲令徐武功更名以圖進用又力薦之武功竟置芳洲於鐵嶺武功爲石亨畫奪門之策石總兵又置武功於金齒永嘉貴溪分宜華亭新鄭江陵相傾亦頗類此

十六

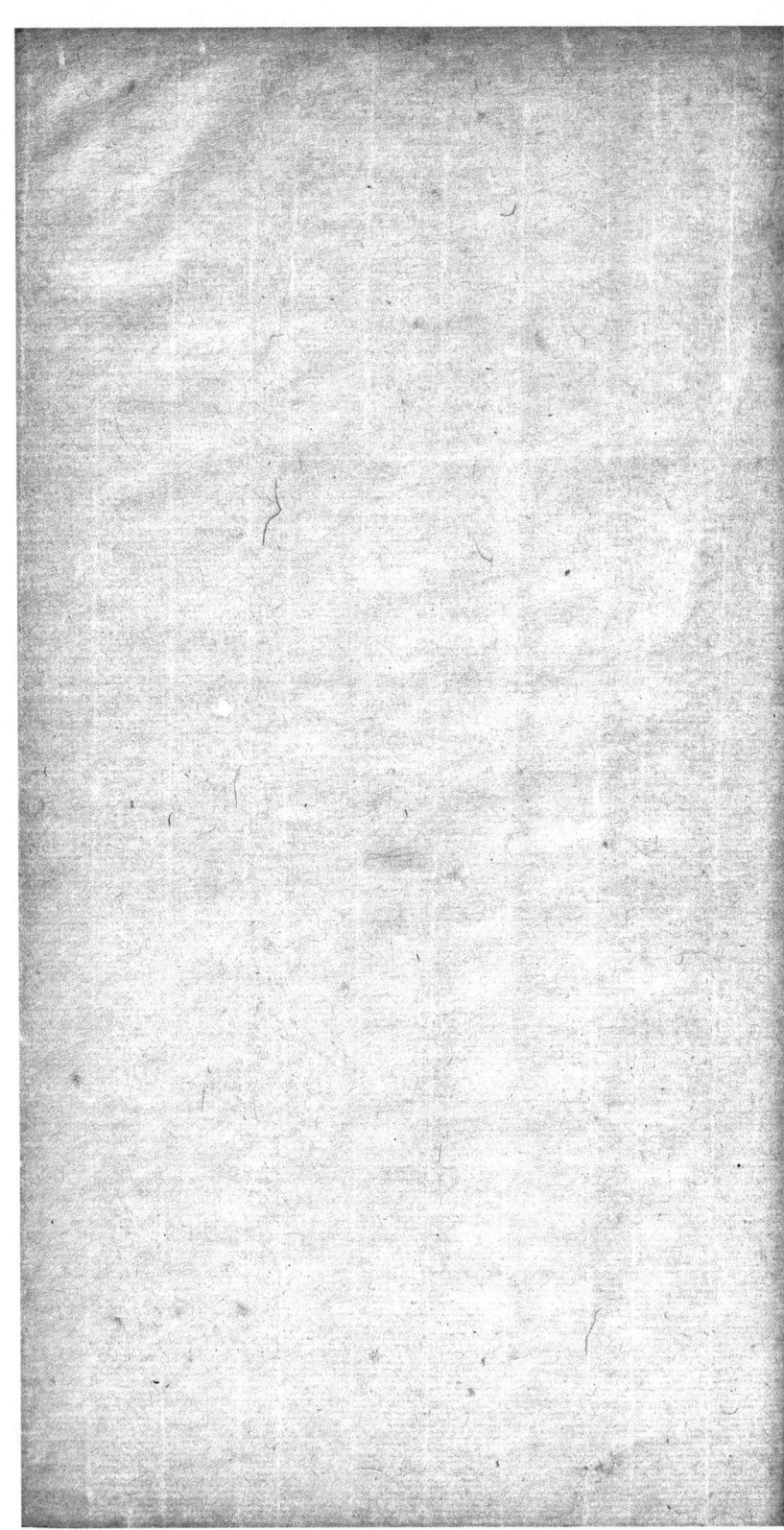

人固不易知、已不易得楊文貞不知王文端葉文莊不知于忠肅彭文憲不知李襄敏李文達不知葉文莊丘文莊不知王端毅倪文毅不知莊定山馬端肅不知劉忠宣張文忠不知王文成崔文敏不知王虎谷

千七

韓襄毅之用陶魯也小吏也王文成之用龍光冀元亨也一罷吏一老儒也胡襄懋之用蔣洲陳可願也兩游閒書生也萬曆間袁了凡黄以職方主事贊畫征倭援朝鮮用布衣馮仲纓金相亦頗類此

正統末年太師英國公暨侯伯二十餘人早朝畢奏曰臣等皆武夫不諳經典願賜一日假詣國子監聽講上命以三月三日往於是太師率諸侯伯至監始攜茶湯果餅之類甚豐祭酒李先生時勉命諸生立講五經各一章講罷設酒饌奉款諸侯伯讓曰教授之地皆就列坐惟太師與先生抗禮飲甚歡太師屢辞先生曰秀才家飯不易措置願太師少寛復命諸生歌鹿鳴之詩賓主雍容抵暮而散此亦太平盛事也出寓圃雜記

十八

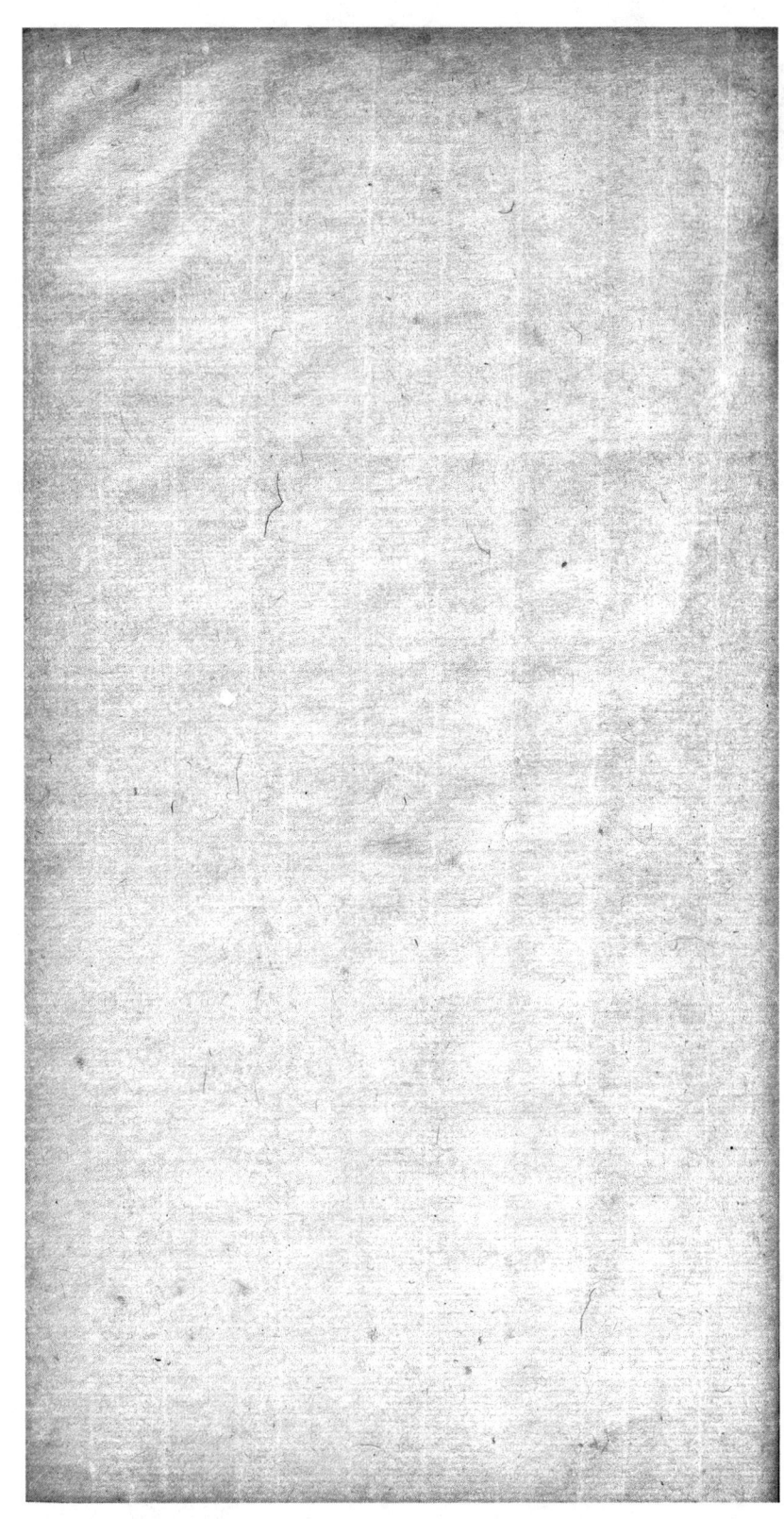

當上之北伐也徐有貞指天象謂所親曰茲行也必敗上不歸矣已而駕果蒙塵及郕王監國召諸臣問計有貞言紫微已動急秉虜之未深而還故都為便以紬於于謙江淵之議得止南遷而國亦旋定王世貞曰武功之占候奇矣一驗一不驗幾遂悞國世之所謂不祥人也耶

十九

正統己巳值乜先犯順權瑺王振實定親征之計以誤廟謨車駕將發備百官以從而刑部久屬以主事張瑭應公率同曹極諫萬乘不可輕動而深斥近倖獻計之非卒不省則慷慨從行家人問之曰君出與出君入與入何問焉次居庸師無宿備紀律不整公策其必敗三疏請還蹕不報及土木難作公竟死王遵巖慎中表其墓畧云公始議見沮而後六師輕出師出而再議見沮而後輕入胡地方事之未然其慮審其憂深而言紕於不肖使晉臣慶鄭懷違諫廢卜之怨且快于君止以實其言而

二十

公踐必死之盟畢其身以殉所事之重可謂烈矣然何其不幸
也以彼其烈幸而傳之當與庚珉王雋辛賓李若水同傳而
英廟實録載扈從死事之臣竟遺公名則身死而事亦幾沒矣
已而犬羊悔禍化逆為順群執羈紲御銜麇奉車駕還都鑾鈴
不爽節鋈剝無脱輻者則已慰公安國之本懷與存君之素志
矣其齒髮骼胔化為胡隍之驚塵以從飄風雖混于沙礫委蔓
草而啖烏鳶皆非公所惜蓋公沒而其子撫州推官圭始斂衣
冠而瘞焉公之精英霣爽必且飛揚悽愴睠其都而棲舊里附

衣冠之潔莊而常遨游于鄮山甬水則亦何以異于全歸而深藏耶王公此表亦是從来墓表無此淋漓憤烈之致公乃吾寧慈谿人余故稍為詮次而傳焉

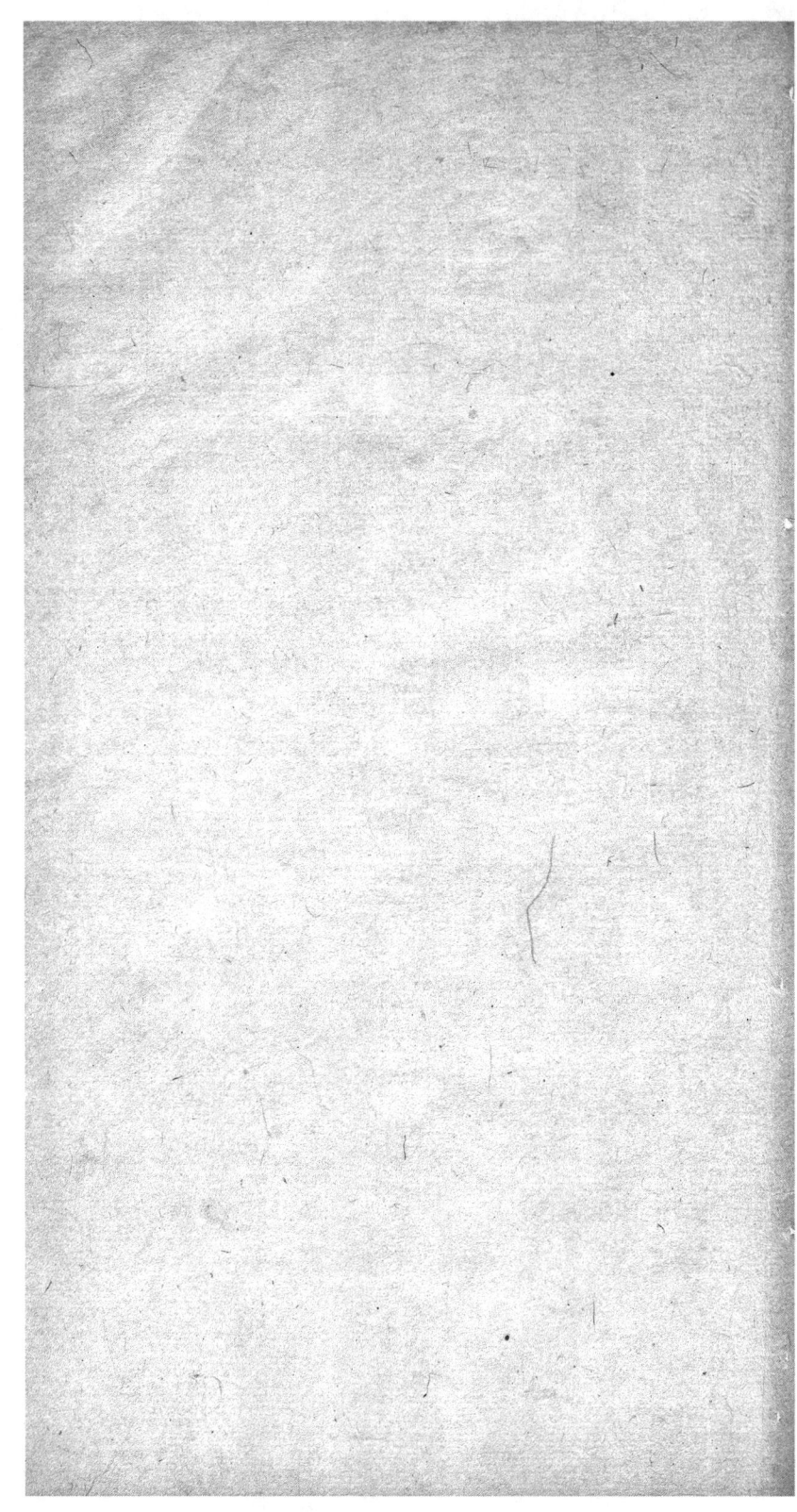

武宗毅皇帝紀

武宗即位青宮舊奄日導上狗馬鷹兎舞倡角抵諸戲漸棄萬幾於是户部尚書韓文每朝退對屬吏言輒泣數行下李郎中夢陽閒説之曰公大臣也義共休慼徒泣何益韓曰柰何曰諫官有章入交論諸奄下閣矣三老者顧命臣閣持諫官章甚力公誠及此時率諸大臣殊死争閣老以諸大臣争也持必更易爲力韓公捋鬚昂肩毅然曰吾即事弗濟年足死矣不死不足以報國翌日蚤朝密叩三老三老許之而語諸大臣諸大臣又

無不踴躍者韓公乃大喜召夢陽令具草、具公讀而芟之曰
是不可文文弗省也不可多〻覽弗竟也而王岳者亦青宫奄
頗惡其儕所為閣議持諫官章不下諸奄業窘相對泣會諸大
臣跪又入上遣司禮監八人詣閣議明日有旨召諸大臣盖人
〻惴也既入左掖吏部尚書許進首咎韓曰公跪云何韓於是
故曳履徐〻行而使吏部侍郎王鏊詣閣探閣老劉健語鏊曰
事已七八分濟矣諸公第堅持弗輕下至左順門司禮監李榮
手跪曰有旨問諸先生諸先生誠為國第奴儕事上久不忍郎

置之法幸少寛上自處也衆震惧莫敢出語榮面韓曰此舉本出公又云何韓言雖正而氣不勁又觧中肯綮榮哂曰疏備矣上非不知第欲寛之耳諸公遂哄然而散王鏊前謂榮曰設上不處柰何榮曰榮頭有鐵裹耶而敢壞國事榮入而事變矣蓋是時諸奄窘業自求安置南京而閣議猶持不從於是瑾等繞上前跪伏痛哭首觸地曰微上恩奴儕磔餧狗矣且云害奴儕者王岳又前掌東廠與諫官通而閣議時岳又獨是閣議且左班官所以敢譁者司禮監無人耳有則惟上所欲行矣上大怒

立命瑾入司禮収王岳范棨竄南京尋殺諸途而閣議時劉椎
案哭譏亦疊又嘗之惟李獨無言得留云

張綵附劉瑾躐天卿罪狀彰灼庚死於獄仍戮其屍言其事令人欲唾而秉間勸瑾一事有切近人情者其言曰公亦知財所出乎非盜縣官帑即剥索小民且彼借公名自厚入公者十不一而怨且十及公何以謝之瑾有省會少監　宣指揮趙良還餽瑾二萬金瑾疏収金上庫運庫宣良咸賍斥有差噫瑾之後更有瑾綵之後更有綵不足異也後之綵更無有進此言如綵而後之瑾更無有聽綵言如瑾者是所謂一蟹不如一蟹也是真足異也

三

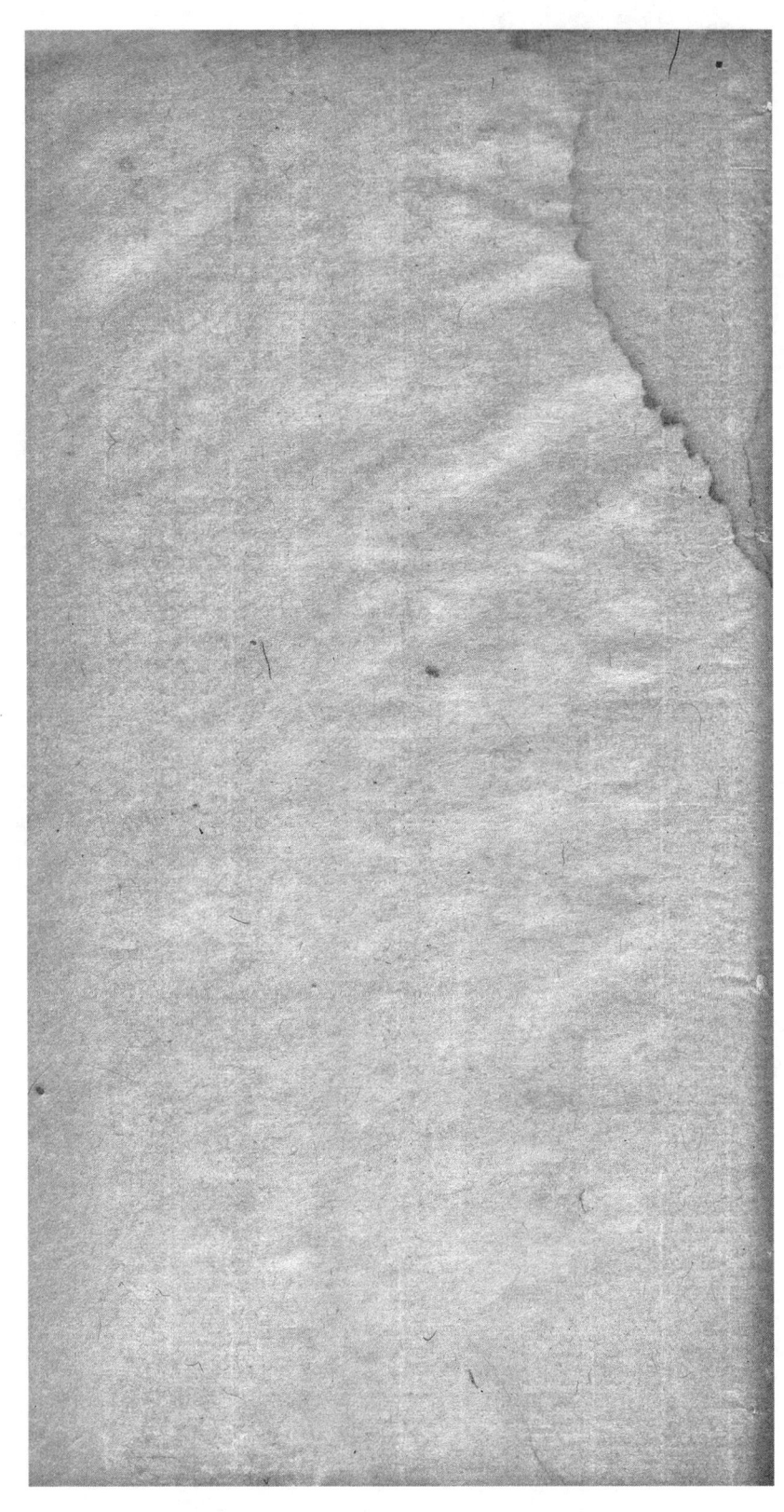

震澤長語云閣中不設公座惟東西兩凳相向耳天順初李文達自吏部入欲正南向之位彭文憲力沮之謂 宣宗嘗御此李曰事久矣彭又謂禁中無南向坐李曰東邊會食局為南面會內送宣聖像置於中乃止司禮太監至亦惟東西向正德初𢨁瑾擅權西涯欲尊之乃特設一榻於凳之上亦不敢正也故事太監至迎之止花臺送之止中門皆有定限余初入內閣西涯以是告曰此定例也不可失余等守之惟謹今不知何如矣

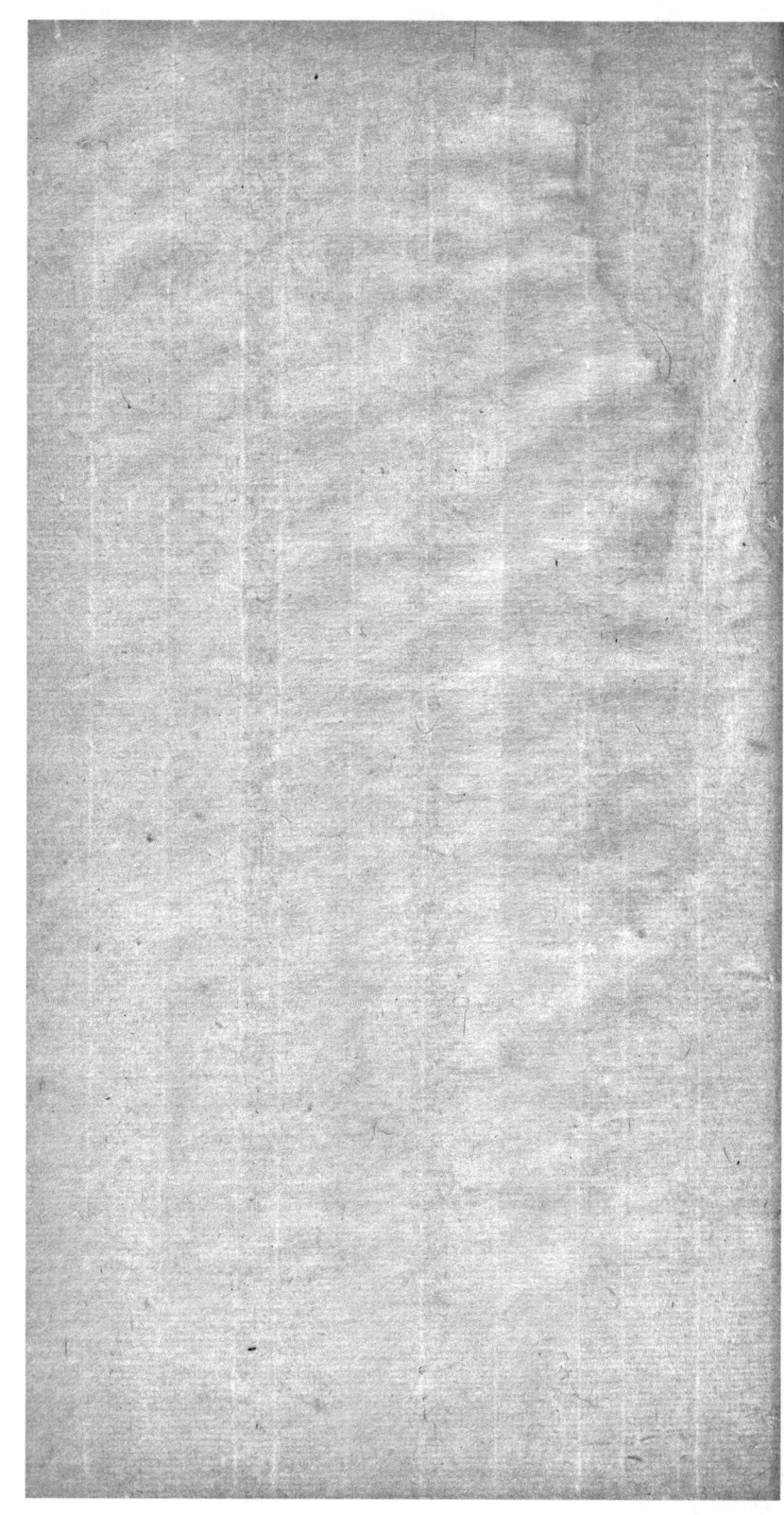

李文正公随事應變頗多潛移默奪之功劉瑾時假以公錯註誤姑免提究各發米實邊文正因言各官罰米其在邊関多劳少益不若納原籍預備倉却為實用遂免輸邊之勞又四川鎮守太監羅籥請便宜行事瑾主之文正力言不可因奏曰 太祖舊制在外都布按三司都司管兵不管錢糧布政司管民不管軍馬按察司管糾劾刑名而軍馬錢糧皆不得管其權分而不專此祖宗防微杜漸深意永樂以來漸差都御史在外巡撫其有番夷去處則置鎮守總兵官後差內臣一同鎮守其權雖

同而不專未有一人專制一方者今既革去巡撫若付鎮守衙門任其進止非事體不便恐鎮守一人亦自擔當不起百五十年所未有豈敢一旦增添乃批出止便宜餘如所議又與瑾論取回行事文正曰舊例行事官校止在京城今差四出聲勢烜赫驚疑天下姦詐之徒因而矯托真偽莫辨近已累犯煩朝廷處分若真者取回則偽者無所容矣因以天順元年舊稿示之瑾乃語塞文正此數事儘見相才若以相業謚文正其然豈其然乎

正德中福建廣東湖廣三省流刼之變議者皆主招撫然招撫之說可偶行於脅從之衆而不可常行於怙終之寇可一行於回心向化之徒而不可屢施於乍服乍叛之黨胡端敏公亦云江西之盜撫勦兩說相持不决以臣愚見舊降者不赦再叛者不招新起者必撲此三言後世撫勦之定論也又嘉靖初青州礦賊亂給事中汪應軫奏言弭盜之法與禦夷不同禦夷逐之境外而已弭盜而縱之出境是以鄰國為壑也請為定例凡一方盜起彼此玩視不即撲滅以致出境流刼則兩處鎮巡一體

六

治罪報可觀此二議則崇禎年間流寇之禍當事者無所逃罪
矣

正德濁亂群盜蠭起江西之寇有五股大帽山號贛賊僊女寨
鷄公嶺號華林賊瑪瑙寨越王嶺號靖安賊王浩八為浰源賊
樂庚二陳邦四為東鄉賊自副使周憲戰死華林總督陶琰冉
撫浩八而二賊稱最劇至巡撫周南平贛知府李承勲平華林
靖安參政胡世寧吴廷舉平浰源東鄉功最出奇而南贛賊黨
畧平矣然皇靈未鬯芭蘖旋萌於是江西之賊復分為四藍天
瑞等為左溪賊謝志山等為横水賊鍾景等為桶岡賊池大鬢
等為浰頭賊王新建以夙望簡擢特開督府駐節南贛規畫山

川廣行間諜親破賊巢者八十餘增設縣治者二未一朞而四
處賊渠悉皆蕩滅盖江西南臨百粤北枕大江東連閩嶠西接
荆蠻地延千里址交五省又有崇山峻嶺鳥道叢篁王師直指
則蠢伏深林振旅還朝即鼠謀竊發當四賊再起浰頭遠在汀
州桶岡實處楚境左溪橫水連亘其中彼且昭狡兎之窟成率
然之形而當時議者動思招撫至撫不就而用剿徵調狼達兵
招畨峒舉措何煩擾耶新建悉罷客兵自募鄉勇覩釁乗隙猶
慮賊兵四出牽制我師偽撫浰頭佯委桶岡使皆懷疑觀望徘

衕之間鼓行而進直搗中堅奇兵雲擾鐵騎飈馳横水覆巢桶
岡失險乘其破胆一鼓遂登兵法所謂出其不意者也渠魁已
縛檻車而餘黨且晏然鼾寢鼓角一鳴千山震動賊於斯時登
陴投兵則一木難支倉皇奔逸則四面歌楚相顧觧甲慟哭請
降武侯五月渡瀘而南人不復反矣楊僕楼船馬援銅柱擬之
新建豈有遜焉

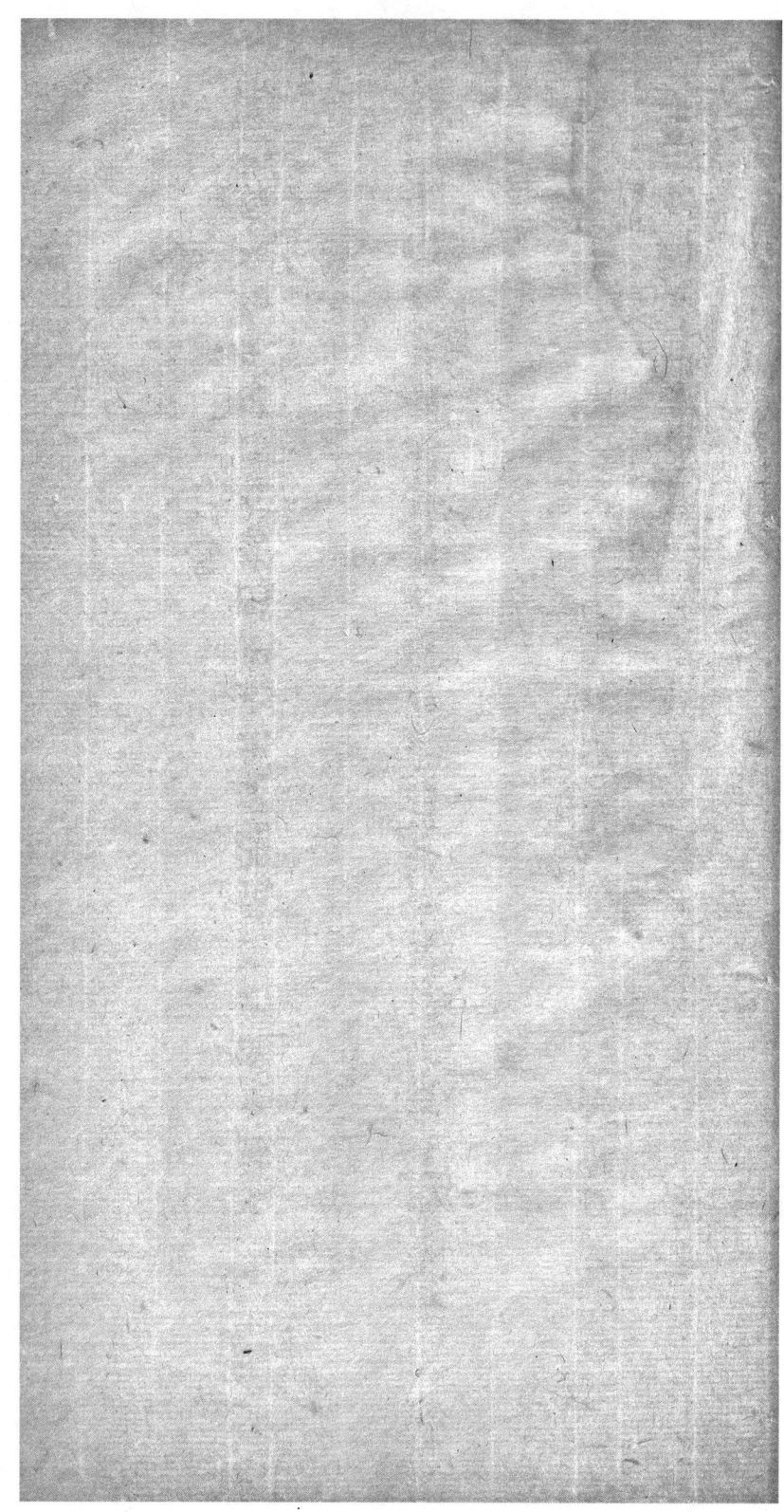

劉文肅忠以奄瑾誅由吏書兼翰林學士入閣時張永方用事又新有討鐇誅瑾功大臣改以事瑾者事永公獨持介節永遣人來謁無加禮又却其餽後摘試録中語予告歸荅人有言諛詞巧説不曾習學卑禮諂態不曾操演知者謂為粗鄙不知者謂為簡傲其自持如此嘗謂崔公銑曰古羇人遷客當流離困厄不取非義况食禄者乎又謂鄒公汝愚曰子國器也善自愛寧直無媚寧介無通寧恬無競許襄毅論當世人物曰翰林惟司直一人此可以知公矣

九

崔仲凫洹詞云南城羅侍郎玘弘正間振奇人也國學時受知
丘文莊公賞異之往西厓處劉瑾張永之際不可言臣節矣士
惠其私猶曲貸而與之幾亡是非之心景鳴引大義稱責頗削
門人之籍宸濠數遣使齎金餽景鳴於山中景鳴知之一夕逃
去家人莫知其處及叛知府曾璵約公共討賊公疾革猶貽書
勸勉曰老夫聽捷音地下矣又曰銑在南司封嘗問羅文肅當
今君子曰邦瑞可邦瑞者傅公珪也余謂傅公樸木人斯言殆
激與後乃深嘆圭峰之智陸儼山深序傅文毅公遺文亦云一
十

時同館以氣節相激昂者惟羅文肅景鳴耳

高陵呂涇野柟發明理學或問朱陸同異先生曰象山晦菴同法堯舜同師周孔雖入門路逕微有不同而究竟本原其致一也亦何害其為同乎為北國子祭酒時監規久弛先生動以身教責游子弟不率者繩之以法不少假貸有以敬敷五教在寬相規者先生曰寬非縱弛之謂乃日剋月劘以要其成而不責効於旦夕故謂之寬然云敬敷則不可不謂之嚴矣古稱師嚴然後道尊道尊然後民知敬學今人才漸不如古豈真古今人不相及哉內則祭酒外則提學皆有師道以教人為職者率多

十一

姑息假借而不知人才之日流也遠道干譽苟臨希悦且非治
民所宜矧以之教士哉規者不以為然而先生持之愈堅國子
諸生漸知簡束而絃歌禮讓洋洋於京師首善之地矣

正德時涿州人王豸臂有瘤形類蜥蜴張永群校緝得之曰此
龍形也將惑衆校尉輩皆陞錦衣而永欲自封伯旨徑下閣楊
文忠廷和曰自古内臣封爵如五侯童貫非美事亦不克終若
本朝則絶無也誰敢為此赤族事耶永曰劉馬兒太監封侯何
謂無也公曰劉馬兒族人有功受封非其身也其墓誌在岳蒙
泉文集即命中書取類傳稿手揭示之乃止又太監劉永誠以
軍功求封伯爵彭文憲時引成憲沮之或言宋童貫尚封王伯
何足惜時折之曰童貫封王在徽宗末年此何等時耶遂不果

十二

封此與楊文忠事正相類見實録

正嘉間何文定公瑭學者稱柏齋先生行誼高古灌園自給不妄取與潔身獨行君子也王肅敏公廷相號浚川少勵名節慱學能文敭歷中外著有聲績皆中州近日名臣後進好言人短謂何迂腐王晚年與郭勛共督團營不能糾發其奸可謂責人無已矣

何文定公栢齋先生塘世傳留都兩篇文字其一贈司業郭杏東之言曰古之君子何為而學也以脩齊治平而學也則當務之急固在身如何而脩家如何而齊國如何而治天下如何而平細而言語威儀大而禮樂刑政此物之當格而不可後焉者也慱學而審問焉慎思而明辨焉一旦卓有定見則所謂物格而知至矣由是而發之以誠主之以正然而身不脩家不齊國與天下不治且平未之有也大學之道如是而已至究其本原為性命形於著述為文章固非二道特其緩急先後各有次第

不可紊耳今之君子不察乎此剌意詩文則曰立言不朽此豪傑之所以名當時而傳後世也留心性命則曰窮神達化此大儒之所以繼往聖而開來學也更有僞起捷徑之學者則又曰理出於心、存而理得吾道一貫此聖人之極致也奚事外求噫為是論者皆天下豪傑之士也吾豈敢謂不然哉第恐其於脩齊治平之道反有所畧則所學非所用所用非所學於古人之道不免差矣其一贈兵部侍郎陳公之言曰嘉靖改元石峰先生以右副都御史巡撫江西明年改南京大理寺卿又明年改兵部侍郎余於是有感焉古稱才難全才尤不易得唐虞之際命官九人固皆極天下之選也然而興禮興樂掌教掌刑皆久於其職有終身不易者豈非以其才性各有所長職業各有所習兼全之難故耶至於内總百揆外總六師土地山澤無所不掌惟禹益為然全才之不易得如此今日當塗用人司錢穀者未久復改之典刑獄職風紀者未久復改之詰兵戎計資遇缺而遷初不問少所學長所習無乃以全才待天下乎其意良厚矣所慮全材不可多得用違其長則王良操弧后羿執轡非

惟無成且以敗事故不可不深長思也大文章鑿、不朽令之

立言者能若是乎

李空同詩文第一人品亦不落第二王浚川廷相曰空同爲人氣高節挺孤立峻視不能少縮下依貴人又如鳳矯龍變人罔不知其梓亦莫不駴其畀故冉㒩顛蹶匪無容之實深忌之匪曰忌之實惟惧之云爾王槐野維楨曰學者未觀空同之大醜詆其掠古市美比之劉虜嗟乎畐才神解能自作古空同生李杜先不爲李即爲杜李杜後空同生亦不必不爲空同豈可謂李杜掠人美哉二公之言知空同者不以爲過或謂空同較大復多一臂力良然今踰百餘年訾大復者少訾空同者多如歸

震川錢牧齋之徒每肆譏彈不知何説

正德中始討蜀盜林見素俊功居多而卒盪定之者彭濟物澤也當時獨任俊使總制蜀寇久平矣洪鍾雖無他然總戎務俊當受其節度議多齟齬軍機進止之間每每沮格此所以成功遲而亂不靖也夫大臣任國事宜讓能成美人有才畧勝己者則當舍己從人合謀戮力蓋惟期有濟於國不必功自我出也宗社之安危生民之休戚豈吾攄忿較勝時耶雖然見素之功未究人至今猶惜之濟物平中原及蜀盜勲最懋而晚年經略哈密君子有遺議焉然則人臣處功名之際蓋其難哉

十七

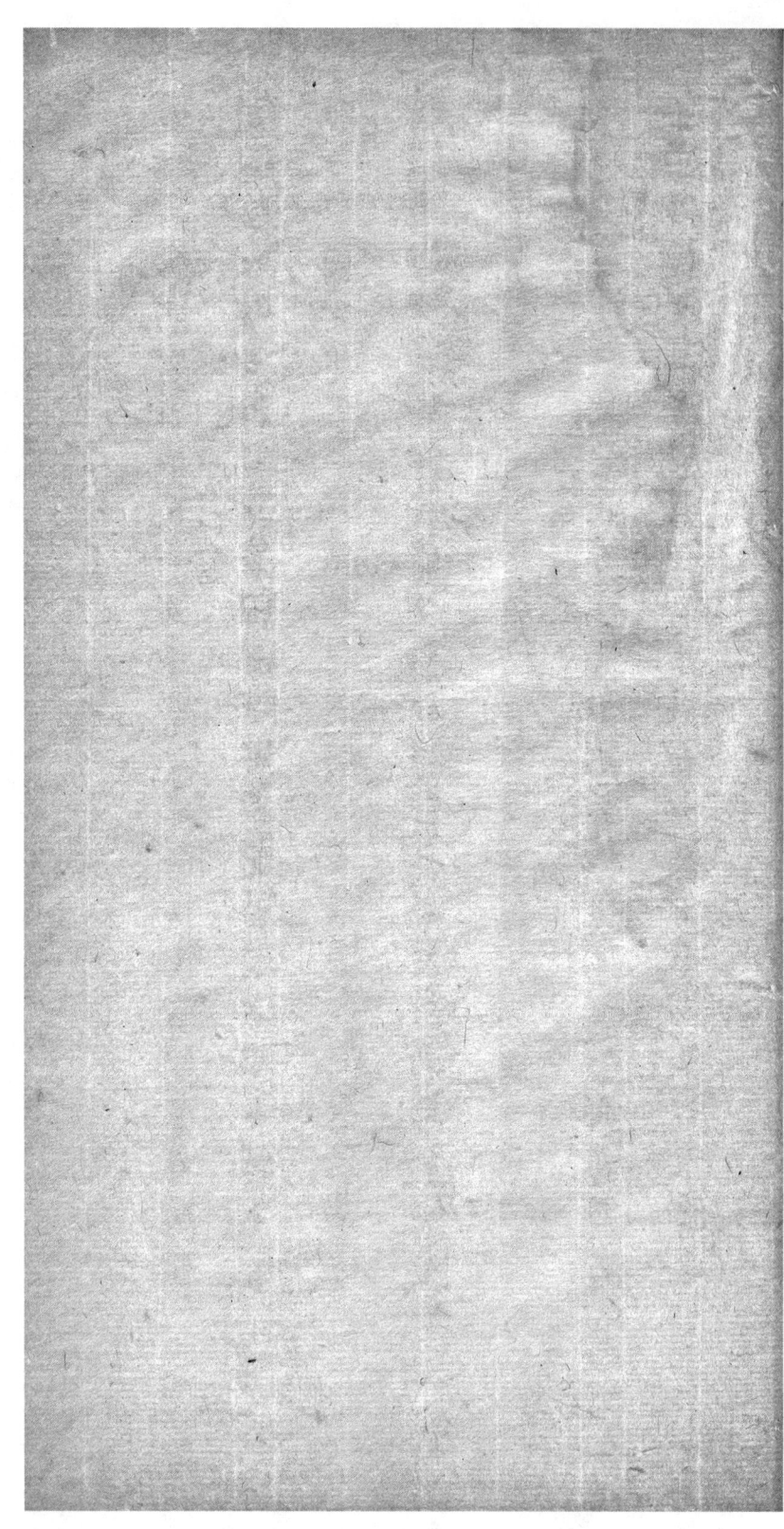

高岱論曰國家二百年盜賊倡亂未有甚於正德間者侵薄兩畿蹂躪數省雖漢黃巾何加焉其卒盪定者祖宗之慶澤天命之眷佑耳當時諸臣所以控制之略未見有持必勝而得萬全者始焉馬中錫張偉固已失策玩寇而繼之陸完谷大用毛銳等視中錫輩何彼此也成敗遲速幸耳及中錫等下獄論死而完等封拜崇顯是惡足為賞罰乎要之摧敗賊鋒者諸邊卒之功而勦捕盪平者各守臣之力其馳驚中原身當其難則彭澤之勞勩似不可誣而皆賞格所後者雖然幸賊無豪傑遠畧耳

使二寇據形勝按紀律相為犄角豈完等之所能制哉乃若去鈞州城不屠而入泌陽掘焦芳先墓則公論在盜賊亦有之孰謂其無良心耶

平涵朱相國大事記謂本朝楊文襄定寧夏王文成平宸濠功非不偉而妙在於用張永其作用機權學問得力可以想見斷斷乎國朝第一人物也余謂此固妙有作用機權其學問得力不在此國朝第一人物亦不在此王威寧之於汪直也伶人阿丑於　武廟前爲貴人操金鉞恣睢而前問何人曰汪太監所持何物曰兩鉞耳不仗此不能一步兩鉞者王越陳鉞也越而在汪太監手乎李文正之於劉瑾也羅文肅玘請削門人之籍切莫帶水拖泥須防落坑墮塹

十九

陳恭愍公為御史督學南畿端嚴方正以身率教士習翕然丕變長洲韓襄毅公以功業顯頗尚崇飾憂制家居聞公至悉屏儀衛減供奉曰毋令陳御史知也說者謂公行部有杜黄裳魯宗道之風

二十

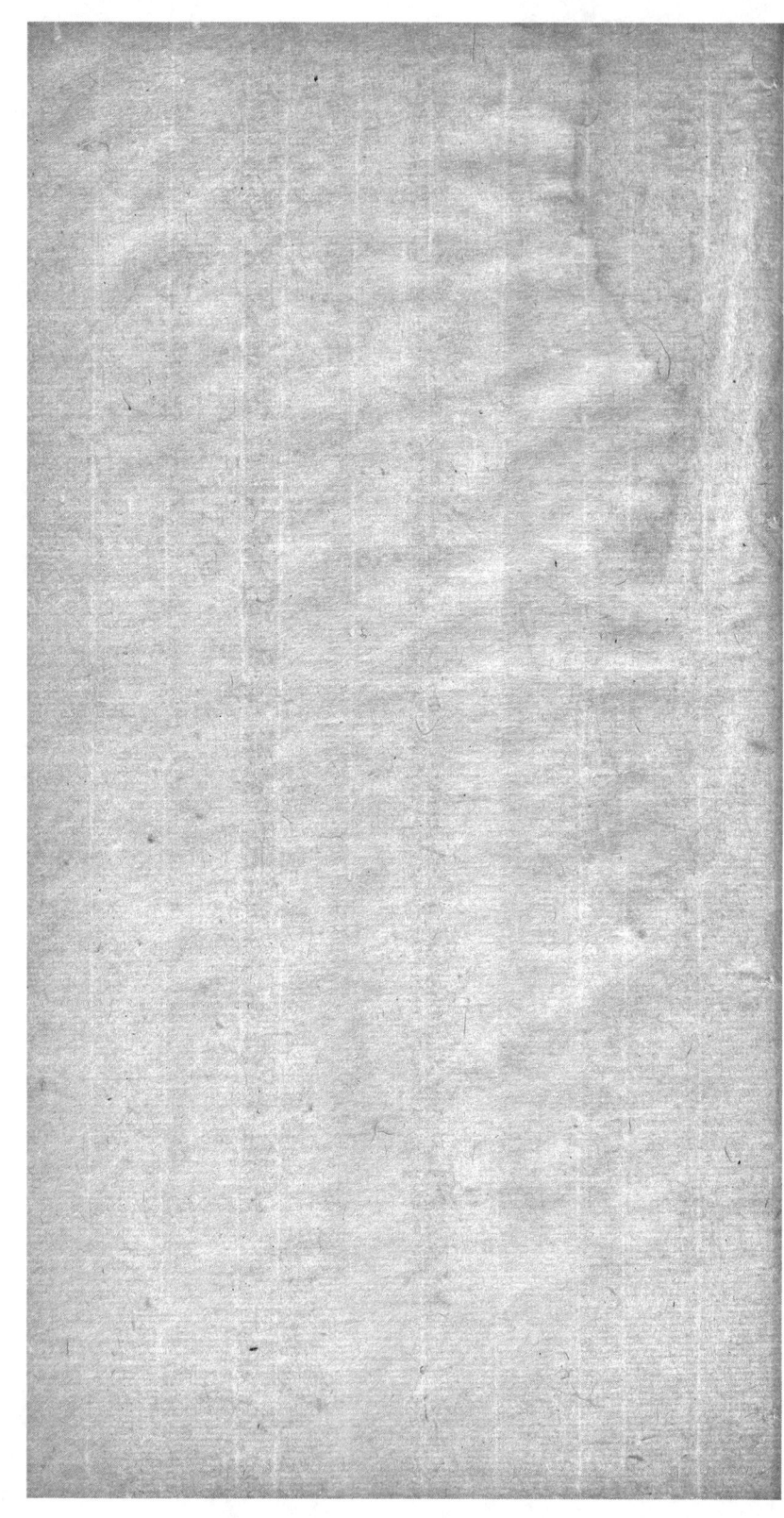

正德中賜楊慎及第慎輔臣廷和子頗博學一時猶稱爲面皮狀元餘冬録云宋太宗朝吕蒙正李昉爲相蒙正弟蒙亨舉禮部高第既廷試與昉子宗諤並以父兄在中書罷之仁宗朝韓億叅知政事子維舉礼部不與廷試受蔭入官宋制嚴於宰相子弟如此惟秦檜柄國子熺孫塤南省廷試皆冠多士本朝景泰間大學士陳循王文子鄉試不中訐訟考官特賜舉人弘治乙丑謝遷子丕至是廷和子慎其父引嫌不與讀卷其子並得及第前此戊辰焦芳以子黄中不得狀元降調翰林諸執事官

二一

於此見我朝法制視宋為稍寬而公卿典型不逮宋人遠矣余
攷神祖初年江陵柄國子懋修嗣修敬修相継及第人亦莫
敢非之權勢赫奕乃爾惟王文肅秉政子衡以才名中北畿解
元臺省交章錫爵自請廷試事乃得白文肅謝政後衡始高擢
南宫云

楊文襄爲冢宰給事中王昂以選法不公劾之昂被謫一清上章自劾而奏留昂不聽貶昂休寧縣丞未浹月轉應天推官時以昂鯁直一清受美而高之王中丞雲鳳遺文襄書曰留王昂一疏人皆傳誦不知唐子方初貶時文潞公有此否然介貶數月即復殿中侍御史令昂即不獲還之青瑣推薦超陞亦在執事筆端耳每恨李文達近稱賢相然悉羅一峰淪落以死岳蒙泉坎坷終身而極貪之陸布政反得超擢司寇令文達之富貴安在哉一身之榮顯可畧而天下指示之嚴千秋紀載之公可

畏也且用舍之間士風所繫正人進則善類勸而士風以振僉
邪奬則善類沮而士風以頹竊恐奔趋冨貴者相見之際稱功
頌德乞憐希進未有以直諒之言達於執事者故敢布其愚爲
文褒得書爲之悚然按吾鄉陸康僖瑜人稱名臣而當時之論
若此聊存之以俟論定

高岱嘗論正德閒逆瑾之亂政漢十常侍唐甘露之變也河北山東江西四川之寇漢黃巾唐黃巢之亂也寘鐇宸濠之稱兵漢七國晋八王之孽也江彬許泰之握柄漢何進召董卓之釁也脩是數者而國猶磐石乃知天命有在矣

大抵近侍不可與作緣奄瑾既誅李文正上疏謂脩員禁近事體相関雖委曲匡時期於少濟而因循隱忍所損實多玉毀櫝中亦難辭責理宜罷黜更復何云此疏言〻供狀又楊文襄才畧既高建樹亦偉其用張永以誅瑾尤有作用乃永之廢而復用也文襄薦疏終是褒裳之就縱令永誠才多勳勞何事以舊與作緣入之剡薦卒以受金致劾追収奪職何不自愛至此

二四

正嘉間安陽李侍郎和泊然無營淹滯卿貳有齊其者閱其久不遷謂曰公常恬如將俟河清乎今諸貴人亦素敬愛公人持二帕贄造請食頃耳而卿佐可得時乎時乎可隨而不可與之䛥也公謝曰吾譬之嫠黑髮守節皓首乃求聘乎退謂所親曰吾見附人者有害無利也此與楊文懿老嫠婦之言若一又泰興楊侍郎歐溪先生果志趣介特不與塵俗浮湛嘗曰予自視多曠瘝惟不識瑾寧彬三兇差可免愧耳此二公者豈非真古人耶

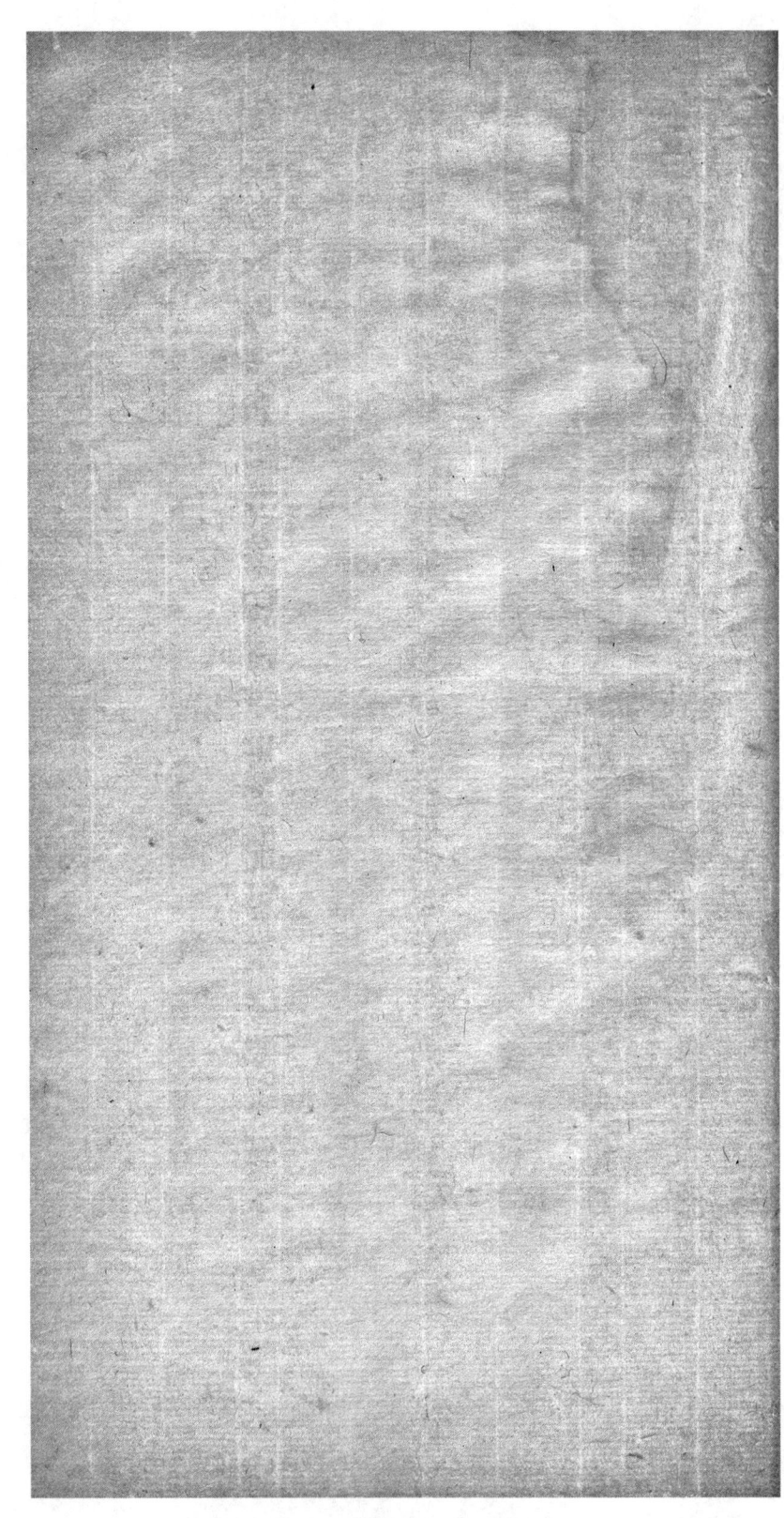

復宸濠護衛大抵錢寧受賄而奄人張雄張鋭表裏恫脅陸完
任中樞則迫於勢誘於利而從臾其閒當時閣臣惟費鉛山持
正不肯行而新都南海皆畏䝉而莫敢抗新都爲首揆責自難
諉雙溪雜記謂大璫秉廷試讀卷時獨請楊師傅入票旨似屬
讐口弟用脩雜録謂爲新都丁憂以後事則舛甚矣宸濠之復
原革護衛屯田係正德九年三月丁酉而新都之聞父春喪在
十年三月丙申令欲他卸其可得乎周宗伯應賓識小編云草
威武大將軍勅與復濠護衛或以爲楊廷和或以爲梁儲兩家

二六

子弟各有辨爭事遠人卞何從而斷而陳副使棍以為二事皆
出於楊陳雖與楊有嫌然其人以伉直名故當不妄愚觀梁公
所草秦王陝西牧地勑及不草威武大將軍勑當知梁之為人
也近續藏書亦主陳說再考勞堪憲章類編云東厰太監張鋭
初黨宸濠助楊廷和為濠復護衛已知其有叵謀乃與廷和謀
又欲革去之又曰先是謀復寧王護衛出諸近倖意禀旨者楊
廷和費公宏以讀卷不預知也會言官交章論護衛事諸近倖
以之譲費公勒致仕去是一事也在當時推之費公後又推之

梁公真爲可異

二七

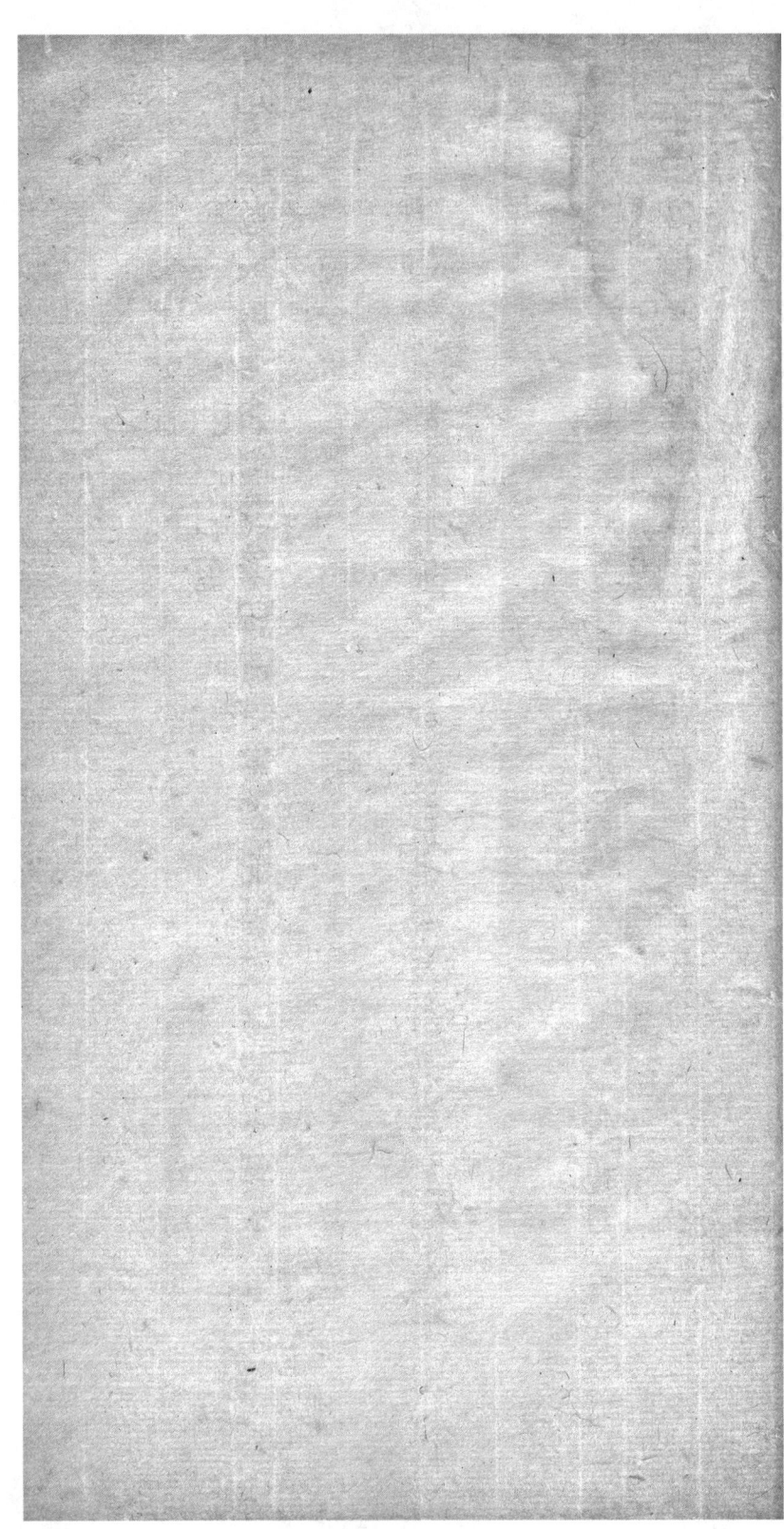

梓溪舒文節公未第時大臣有善風鑑者謂曰子今之羅文毅也既擬大魁冉過之問曰止此子曰忠孝狀元子尚存見少耶及諫南巡廷杖褁創臥院中掌院者惧禍使人摽出之公不為動曰吾官於此死於此耳既而復蘇謫福建市舶提舉聞諸公多傷重死者惻、嘆曰使吾肯從宰臣之沮則諸疏且緩矣今致諸君之死芬可以獨生乎聞者感發薛方山曰泰泉黃才伯往、為余談成化間羅彝正劾大臣遭喪起復章楓山黃未軒莊孔暘不作應制燈詞皆上疏落職當時謂之翰林四諫迫毅皇豫游時史官敢諫者惟舒國裳一人吾黨自謂清華獨不念輔導論思之職乎因出翰林先後姓名授余誌之值有論學者援東漢諸人而擯氣節謂舒先生非聖賢之徒然則聖賢固無氣節者耶蓋自正德丁夘逆瑾讐虐戴銑諸君始矯制褫衣受杖死者相継又十年再罹此変於是士人漸爲此論嗚呼此可以觀世變矣

孫忠烈公燧之撫江西連上七疏言濠反且在旦夕皆邀諸途不得達以宗室故託言禦他盜曲爲備首城進賢又城南康城瑞州又請復饒撫兵備又請勅湖東道分巡兼理兵備與饒相犄角九江當湖衝最爲要害請重兵備權兼捐諸郡縣廣信橫峯青山諸窯地險人悍設通判駐其地兼撫六縣又恐宸濠一旦起刼兵器假以討賊盡出會城兵器外府公死之後宸濠首遣婁伯誘賊黨至進賢知縣劉源清斬伯乘城拒守濠又遣人招窯賊有官司在不得發又大索兵器不得賊皆持挺擊諸賊

二九

迺至安義縣有守吏不能走故盡獲楚浙以饒撫故不被兵禍
則公先事之綢繆豫也故論公死事之忠當合公先事之備始
得

正德南巡之諫鄖城劉公校死於扶先時父夢神人以忠義進
士扁懸於門臨毙時仰天大呼以不得見老母為恨子元要呼
天作苦聲裂目叱之曰爾書雖不多讀事君能致其身也知麽
語畢而絕鄒文莊公守益論之曰自古立國以忠義為元氣
高皇之誥有云拾君之失繩君之過補君之闕身名流芳千萬
載不磨所以鼓天下之氣以鞏億萬載丕基其宏且遠乎方逆
彬嬆毒禍出叵測而一時駢首就扶以不與為恥　高皇樸棫
之澤具可徵也然高位厚禄孰非豐水之遺使與群僚同心未

三十

必至此而忍於刻以貢其諛豈元老朋斥新進競顯蘭芷荃蕙秉時以化耶以君今莫遠爲忠以喪元無裨於國爲迂淺者以予幼避而巧者以親在爲辭希劉君以忠憤自樹子幼弗顧親老弗擡呼吸顛沛閒猶毅然於致身之義英氣凛凛是可以風矣

秦藩請陝西良田為牧地嬖倖江彬錢寧等主之促內閣草勅
大學士楊廷和蔣冕皆引疾不出梁文康公儲曰公等皆託疾
如國家事何時上怒甚令內臣督促公承命上制草曰昔　太
祖皇帝著令曰此地不畀藩封非吝也念此土廣且饒藩封得
之多畜士馬饒富而驕姦人誘為不軌不利宗社今王祈請懇
篤朕念親〻畀地與王〻得地宜益謹毋收聚姦人毋多畜士
馬聽狂人勸為不軌震及邊方危我社稷是時雖欲保全親〻
不可得已上覽制駭曰若是其可虞其弗與回天之力決於數

語又欲自巡邊稱威武大將軍朱壽令宰臣草勅上御左順門召公手劍立曰不草勅齒此劍公免冠解衣帶伏地而泣曰臣有罪令日就死他日陛下猶憫臣若遂草勅他日陛下覺而悟曰儲無禮以臣名君臣罪不可赦上察其誠擲劍起不促草勅矣又乘輿屢出禮部廷議建儲居守吏部侍郎王鴻儒曰遠謀也匪夷所思耳梁公曰預建儲邪謀不可聽時逆濠通賊臣朱寧謀入寧世子司香太廟朝臣陰主焉賴公力沮之乃罷大學士李時語霍韜曰文康有社稷功人無知者謂是事耳

王文成公撫南贑謂權輕不足以控壓諸道具奏云古者賞不
踰時罰不後事過時而賞與無賞同後事而罰與不罰同況過
時而不賞後事而不罰其何以整齊衆心鼓舞士氣誠得以大
軍誅賞之法責而行之於平時假臣令旗令牌便宜行事如是
而兵不精賊不平臣無所逃死王晋溪為大司馬讀而嘆曰不
與此人權將誰與也覆奏改提督軍務兵馬糧餉悉聽便宜區
畫用兵進止不必奏聞文武官逗遛不用命者聽以軍法從事
公於是獲展材用矣宸濠反書至諸大臣驚惧以為濠事十成

三二

八九晋溪十日十四奏調兵食大聲言王伯安在汀贑據南昌上游旦夕且縛濠諸公無恐襄請與伯安提督軍務正爲今日已而濠果擒余考晋溪挾縱横術居官頗多疵議此一着深謀定識真大臣弭变遠猷

宸濠佐逆有劉養正者與陽明有交往見陽明請墓誌實以濠事相邀結稱王有湯武之資可與入道陽明曰未知殿下能捨得王爵否不合而返呼其門人王儲曰初意專倚陽明兩日數調以言若不愉意更不得肯綮不上此船明矣鄭端簡今言曰濠反時余時應試在杭見諸路羽書皆不敢斥名濠反或云江西省城有變或云江西省城十分危急或云江西巡撫被害重情或云南昌忽聚兵馬船隻傳言有变惟陽明傳報江西寧藩謀反欽奉密旨會兵征討其事如青天白日而安仁尚謂王其

心事衆所共疑耶善乎霍文敏曰當濠發難時有進表二官經
吉安守仁亦欲留之共圖義舉二臣懇脫去後見伍希儒謝源
被黜輒以前去爲辠夫禍變忽生人皆束手觀望惟奮不顧身
者乃能以智勇成功禍亂既平腐儒俗吏預騰口舌以繩其短
此豪傑所以多喪氣中人所以多俛俸也其議正而確矣

松滋伍尚書文定守吉安逆濠之變號於衆曰吾儕以死報國
正在今日郡人爭欲竄斬一卞者以狥遂遣留陽明飛檄行郡
縣乃繕兵編舸轉餉窮日夜不休賊薄江上復遣信牌四出倡
明大義收拾人心李殊死戰賊氛遒沮公兵入省仍嚴禁鹵畧
城中帖然賊犇還督戰王家渡大破之逆濠就擒當是時變起
倉卒人懷顧望而公獨首奮義旅卒成大功其摧陷廓清之力
大矣

三四

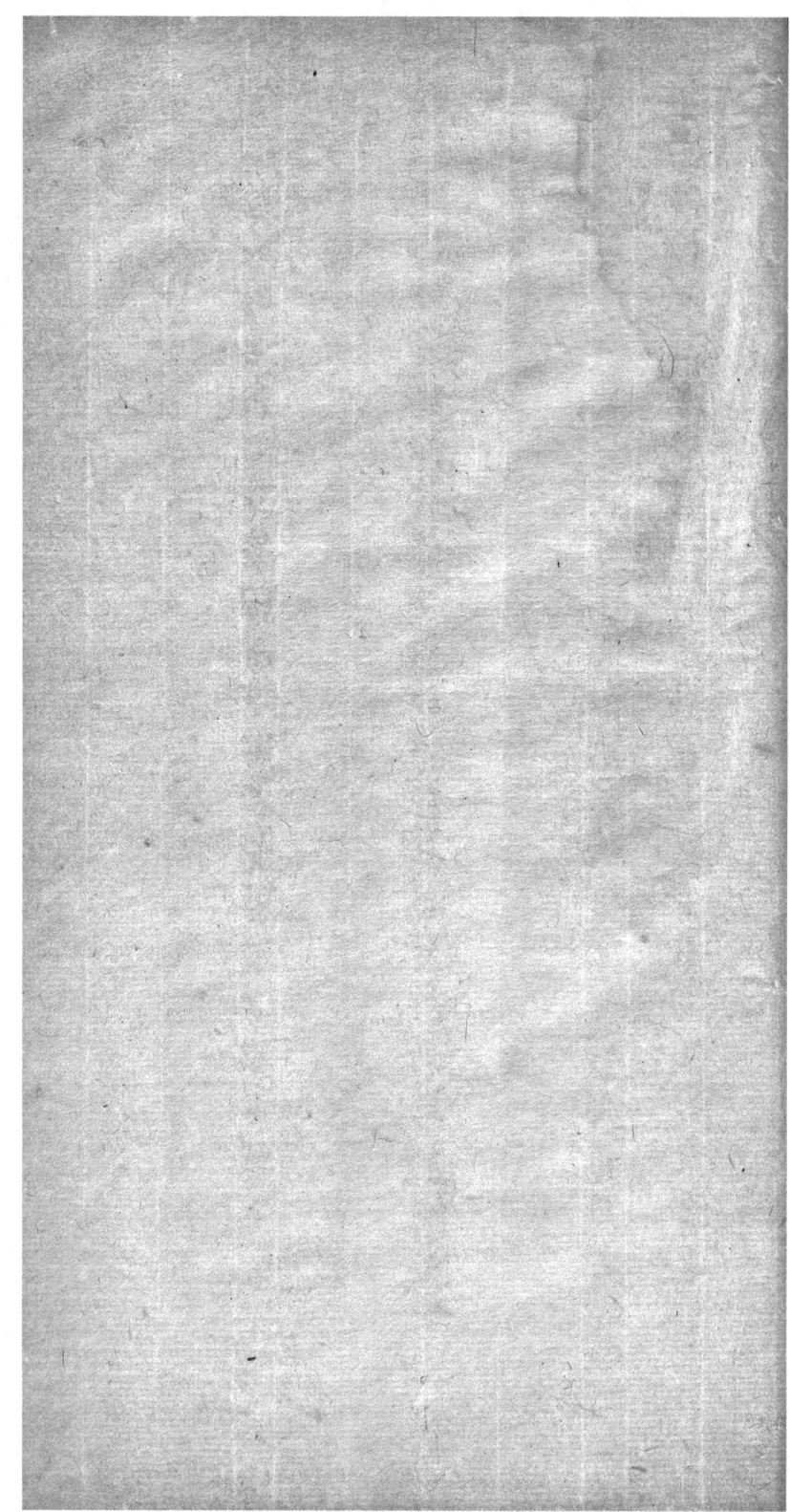

國史於王文成洪都之功所以剪抑之者不遺餘力不惟不當
封而且有大罪三所謂不當封者其戰功皆出伍文定所謂三
大罪者預通逆濠一也縱殺平民二也事後猶庇逆黨劉養正
三也然逆濠與養正平居以文成在上游擁精兵建大勳有才
術以甘言結納或有之而文成亦據撫臣往還之常禮為報耳
設預其謀何以徑歸吉安文定雖進言起義兵殺身滅族之事
亦須自斷決前後進兵區畫調度頃刻百發非披堅執鋭者比
而一字不及文成豈理也夫進兵攻南昌不能無少殺掠而今

下則已定矣厥後如徐文貞鄭端簡薛方山應旂皆身履其地
得其詳始為之纂白而未有摘抉一時握管之心事者葢實録
之始為總裁者楊文忠繼之者費文憲而以副總裁專任者則
董文簡玘也楊與王恭襄脩恡不解恭襄雖陰譎然能識文成
而專任之以故前後平賊及擒濠之疏皆歸德中樞以為發縱
指示之力而一字不及内閣其為楊切齒匪旦夕矣江彬許泰
張忠輩既耻大功為文成所先必肆加羅織之語而忌功之輩
從而附和之文憲在文成撫綏之地與逆濠忤被禍中外之臣

皆薦而起之而文成亦未有一疏相及費當亦不釋然也董最
名忮毒於鄉里於王鏊等巧詆不遺餘力既又内忌文成之功
而外欲以媢楊費作此誣史將誰欺乎

三六

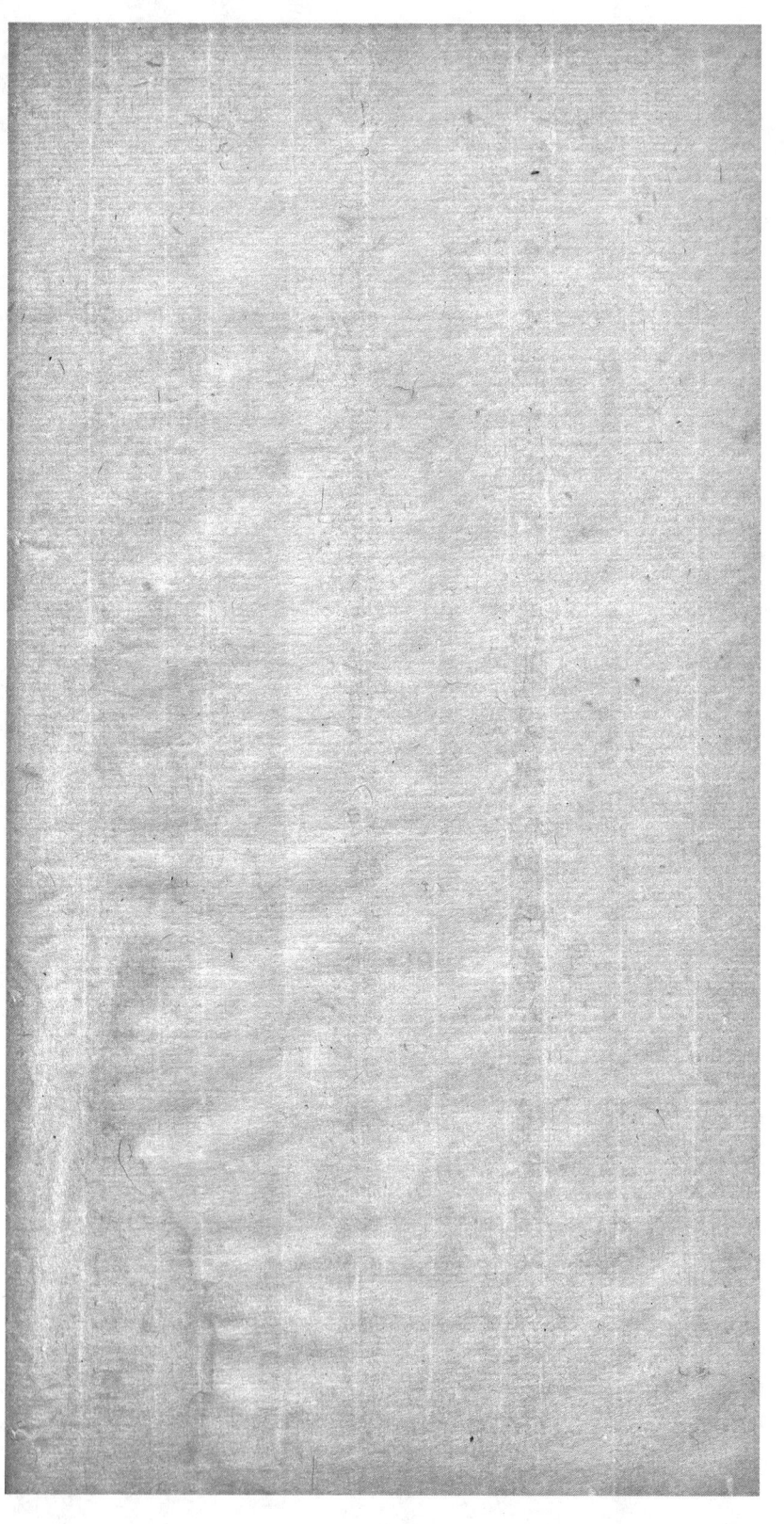

余讀趙時春所作胡端敏公傳云大臣薦王守仁討江西賊守仁外逼群盜內畏宸濠慮其交至而濠方散財招士守仁乃使其徒冀元亨為內間詭說濠以萬全使緩發守仁因得治兵盡平江西群盜而濠終為守仁所擒先是素交濠者以守仁焚其文書姦狀幸未露反宣言守仁善兵得志非濠比也諸與守仁起義者卒忌其功或罷斥之守仁幾得稱疾去而有司坐元亨黨反者罪至死守仁力爭弗能得又讀黃佐所作梁職方焯傳云初舉人武陵冀元亨與焯同師陽明陽明使元亨往寧藩察

其逆狀比濠爲陽明所擒乃誣元亨同謀下詔獄死焯指倖爲
儺棺殮之觀此則元亨固陽明得力人於擒濠亦有功而惜哉
以枉死卒無爲辨之者此文墨議論之弃人真同天昏地黑也
猶幸二公之傳在庚獲表白於後世王弇州爲陽明作傳亦第
云使門人冀元亨應宸濠聘欲以窺其爲人語兩不合而罷已
耳

四友齋叢説陽明既擒宸濠囚於浙省時　武宗南幸駐蹕留
都中官誘其釋放還江西以待聖駕親征差二中貴至浙省諭
旨陽明責中官具領狀中官懼其事乃寢平涵朱相國駁之曰
王至杭以濠付臬司獄適太監張永至浙與語知其可信遂以
付之後諸人謗毀終得永之力免於禍此時中貴氣燄赫然乃
能責之具領狀耶余謂當時以付張永事或有之如謂不能責
領狀視陽明亦太淺矣又云　武宗當彌留之際楊石齋已定
計擒江彬然彬所領邊兵數千為爪牙者皆勁卒恐其倉卒為

變謀之中樞王晉溪晉溪曰當録其扈從南廵之功今至通州聽賞於是邊兵盡出而彬成擒矣平涵又駁之曰　武宗晏駕在辛巳十六年二月十四日楊石齋即以遺詔散樣房咸武營官軍至十八日誘彬入内奉皇太后密旨擒付獄中石齋故與晉溪相左前十二月改晉溪於吏部以王憲代爲司馬矣余謂石齋儘能用人晉溪儘有權畧當大故問策於人以濟事容以相左故無煩借箸且既已相左何復用之秉銓乃嵗時饗一似亦可據

大司空蔣恭靖公瑤初守楊州　武廟南巡諸省騷動凡乘輿供御及宦寺宮妾親軍賂遺莫可貲筭公曰備亦罪不備亦罪備則患及於民不備患止於身乃僅鳩供應之具不復橫歛以為悅自衣青布袍束黄金帶奔走周旋權倖江彬輩橫加折辱不為動一日上捕得大鯉誤所鬻者左右正欲中公曰莫如楊州知府宜乃呼而屬之公歸括女衣并首餙數事蒲伏而進曰魚有值矣他無所取惟妻女衣裝在焉臣死罪〻上熟睨之笑曰真酸子耶吾無須於此其亟持去亦不取值矣郡有瓊花觀

奉旨取瓊花公以帖紙立書此花生於某年爲瑞至徽欽北轅
此種已絶今止存其名耳上黙然又中貴出揭帖索所異物欲
即其所無者以困公冀得厚賂公曰古任土作貢出於他方而
故取於揚守臣不知也即具揭帖註其下曰某物産在某處揚
州係中土偏方無以應命時上坐行宫中貴具揭帖進如公言
以激上怒上曰可問蔣瑶晒白布何處出也乃進白布五百疋
以杜他請権倖又欲選宫女數百人偹行在撫臣欲選之民間
公曰必不得已止臣一女以進上知其不可動即詔罷時乘輿

至止天威所臨生殺予奪俄頃耳公拚一身以蕞蔽其民難矣
近世仕官者競餙廚傳華供帳取上官一時之悅剥民膏脂而
不惜者視此何如耶

四十

武宗南巡至京口幸故相靳文僖第命為文諭祭之侍臣代草
皆不稱旨乃御製曰朕居東宮先生為之師朕登大寶先生為
之相朕今南巡先生逝矣嗚呼哀哉王言簡貴同符典誥儒生
何所措手

南都根本重地先朝以儲宫監國繼以勳臣守備自黄忠宣以耆碩鎮陪京始有參贊機務之命委任之隆兩都文臣所獨也自設官以来道德勳名著聞者多矣而端毅文成兩王公為最端毅在留都飛章抗疏郵傳錯互　武宗南巡翠華野宿虎旅夜驚喬莊簡任南參贊張皇六師嚴更巡徼彬泰輩懾服不敢動其功不在文成後矣

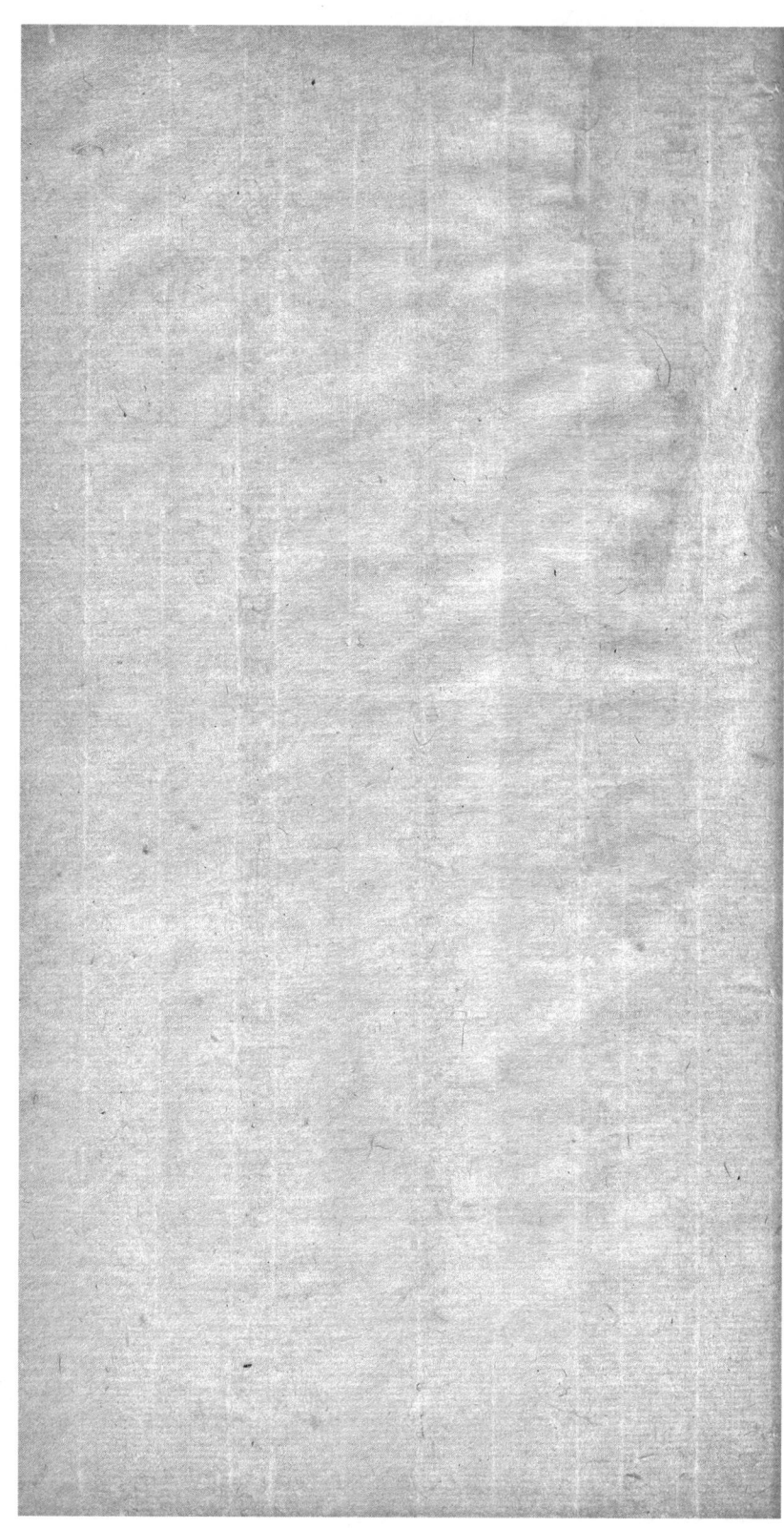

武宗南巡喬莊簡爲留樞叅贊寇天叙爲應天府丞尹缺寇署印與喬同鄉每日帶小帽穿一撒坐堂自供應朝廷外毫不妄給江彬每遣人索所需直至堂上立與語曰南京百姓窮倉庫又没錢糧無可借辦府丞所以只穿小衣坐衙專待拏耳差人無可柰何徑回話每次如此後亦不復来矣寇先爲吾寧守有名時又有太監王偉爲内守脩頗能與之協力

四三

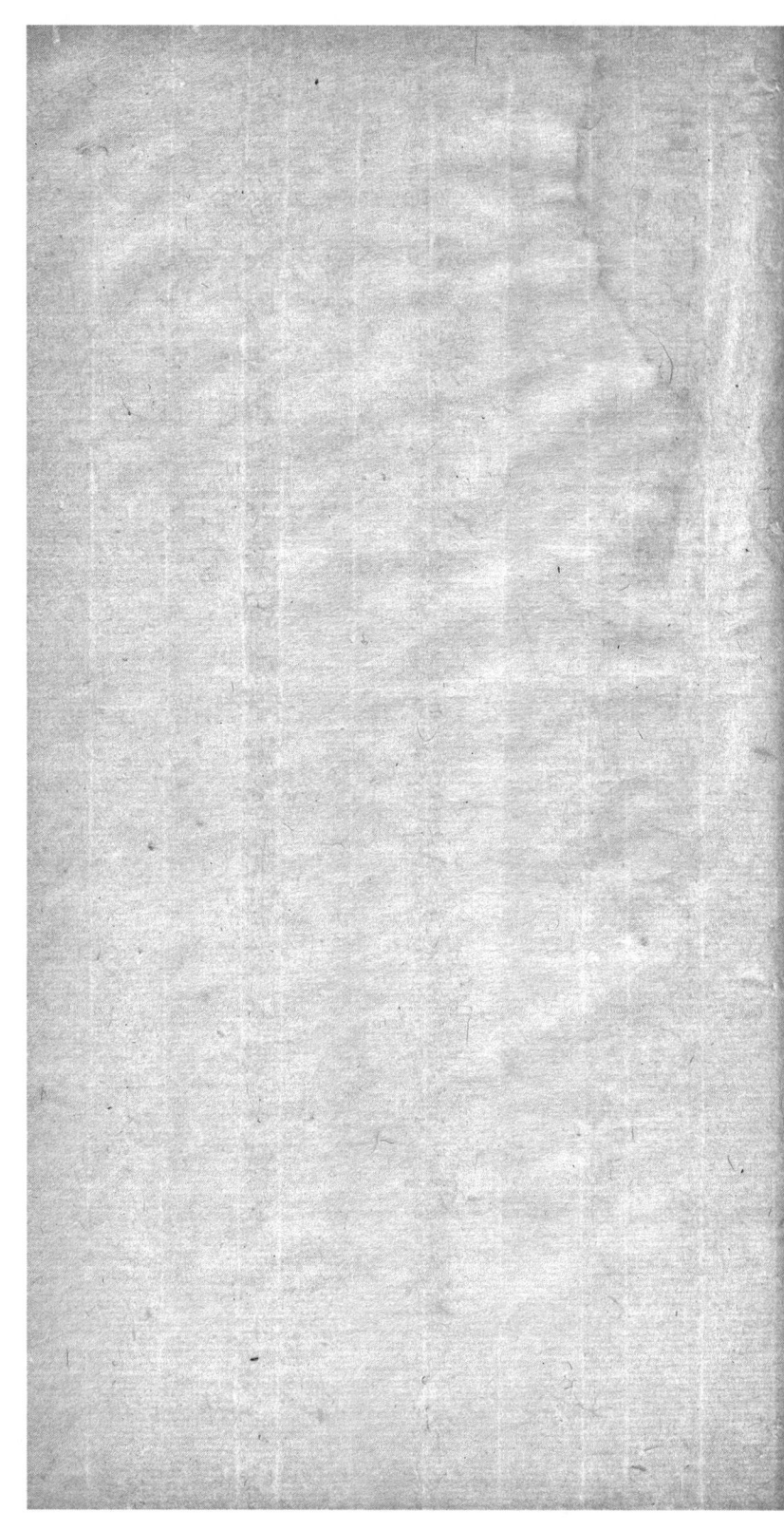

碧川楊公誌大興費通判燦之配羅氏洛川令端之女也每以守己保民之道勉其夫故燦所至民安所去民思盖羅能安於儉素勸戒有成耳其子鎧以進士出宰泰和亦以勉其夫者誨勵之其壻王術以進士出宰嘉定又以教其子者訓飭之盖羅之言曰自吾為女從先君於洛川及為人婦事君子於潛山作令之道聞之熟矣守己當如女之守身保民當如母之保子我為女婦知所以守身者清慎之外無餘事知所以保子者誠愛之外無餘法可不謂賢哉

楊文忠公辭起復疏有曰欽行兩月而詔旨即下到家三月而
勑使又臨枕塊而承自天之恩越紼而拜如綸之命戀闕之情
雖切陟岵之痛方深況人生大倫君父爲重輔臣舉措風化攸
關親喪不能自盡不可以爲子禮義或少有愆不可以範俗若
以庸劣之材藉故事爲口實當太平之世襲金革之變礼已自
内愧人其謂何旣而不允又疏言君臣之義固無所逃而父子
之恩終不可解三年之愛人子至情三年之喪古人中制羸瘠
之軀遽難馳於道路衰毁之狀亦有醜於班行徒戾禮經無補

風化上察其真切竟得終制按此疏遠勝李文達奐使江陵聞之何以自解

世宗肅皇帝紀

正德時御史毛伯温按楚朝興獻王得見世子即致敬致餽出謂其子曰吾今知江漢星明正在此汝識之勿洩以天表合人倫大臣識力固如此

世廟入繼大統登極之日御龍袍頗長上俛視不已大學士楊
文忠公廷和奏云陛下垂衣裳而天下治聖情甚悅倉卒間釋
君心之疑正與裴楷得一以為天下貞之對相類

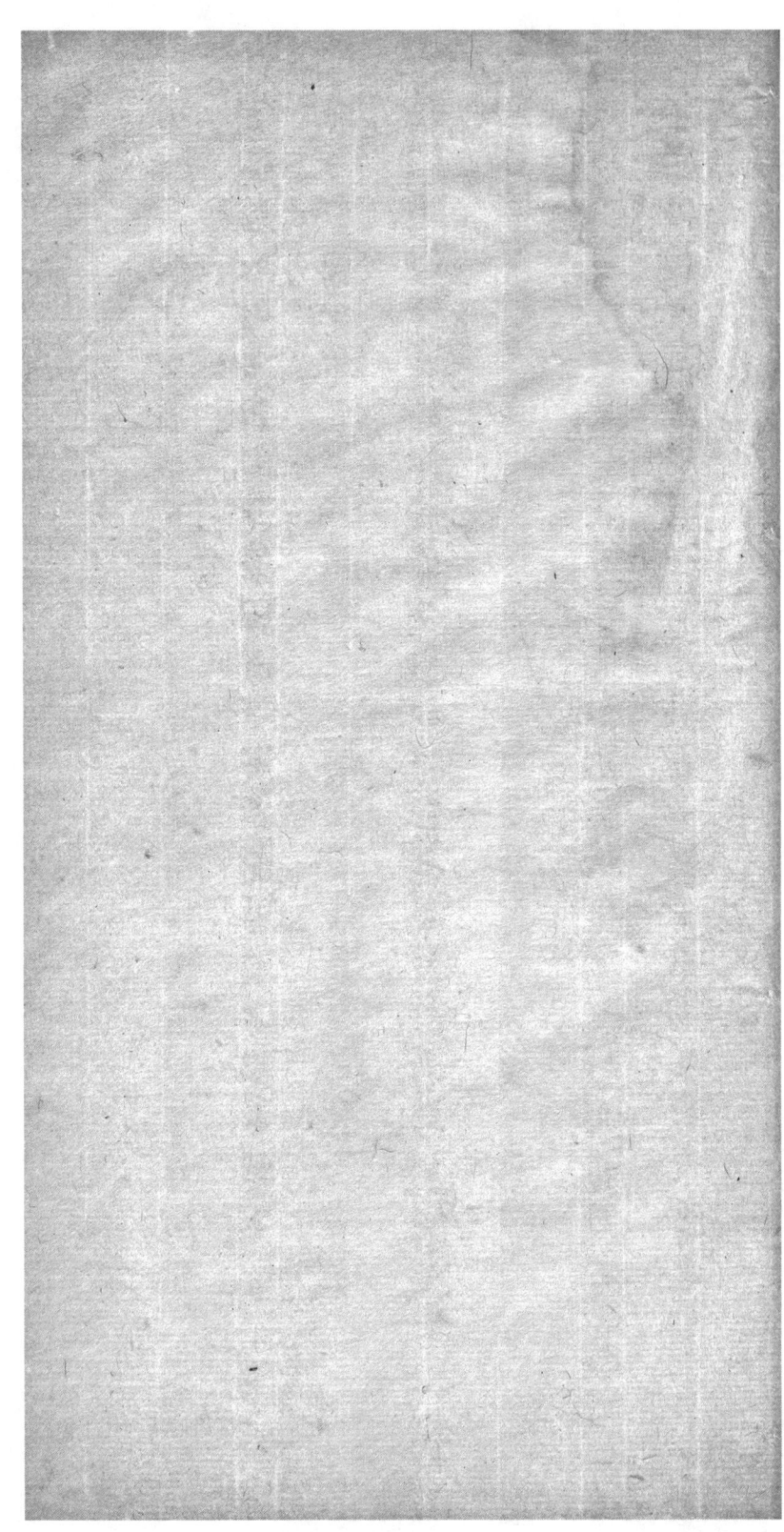

大禮之議野史氏曰　孝宗仁聖麟趾不蕃　武廟盤游前星
失耀當時重繼嗣者私恩重承統者大義而興世子以臣紹君
以弟承兄統在嗣亦在矣既已兄稱　武廟因欲并考　孝宗
則孝以無孫反因得子於義為誣稱子逼　武二統嫌孝於理亦
礙況父子至親豈可妄相附屬比之定陶濮王曾有鞠育之恩
蚤定父子之分者迥不侔也既不考孝即當考獻王天下有無
父之人乎漢宣不皇其父未嘗不考史皇孫光武不皇其父未
嘗不考南頓君既考獻王即當皇獻王豈有子為天子父尚藩

服者湯不王商癸而周王王季光武不皇南頓而　世宗皇獻王禮因義起孝子之至也所疑者考獻王則疑於無　孝宗皇獻王則疑於躋　武宗憑几彌留奉迎入繼不能得　世宗而延其嗣反欲㠯興獻而亂其統此舉朝所以沸騰百官所以號泣也然不入廟則地不逼不稱宗則名不嫌親近則尊親盡則祧壁之遷除之官追贈之號曲體罔極之私情無預朝廷之名器乃　世宗尊為天子必欲使之不皇其父獻王為天子父必欲與之共臣其子此亦議禮諸臣之過爾卒之不稱宗不入廟

殺徽稱止遷葬則亦璁萼有功於存統也至廷和等之伏闕呼號甚於牽裾折檻永陵之疾威廷杖竟同元祐黨碑大札未成大獄先起君臣交失君子譏焉若夫豐坊倡議嚴嵩附和嚴父之說與睿宗之號進　孝宗幾疑逼尊　武廟嫌躋新鬼以明察始以豐襧終蓋豐坊固子政之劉歆分宜實議禮之林甫善作者不必善成惜乎不令張孚敬見耳

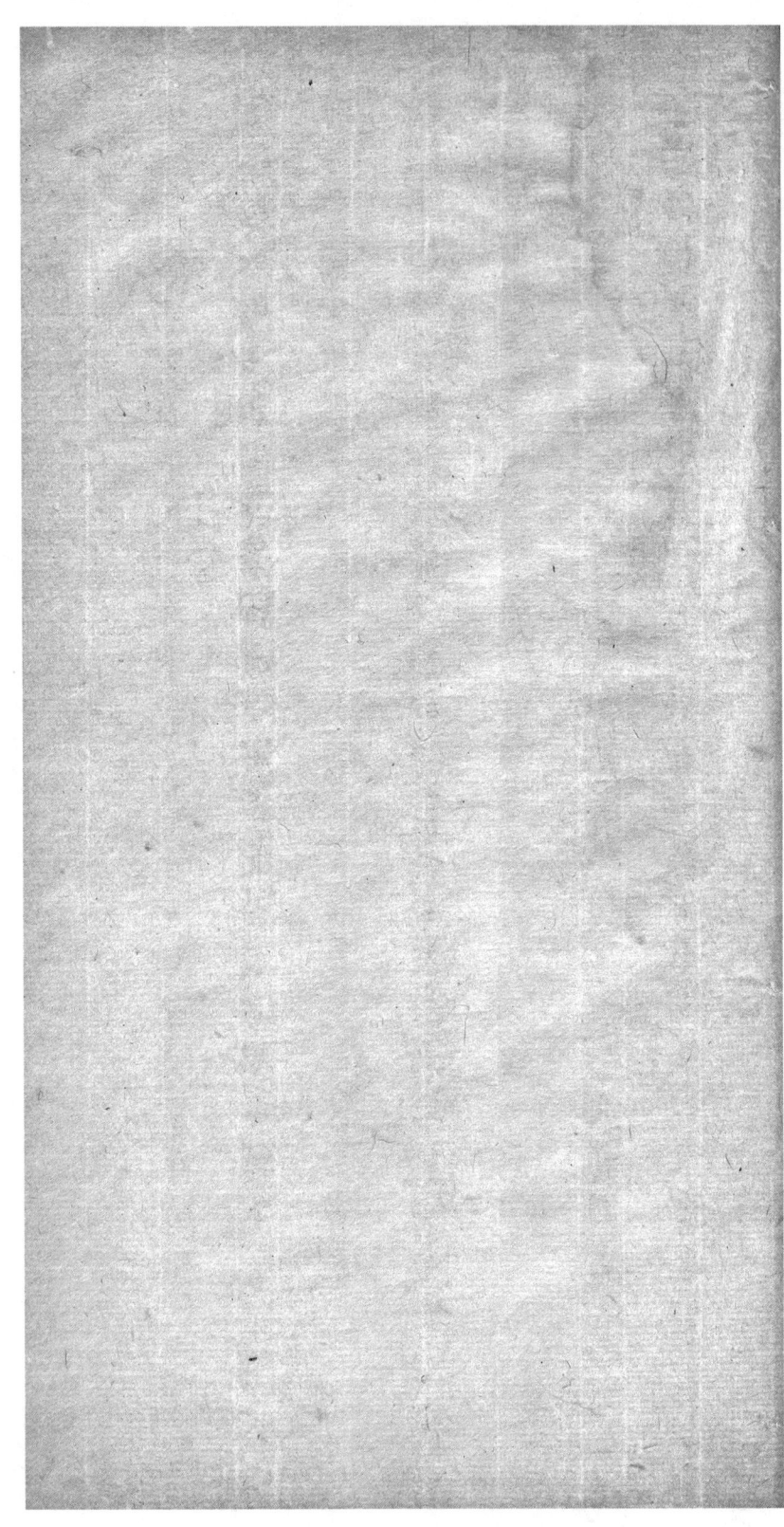

大事記曰永嘉議禮佐成聖孝是也及脩明倫大典身爲總裁
上疏曰元惡寒心羣姦側目元惡者指楊文忠父子也夫大禮
只是議論不同其心亦惟忠、於　孝宗之無後而爭之强叩
門伏哭失於激爲可罪耳曰姦曰惡不已過乎秉時之人僥倖
無忌致　世廟含怒一時被譴諸人終身不復收録推其餘波
忠直之受累多矣又方獻夫霍韜言主爲人後者莫甚於宋之
司馬光、沿王莽之説惑人請命纂脩考訂以洗羣疑由此言
之温公亦當稱元惡耶

五

范淯川守己曰郊祀之議永嘉為是而羣議為非按永嘉之言
曰古禮冬至祀天於南郊之圜丘夏至祀地於北郊之方澤至
敬不壇掃地行禮其禮至簡漢成帝時王莽諂事元后合祭天
地合於同牢而食之義殊為褻瀆宋神宗始議分祀迄宋終元
屢分屢合　太祖建圜丘鍾山之陽以冬至祀天建方澤鍾山
之陰以夏至祀地俱配以　仁祖至洪武十八年始定合祀之
禮即圜丘為壇以屋覆之曰大祀殿列聖相承皆以　太祖
太宗並配說者謂上為屋即周明堂下為壇即周圜丘又曰天

地分祀古今正禮而祖宗舊制亦孝子慈孫所當世守而不敢改者故周用子正尼父非之而子孫不為之易商人尚鬼至於盤庚以鬼恐衆亦未聞其臣有以為非而請革者凡以祖宗之制不可變也一參可變之念而紛更殆盡為禍豈淺鮮哉貴溪郊蠶之疏豈真欲新國家之典謨亦欲希蹤永嘉安仁為速化之術耳変亂紛更漸有所不顧善乎霍韜之言曰今啟二郊之說將自是而四郊建自是而九廟更一代典禮殆將俱革卒之九廟不已而稱宗之議復起貴溪不得辞其責矣璁等一命再

議遽変其說大臣以道事君固如是耶大事記曰璁之原意主於考獻皇何嘗欲稱宗躋太廟即夏言主合祀何嘗欲撤大祀殿至於稱宗躋且撤而遂事已無及矣夫禮樂本以救弊而流乃至此於時為逢於事為擾為博功名不待後入推敲亦難自信無遺憾矣

我　太祖之始建郊也以　仁祖配是周后稷遡本詳源之意
也　太宗之祀郊也以　太祖配是漢奉高祖崇功德之特䂓
也　仁宗時則以　二祖配是唐垂拱開元宋至道之所已行
稱情而合禮者也至　世宗獨奉　太祖配南北郊其祈穀之
祭以　成祖同配尋亦不行蓋始諸宋郊祀宗祀之遺而終竟
以父子相並爲嫌矣夫　成祖功同肇創而推尊未至非褒崇
先烈之禮也配饗百十有餘年一朝而罷之非孔安是若之義
也且今祈穀之祭釐正已久而郊丘配位未復闕典甚矣頃奉

朝議欲歲一舉郊礼合祀天地而奉二祖並配或以父子相
並連袂接席爲嫌夫廟壓於祖昭穆對向非嫌也郊壓於天祖
宗序列亦非嫌也然則天帝各配者固章別之道也而祖宗並
配亦安可以非禮爲嫌哉

本朝南北郊禮南郊昊天上帝南向　太祖西向而東一壇大明西一壇夜明東二壇二十八宿西二壇雲師雨師風師雷師北郊皇地祇北向　太祖西向而東一壇五嶽與基運翊聖神烈三山西一壇五鎮與天壽純德二山東二壇四海西二壇四瀆大江大淮大河大漢皆嘉靖九年更定又國初有朝日夕月之祭洪武中罷之嘉靖時又復朝日壇在東郊西向春分祭大明之神夕月壇在西郊東向秋分祭夜明之神至今仍焉

九

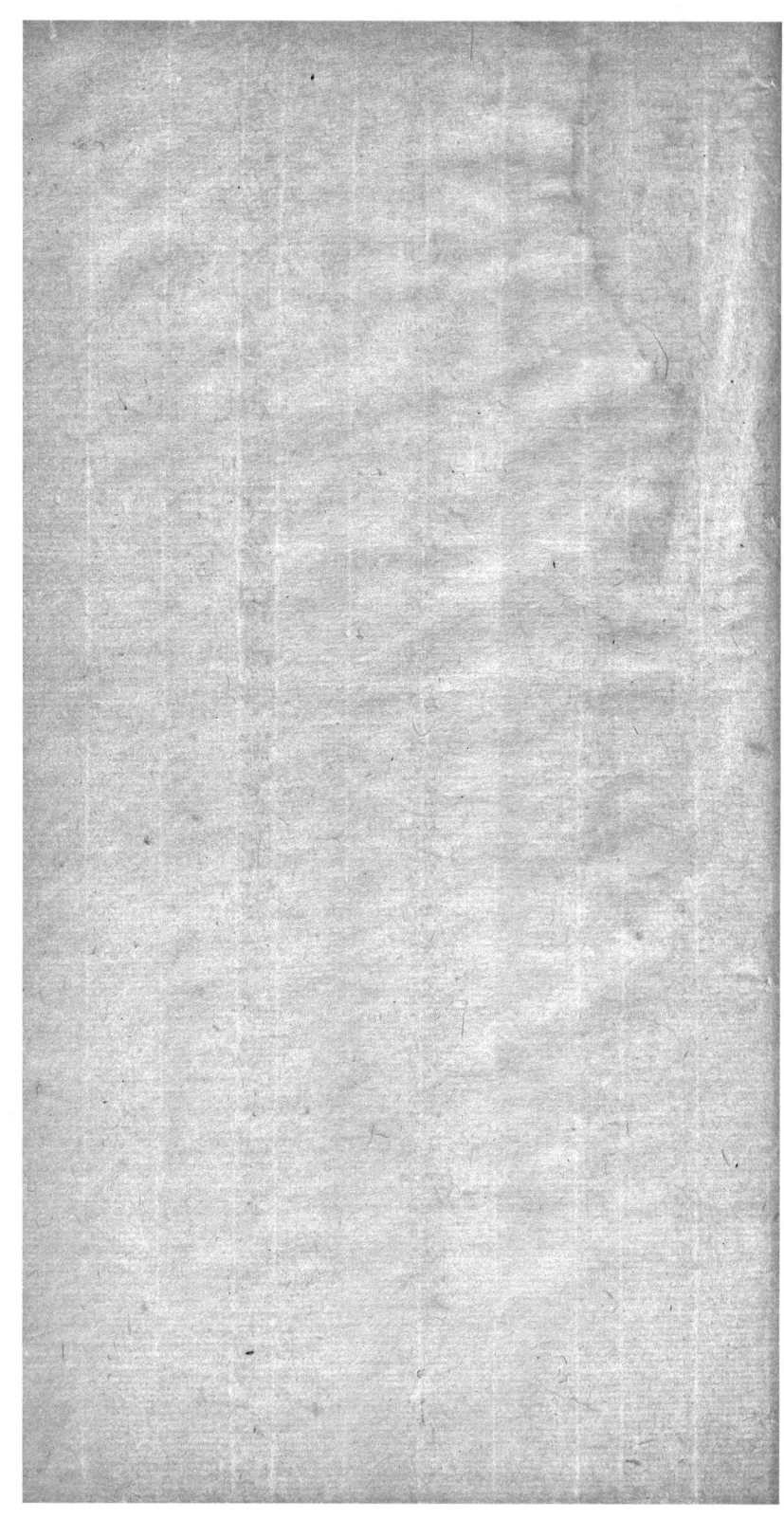

張襄惠公岳嘉靖初爲主客郎中議禘禮所自出之帝無主名永嘉欲還合當之岳曰是不可强知獨以皇初祖設位儼然如有在乎其位者張不聽議上御批署皇初祖位如岳言永嘉忌其見出己上左遷公崔文敏爲南禮部侍郎會有言句容朱家巷實皇祖故鄉請營表者下銑覈實公至相度謂事久遠無從考信乃上言興王之基難可臆度失實爲誣祖事得寢二公事正相類與　高皇帝不祖徽國文公同意

十

嘉靖間復行特享禮令祠官於廟殿設帷幄如九廟奉　太祖
南向夏言謂昔　太祖以恩隆　德祖今日當以義尊　太祖
祫祭宜奉四祖同　太祖皆南向庶見太廟為特尊　太祖與
世宗意合十年又改尊　太宗為成祖立春特享各出主於殿
立夏立秋立冬時祫出　太祖　太宗七宗主於大殿特享禮
同樂歌同三祫禮同樂歌異季冬中旬擇日大祫出四祖　太
祖　成祖七宗主於大殿祭畢各歸主於其寢

張蘿峰當國易先師像以木主然成化十七年國子監丞祝瀾曾有此說疏上黜爲雲南廣西府經歷又天順中林鶚守蘇州先師像歲久多壞鶚曰塑像非古也　太祖建學易之以木未壞者猶然况遇其壞耶余考洪武間宋祭酒訥作太學碑文云夫子而下像不土繪祀以神主百年夷習至是始革然則改像爲主自　太祖時已然北都太學尚仍元舊至　世廟始易未可以永嘉之舉爲非耳

永嘉緣上意欲絀夫子王爵易像以木主徐文貞公為編脩獨條其三不可五不必黜為延平推官時御史黎貫復率同列抗疏言之掌院汪鋐先沮之不聽迎合永嘉意欲置諸死大司寇許讚不可會上怒解罷為民又有九江通判林楄上書請復夫子王爵與御史貫官謫化州此其人可不存耶

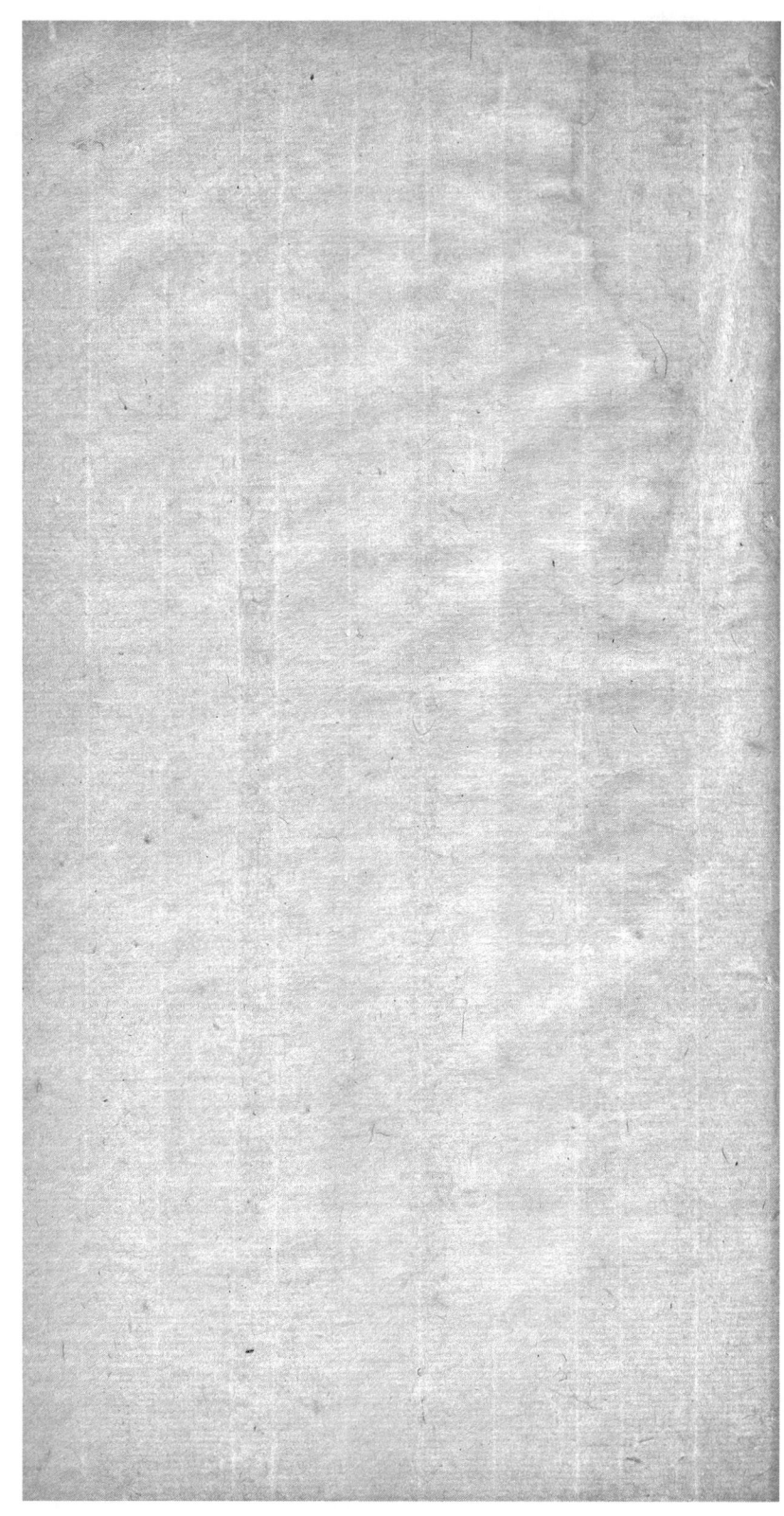

國家極追崇先聖成化間少詹事楊守陳請加帝號弘治初太
宰王恕請加增冕旒舞佾牢籩之數不許然竟以恕言增八佾
十二籩豆之闕里災遣學士李傑祭告命山東撫臣建廟務極
崇飾既落成特命大學士李東陽往祀之弘治中上親釋奠太
學召衍聖公及三氏子孫聽講賜襲衣冠帶聖公秩二品麟袍
玉帶誥命用玉軸大朝會班一品上示不臣也孔氏世襲一人
為曲阜令又以子思後為翰林五經博士孔氏大小俱免差徭
恩典何優渥乎嘉靖間稱至聖先師而革王爵易木主而去廟

十三

像於禮本當而至佾舞籩豆之數亦復減損則隱然不欲使師
道與君道並尊後世有以窺見之矣惜夫

世廟時有言獻皇帝梓宫宜改塟天壽山者工部尚書趙璜等
言皇考體魄所安不可輕犯山川靈秀所萃不可輕洩國家根
本所在不可輕動昔　高皇帝定鼎南京而　仁祖之陵遠在
鳳陽　文皇帝遷都北京而孝陵遠在鍾山皆不敢遷改今顯
陵規制象衞一如二陵足埀不拔之基若上啓寶山下瞰金井
梓宫搖撼聖靈震驚非仁人孝子所忍言者大學士楊一清奏
地道尚静體魄宜安山陵既定大事既襄無故舉遷恐有他虞
況獻皇帝大塟之後陛下自藩邸升爲天子不謂之吉壤不可

也張璁言舜葬蒼梧之野蓋二妃未之從也揆之上意原不主
遷其論輔臣曰古者君去國遷主而行主者附先人之精䰟乃
陽也墓者藏先人之體魄乃陰也陰道尚静皇考葬已八年豈
宜輕舉若萬年後奉慈宫以祔陵室何不善也則諸臣特將順
其美耳

嘉靖初元楊文襄入朝言今日之務在省事不在多事在守法不在變法在安静不在紛擾在寬簡不在煩苛皆時所深忌蓋時所忌者張桂諸公也石文介瑶相世宗三還封内批前後所上封事人多傳録其要語則勸上清心寡慾法堯舜之恭已無爲用漢文之與民休息而已又云力行王道辨别忠邪中材皆可用之人不必求備平易有近民之實不必務奇治有端緒不必責效於旦夕之間事可包荒不必刻意於淵魚之察二公之言真救時之藥石云

十六

世廟時胡肅敏公為總憲嚴考覈以正士風疏國家承平日久
朝士安於豢養廉節掃地趨媚成風以通達為高致以恬退為
矯激以推奸避事為老成以黨惡和同為忠厚羣居言議所及
心志所向不曰陞官則曰成家有語及國事當憂民瘼當恤者
則衆怒羣猜百口排斥不曰生事則曰好名使必無所容身不
能出言而後已至於公差所過地方則論有司奉迎遲速以為
賢否事故回還原籍則視官府囑託行否以為毀譽拂其意或
本廉幹愛民反謗之以害民順其私或本奸貪誤事反譽之為

十七

能事賢否混淆是非倒置科道風聞而彈劾因以不真銓曹誤聽而黜陟因以欠當如此陋風自嘉靖時已然無怪乎啟禎之季習為固然牢不可破也不覺閣筆三歎

昭聖太后弟張鶴齡延齡之下獄也初欲坐以反族其家張文
忠孚敬力言不可乃論殺人罪秋盡當決又上疏謂昭聖春秋
高卒聞延齡死能不内傷痛乎萬一不食有他故何以慰敬皇
在天之靈上恚故以危言動之公持不已得緩而終太后與公
世延齡得長繫矣永嘉卒後夏貴溪言復召延齡死於西市此
丙戌冬事也戊申冬貴溪亦如之兩人皆秉時尊顯而末路迥
異若此不可謂非自取耳

嘉靖間方公鈍為户部尚書峻郤苞牘或固以請曰此薄俸非取諸民也公變容曰汝俸有數何俯仰攸賴柰何推以遺我汝不能其官我不能庇汝遺我何為復曲為辭曰此書一帙耳曰余自入仕所習惟一大明律何暇讀他書〻積不讀而徒以累他日歸途夫役大非陰隲事也竟片札不受南司農王公基初為大同知府代藩有大獄饋珠大瞿詭曰藥醞公曰我不病奚藥復曰醞殊常公曰我常人更無用暗来投但暗令返盖生平廉潔不耻沽名也前輩之風節如此

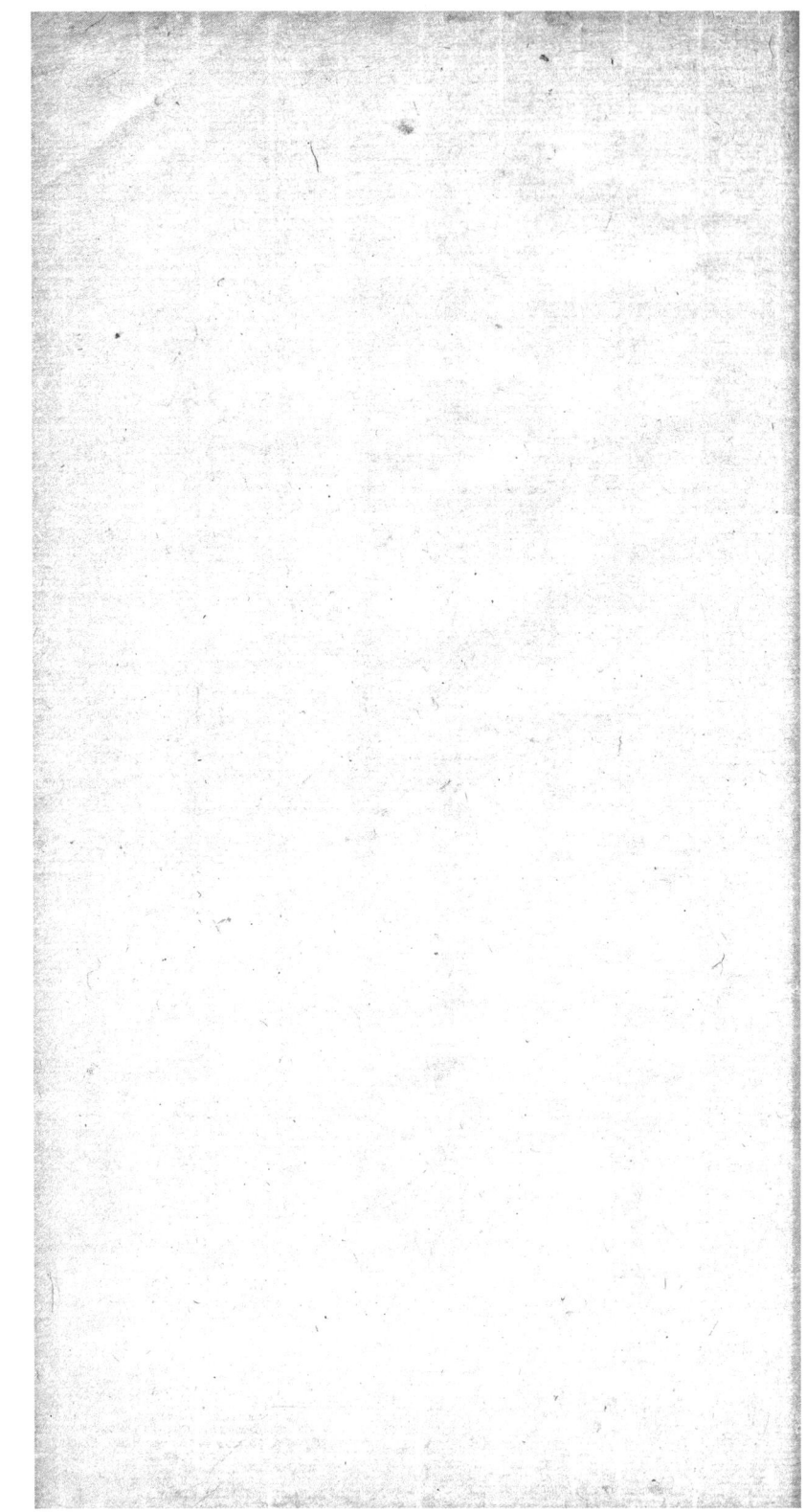

王文成公嘗語門人曰無善無惡者心之體有善有惡者心之用知善知惡者良知為善去惡者格物以是為一切宗旨云公與徐曰仁論大學曰格物是誠意工夫曰仁因省明善是誠身工夫窮理是盡性工夫道問學是尊德性工夫博文是約禮工夫惟精是惟一工夫知行合一旨益洞然或問未發已發曰譬如鐘聲未叩不可謂無既叩不可謂有未叩時原是驚天動地既叩時亦只是寂天漠地又曰即體而言用在體即用而言體在用舒國裳疑敬畏累　灑落曰灑落生於天理常存天理常

存由戒懼之無間敬畏固所以為灑落也或問冲舉曰盡鳥性者可冲於天盡魚性者可沫於淵盡人之性者可知化育也或問生死曰知晝夜即知生死問晝夜曰知晝即知夜曰晝有不知乎曰疇知晝耶惟息有養瞬有存惺惺不昧通晝夜之道而知更何生死又曰堯舜生知安行猶兢兢業業下困勉工夫吾儕以困勉資而欲坐享聖賢成功大誤也又曰變化氣質居常無所見惟當利害經變故遭屈辱平生忿怒者至此能不忿怒憂惶失措者至此能不憂惶失措始是得力處亦便是着力處

又曰凡人言語正到快意時便截然能忍默得意氣正到發揚時便翕然能收斂得忿怒嗜慾正到沸騰時便廓然能消化得此非天下之大勇不能也平顛後語門弟子曰吾每登堂行事心體未能如友朋相對時則不安或問寧籓事曰當時只合如此覺尚有揮霍微動於氣在今日處之則不然耳

二一

王文成公答方叔賢書曰昨見邸報知西樵兀崖皆有薦賢之
疏深用嘆服但此事譬如養蠶但雜一爛蠶於中則一筐好蠶
盡爲所壞矣凡薦賢在朝與自已用人又自不同自已用人權
度在我故雖小人而有才者亦可器使若賢才薦之於朝則品
隲一定便如白黑其間舍短録長之意若非明言誰復知之小
人之才豈無可用砒硫芒硝皆有攻毒破癰之功但混於參苓
蓍朮之間而進養生之人萬一用之不精鮮有不誤而貽害者
矣

二二

古今豪傑才人成大功者必有所傳授資助劉誠意神謀奇畧多得之曾義山而王文成公養痾陽明洞時與一布衣許璋者游璋上虞人淳質苦行潛心性命之學故精於天文地理兵法奇門九遁先生後擒逆濠多得其力成功歸贈以金帛不受先生每乘筍輿訪之山中菜羹麥飯信宿不厭歿後表之曰處士許璋之墓屬縣令楊紹芳立石焉

楊文襄公在靈州有笑其演營習陣者公謂予誠書生不諳軍旅嘗以古人行必謹哨探止必修戰備爲法嘗諭諸將曰無事當如有事時提防有事當如無事時鎮静又曰武侯李靖素嘗𤼵營陣世無岳武穆豈可恃野戰以爲能耶今之爲督撫者亦曾留意否

二四

楊文襄公制府雜録云各邊演習營陣止按舊規而行不知変
動愚謂地利有險易賊勢有强弱人馬有多寡若不知活変遇
警安能濟用乃叅酌舊規間出新意令随機應変如衝三疊陣
畢毋衝旋陣下一條邊營畢變三才營又變五行營又合爲四
門斗底營當分而分當合而合分而不訣合而不亂或人馬方
行驟報賊至倉猝之間就于脚下站立拒敵務使彼此人馬相
迎盤旋拒捺以决勝負凡坐作進退應援追截悉視中軍旂鼓
指揮以類而推随意生發如下棋局々皆新如此操演使人又

二五

知兵初雖甚難久則有益今之下營布陣或太稠密或太空疎太疎恐敵人乘隙而入太密則旋轉之間人馬擠塞賊來衝擊無所措其手足乃教之按古兵法止則為營行則為陣陣中容陣隊間容隊營內有營有正有奇有常有变布列有廣狹回轉離合無相奪倫部分有疎密左右救援不致淆亂猝有外寇侵軼堅整全備莫可動摇且演營下陣務要人、常存戒心就如臨敵一般馬匹常防奔逸軍器什物常防遺落毋容外人得入恐係姦人刺客如一面受敵三面皆當提防敵來無惧色敵去

無惰容久之自然熟慣凡粧塘夜不收軍人務尋達人達帽粧

作真達賊形狀若無真達衣只鬣穿皮襖乘風拍馬直衝營陣

腥臊難聞聲勢兇惡使我馬見慣遇賊自然不驚是不但習人

亦且習馬其衝擊方向悉聽管塘馬官臨期驅使或東或西或

來或去或衝其前倏擊其後使官軍應接不暇此公總戎務時

方略也雖孫吳復生豈能易此乎

二六

嘉靖十一年南赣提督都御史陶諧奏南赣徭役比各處煩重
河夫机兵打手富户力士等項名色為多乃編審里甲之特復
有曠丁銀両及供億諸費甚為不經乞行天下罷免各項名色
與民休息仍令有司均徭平賦編審之時毋得妄有誅求其法
外作奸者論如法上從之吴瑞登曰洪武册籍十年一造官府
按册籍以定差役脱漏户口者有禁變亂版籍者有禁審役者
不得差貧賣富輪役者不得避重就輕可謂詳盡矣然歳久弊
生其法大壞今當若何所謂均徭者可行於江南而所謂條鞭

二七

者可行於江北何也江南縣大民衆十年而一役之猶或可待江北縣小民寡即三四年而已一周矣不行條鞭豈能持久乎今觀江南糧役亡身破家固困也而江北雜差頗無休息亦困也南蕙名色多而徭役重其雜差之故耳近者條鞭法行槩筭丁田總括衆役每夏稅秋糧計田一畝納銀止於二分三分民自樂於征輸而官不勞於督理編審之時更無分外誅求官民兩獲其便陶公南蕙之憂可無慮矣

嶺表諸猺性桀驁如禽獸然跳梁躑躅難靖易亂然方其無事時亦皆刀耕火種抱布貿絲非若北虜之不可嚮邇者故平居無事則當撫之以仁而不可褻其恩信禍亂既作則當懲之以威而不可狃於姑息制禦蛮夷之策無過於此嘉靖中藤峽府江兩役在王守仁則因湖兵歸便而乘不備以襲之在蔡經則因首惡既擒而集大衆以征之皆可謂有功於嶺表然能保其勳之必勝而不能保繼者之不擾然則選將帥於亂起之後孰若慎守臣於無事之日哉田汝成有言藤峽府江為惡雖同治

二八

之則異治藤峡宜速治府江宜緩盖藤峡可夾攻而賊無所奔
潰府江地遼邈而人難得要領也汝成親涉其地其説為有據
又用兵者所當留意云

秦端敏金平郴桂寇與王文成平横水左溪桶岡寇畧同當時亦聲勢相倚所幸金與守仁同時舉事故諸賊不得相爲應援而表裡受兵又無所逃遁藪匿故得以草薙而禽獮之不然即韓盧之搏狡兎恐亦未能窮三窟之誅也大抵平山寇與平中原流寇不同流寇無險固可憑無巢穴可據而勦之者當先摧其鋒絶其餉所謂決機於兩陣之間將勇者勝也山寇則不然進未能爲旦夕之患而退可以持歲月之久其克之也當先審於地利明於分合不可徒恃兵衆之强所謂多筭者勝也且中

原之寇患不能克既克則絶之也易山寇則王師一至歛衆深匿大衆甫還嘯聚如故蓋克之易而絶之難粤東之斷籐峡湖貴之蠟耳山江西之南贛諸山峒天討屢加而孼孽屢萌者非以其不能絶之故耶蓋不獨郴桂之寇爲然矣

弇州叢記有父子師弟大相悖戾者陽明高弟陸澄大禮議初起澄以刑部主事上疏極論考獻皇毋太后爲非且攻張桂爲邪説後大禮議定澄服闋至京又上疏稱張桂爲正論而悔前之失言請改過自新　世廟成明倫大典見澄初疏大怒謂其悖逆奸巧遠謫粵東高州豐學士熙抗疏不宜考獻皇得罪謫戍死子通州同知前考功主事坊請宗事獻帝於明堂以配上帝上用其言尊爲睿宗入太廟而坊仍罷斥不用父子師弟之間矛盾薰蕕一至於此

三十

嘉靖時馮御史恩劾汪鋐為腹心之彗下獄論死子時可年十三刺血上書請代海内翕然稱御史死忠孝子死孝然卒皆不死弇洲傳而論之曰嗟乎豈非天哉今夫　高　成二祖至神聖也從法語如轉圜然胡至斬王權磔蕭儀而腐曾秉正也始約法而天下有觸綱者以子請代得免既而不勝請乃許之如陸安鄭士利輩不可指數蓋人子之志伸而太和不無少漓矣馮公伸為臣而孝子伸為子然而卒以全者謂非天耶蓋馮公後十八年而楊忠愍竟不免婦張夫人呼天請代而若弗聞也

梁端肅公材爲司農於國計殫竭心力而必不肯稍加賦於民
故在職力主節省一切濫請浮費悉裁斥不應　世廟繫於祠
禱於額外有所需公執奏曰終不以無益耗國儲　世廟心弗
善也後公去官卒至邊餉大詘窘無所出乃嘆曰令梁材在當
不至是其見思如此以視　威宗之季李待問侯恂諸人並加
三餉剥民以病國者相去何如哉

三二

悲夫

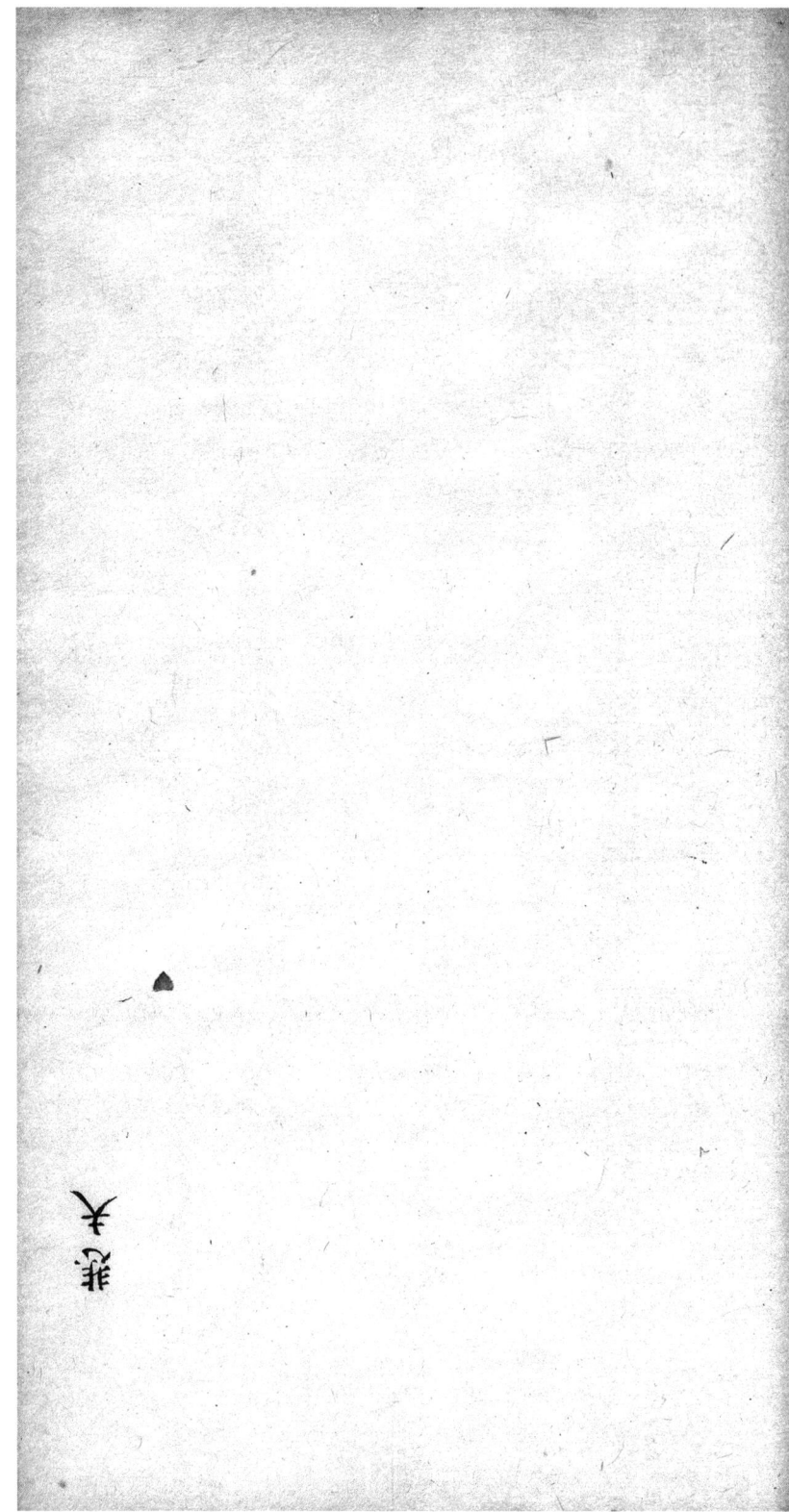

嘉靖時前後諫臣獨楊最楊爵楊繼盛疏最直傳播天下而得禍俱慘世稱三楊烈矣不又有編脩楊名給事中楊允繩楊言予允繩之慘不減繼盛名雖終慵下然以新及第犯聖怒拷掠至死不變詞誣指言不附張桂数上疏侃、出身駁王邦奇之謬六楊之號皆可傳頌余嘗紀其細者爵家居逮繫官校入即與偕出校謂曰盍內別手爵曰去矣弗復顧最在獄不食因飯曰寧以璧碎石作羣玉屑安能甘此侮污為全瓦礫耶繼盛臨杖或遺蚺蛇公曰椒山自有膽何必蚺蛇予允繩嘗言我目如

三三

馳電能開不能闔口如決河能吐不能含皆孤忠天植之死不
回者矣

余嘗讀楊御史爵處困兩記淚涔涔下焉時冬久旱上祈雪未應衆恐甚怒于公并周公天佐劉公順之三人公曰必吾輩餓死天乃雨雪予同在獄有刑部員外郎錢洪亩公有請於錢答曰静中收拾精神弗使游放則心體湛一高明光大可馴致矣古人作聖之功其在斯乎後錢死於獄公錮冷室中禁不得食東廠日以六人来覘視楊棟國用者孝子也母病棟嘗刲股以療見公等展轉沮厄曰豈可使懷忠抱義者困迫若此乃往見司官謂主上仁聖於諸公固欲其生不欲其死未可以非道相

加而使饑以死也於是司官許令自供米物同時兵部侍郎張漢都給事中尹相林廷壆張貴年御史何惟栢桂榮一時下獄者皆絶其食如公例公後記云往時士大夫下獄未有居深室因木者而居之自予始亦未有絶飲食給囚米者而絶之亦自予始竊恐復有觸忤權倖而下獄必藉口於予今日則枵腹待斃者或有之使豪傑解體而時事不可救藥安知其不基於此乎是予以一時狂妄之罪而貽國家無窮之禍也噫悲矣

楊忠愍論相嵩罪狀中有二王皆知其姦語上怒下錦衣獄嵩謂二王居深宮何知我姦楊賡傣何由知二王之知我姦必有交關其間者屬陸炳加根究徐文貞公戒炳即不慎一及皇子如宗社何又為危語動嵩曰上僅二子萬一根究得之必不忍以二子謝公所罪左右耳公獨柰何顯結宮邸怨也嵩懼然懼乃寢

三五

楊忠愍公在獄吏應生者周旋甚至王學益屢禁之不從又欲具草申救噫此異人也惜其名不傳視學益何𩲡劉檟李天榮曹天祐諸人真狗彘不食矣遇害時王元美兄弟徐子與吳明卿共經紀其喪而刑部主政王遴以女配其子應箕皆人所難又有嘗許婚而悔匿者人之賢不肖相去何遠耶

嘉靖時王文成公以南大司馬居越城時韓公邦問亦以尚書在籍值聖旦辭祝王公自以勲臣貂蟬乘馬赴公署從者報韓尚書在後公即下馬却立道旁韓至不下輿但拱手云伯安子先行矣盖韓乃文成父海日翁同年友也當是時韓公儼然以前輩自居王公歙然不以伯爵自重古道両足徵云

黄河自賀蘭山之東北流出外夷凡二千五百餘里為河套東至黄甫川復入中國南流九千八百里至蒲州由河南徐州淮安入海河套居其腰乃延寧之厄塞其地週廻六七千里土肥饒可耕桑三面阻黄河逼近陝西榆林堡東至山西偏頭關西至寧夏鎮東西幾三千餘里南至邊城北至黄河遠者八九百里近者二三百里惟黄甫川稍近腧河即周之朔方秦之所取匈奴河南地漢之定襄郡夏赫連勃勃宋趙元昊之所據以為國者也唐三受降城在河套北黄河之外元東勝州在受降城

之東自周秦以来爲國爲郡漢置朔方國初虜已殘破遁河外居漠北延綏無事未暇經理然舍黄河而衛東勝計則偏矣後又撤東勝以就延綏套地遂淪之犬羊正統時浸失其險虜始渡河犯邊鎮守都督王禎築榆林城創縁邊一帯營堡墩臺嵗調延安綏德慶陽三衛官軍分戍而河南陝西客兵助之列營積糧以遏寇路景泰初虜犯延慶不敢深入天順中阿羅出掠我邊人以爲嚮導因知河套所在不時出没自是虜頗居内散漫潛住而我列屯反在其外矣成化初毛里孩糾衆深入而孛

羅繼之阿羅復勾引滿都魯䏻加思蘭聚衆益爲邊患時大臣屢有復套之議八年遣吏部侍郎葉文莊盛行視文莊以爲未可輕議特繕障增戍謹偹之便遂移延綏鎮城於榆林而墪臺岸寨拓城屯田自是爲重鎮與寧夏甘肅岇峙爲三此余肅敏子俊經畧之功也王恭襄瓊又以肅敏爲失策嗣是楊文襄亦屢議及河套然財力不給不敢力主其事旋議旋罷嘉靖丙午侍郎曾銑自山西移爲陕西總督上言復河套事大學士夏文愍主之内批嘉奬銑區畫兵食製造兵器俱精鈔時比之小岳

飛又上營陣圖八曰京營總圖曰遇賊駐戰圖曰選鋒車戰圖曰騎兵逐戰圖曰步兵搏戰圖曰行營進攻圖曰變營長驅圖曰獲功收兵圖其規畫曆置甚銳會劾河西總兵咸寧侯仇鸞鸞被逮丁未仲冬澄城縣山裂臘月辛未京師大風霾　世廟疑畏以套議開分宜云夏言右銑爲此議臣未嘗預亦不敢言以激聖怒遂逮銑奪貴溪官以尚書致仕去而鸞又誣銑匿出塞喪師諸事賄貴溪得解并陳河套不可復狀上益怒貴溪行至丹陽逮繫入京銑下錦衣考訊又令法司會官議罪再議竟

論死惜哉貴溪至京坐交結近侍律亦戮西市銑部將李珍拷掠至慘死不肯承𫍢減軍遣銑子之獄入咸義焉余於蘭谿曾見褒愍奏疏殊有方畧條理井、未知其言果可施用否薛方山游紅石峽記云孟游擊案語在昔總制巡撫之賢者自余肅敏馬端肅外必以楊文襄為首稱若近日則曾石塘銑為可惜耳邊人之論如此

四十

瞿文懿景淳以吏部侍郎還京師從衆謁相嚴相嚴莊謂客曰倭旦夕平云何胡總督才足辨也而南中人往往爲倭挫胡君何好亂耶胡總督相嚴客也公前立應曰固也相公雖明逮庚之不如不佞目覩也胡君擁十萬師無尺寸效而賊日夜殲赤子財賦地不佞南中人不得一高枕臥何言好亂也相公業不欲聞之誰爲相公聞者於是相嚴改容而謝曰善夫生之箴我然數已目恎公矣

嚴嵩相世宗盜竊寵靈盤踞津要幾二十餘載比之林甫相玄

宗京專宋且過其晉矣嵩本葺闒庸材黷貨嗜利帝號英睿竟

稱魚水是遵何道哉或謂其議禮贊玄曲當上旨然嵩於議札

不過拾張桂唾餘何足要結主歡惟佑贊玄功帝心最喜盖桂

洲貽禍於香冠分宜追思乎召鶴批逆鱗者無全功盜領珠者

有巧術也況嵩又真能事帝者帝以剛嵩以柔帝以驕嵩以謹

帝以英察嵩以樸誠帝以獨斷嵩以孤立婪贓累々嵩即自服

帝前人言籍、嵩遂狠狽求去帝且謂嵩能附我憐其曲謹有如飛鳥依人即其好貨不過駑馬戀棧而諸臣攻之以無將指之以煬竈徵特訐嵩且似汚帝、怒不解嵩寵日固矣猜忌之主喜用柔媚之臣無足怪者嗟乎嵩下有殺人之子上有好殺之君二十年閒殺輔臣夏言殺諫官楊繼盛沈鍊殺大帥曾銑張經王忬假令嵩蚤以賄敗角巾里門士林不齒已耳乃至朝露之勢危於商鞅燎原之形不殊董卓不特嵩誤帝、寔誤嵩歐陽氏勸憶鈐山堂鄒御史夢射培壘樓嵩父子至此寧有死所乎所惜世宗自號明哲而以僉壬之相明殺宰輔諫官卄為

戎首噫荼朱垂戒於自用仲尼致恨於鄙夫所由來遠矣

匠三

葛端肅公守禮以秦左轄入覲有小吏註老疾當罷公爲請留冢宰曰計簿出自藩伯何自忘也公曰邊吏去省遠徒取文書登册今見其人方知誤註過在布政何可令小吏受枉冢宰驚服曰誰敢於吏部堂上自實過誤即此便爲賢良第一矣

永樂間封哈密為國藩籬郎漢武通西域之意也要令北虜西番不得協謀合勢耳然國家都燕視甘肅已遼絶於哈密何有夫不能近保五百里之大寧復千里之東勝而欲援萬里外之哈密豈理也哉張海雖未有功其言足採馬文升之經畧亦大可觀然謂阿黑麻感恩畏威足永紓九重西顧之憂亦過矣若彭澤許幣贖城印則事涉欺罔此僥倖苟且之圖孰謂澤以忠義自許而乃有是春秋責備賢者不能無遺憾焉廼若閉關謝西域之議則胡端敏世寧真老成碩畫云

四五

貴溪徐九經爲句容令滿九載治行爲天下第一丁巡撫忌其强項入內臺有所舉刺而經在刺中嘗及其操事下吏部冢宰北京熊公泱怫然曰吾故聞句容令賢不減古人今不以舉而以刺耶乃論謫中丞於外而特留經時謂中丞力不能勝一縣令也遷工部主政去民强留之不能得則曰公幸惠訓我九經曰毋以訓而曹惟儉與勤及忍耳儉則不匱勤則不隳忍則不爭保身與家之道也平生不肉食惟啖菜佐脫粟嘗圖一菜於堂曰小民不可有此色士大夫不可不知此味至是父老刻公

四六

所畫菜而書勤儉忍於上曰徐公三字經也家肖像而尸祝焉
噫安得盡如此慈惠之師而令其司牧乎

嘉靖庚戌虜酋俺答糾合套虜入犯九門晝閉烽火燭天上俞廷臣請以易州通州昌平州為三輔各設經畧大臣噫此即成化時丘文莊設京畿四輔之議也及天啟初遼左淪喪畿輔震驚申職方用懋請於京師東南建城於通州高米店之間為左輔西南建城於良鄉蘆溝橋之間為右輔西北建城於鞏華城功德寺之間為右輔東北建城於密雲順義之間為左輔各宿重兵統以元戎監以知兵使者如虜由東北入則左輔出兵以扼其衝而右輔從左、輔從右各分兵夾擊如假道三衛則右

輔出兵以扼其後而左輔從左右輔從右各分兵追襲如直薄
都城則京營堅壁固守無輕出戰四輔各設長圍以坐困之措
置經畫更覺周密入以為迂不省厥後奴披薊北躝畿南狼突
豕竄無一尉一堠能跤其角距設柄國者蚤從此策藩屏皇畿
即禦寇有餘何至一敗塗地哉

嘉靖庚戌以後倭虜交訌日尋干戈至胡馬蹴郊關而三吴兩浙閩粤之間暴骨若莽天子南北顧憂甚封疆諸臣以兵事進者百試不一効最後南則胡襄懋北則楊襄毅而襄懋吴人襄毅晋人地相習也並時而起當閫外寄與倭虜屡角而勝有大司馬趙恭襄公錦大司馬張公經趙蜀産按浙撫浙倭一再犯殲之海上無脱者以制府備雲中上谷虜三入塞三拒却之張以留樞建牙海上盡護諸將而幸臣趙文華來視師驕倨甚張不爲禮徵賄不應問兵事不告恚而上書劾其逗遛相嵩從中

主之遠經時張已大破倭於王江涇斬首虜至二千級爲東南戰功第一臺諫交章請留張遂前功讒入沮之竟論死吏士聞張死皆憤恨莫肯用命倭復熾更數年襄懋竭天下力僅乃勝之使張在事不至此矣相嵩當國尸兩正鄉一則司馬一則建安皆閩產也其在封疆尸兩大將一則司馬一則黄巖皆才臣也

嘉靖間楊文襄公疏言近年因陋就簡而戎馬日耗士卒之殷寔者出錢包班而其名徒存貧難者飢寒困苦而其形徒在平居且不能自存安能為國禦百戰之虜哉每遇有警欲撥一二萬之兵未免於各營通行挑選欲再選撥一二萬恒以不足数為言是團營與老家無異矣各官軍月支米八萬一千五百有餘石以歲計之該食九十七萬八千餘石是皆百姓膏血之餘及選用戰兵求二三萬而不足可不為之寒心哉至于統兵將官亦且臨期選用將不知兵又不知將遲緩歲月旋置軍裝將

官已至関上士卒尚在京師是不堪用徒費芻粮也中外士夫亦皆以京軍為不足用啟邊人輕中國之心不可聞於四鄰不可訓於後世乞申教練之法溥優卹之恩禁尅剥之害嚴役占之條痛革宿弊修復舊規云云此在　世廟時已然何況凌夷至於後世崇禎甲申之變其措火積薪匪一朝夕矣

京營之弊嘉靖時王司寇世貞疏云臣竊見防延綏固原將士
萬里入衛日漸減耗而太倉歲漕四百萬石以養疲癃無用之
京軍爲之扼腕令京軍冗弱禁衛空虚願勅下兵部分委御史
於陝西宣大遼東各邊及浙江義烏西廣楚蜀等處募士兵以
差次精選萬五千名爲步兵仍於團營錦衣衛各官軍旗校精
選萬五千名合三萬人分二營另委名將如戚繼光馬芳者統
之以明詔内外舉廢棄大小將官曾經戰陣者分委演練嚴其
賞罰遇有聲息令協助薊遼總督戰守其每歲入衛官軍俱從

五十

停免仍委嚴明御史給事清查在京營衛軍老弱者黜退見關者停補錦衣一衛冗食者尤衆宜量清革歲可得漕米三四十萬石以養此萬五千之精兵不惟薊遼緩急有賴而國家隱然得居重馭輕之意於虜防至深也又戚武莊公繼光備邊之書曰不練何以議兵無兵何以議戰練兵之效臣嘗試之東南請簡部將若而人分出三輔州縣部募三千丁壯部將、之合為四營、各五部每營立一裨將為之連衡總攬折衝則主將專制簡練訓習一如東南比及三年堂、之可以格虜矣然後屯田足餉罷戍銷兵坐致富强此百世之利也又議立車營出戰則以代城郭車四駟而結聯爲方陣步騎二旅中藏之遇虜衆陣火器先薄五百步外稍近則步兵出轅下拒虜馬排擊之虜却而奔則縱騎兵乘勝逐北虜師不宿飽復益輜重營以從有發則南兵當選鋒入備兵策應主兵戍守殘更者任轉輸首分數次形名次技擊次步伐次偵邏次鄉導次批擣次遮擊次追襲次俘馘次首功按此二疏今用其言所裨軍政邊防誠爲碩畫而惜予時不能行耳

五一

兩浙入國朝名臣葦出開創時文成文憲籌畫軍旅興制禮樂未四十年而有靖難之舉則遜志劾夷齊之節未五十年而有北狩之禍則忠肅收宗李之功又未八十年而有逆濠之變則端敏發其姦忠烈死其難文成平其亂此皆焯焯在國史者自世廟以前閣臣凡七人黄文簡吕文懿商文毅謝文正張文忠皆能稱其職而後稍不逮文毅相業不在文貞文達之下文貞始嫌於君臣文達終嫌於父子文毅當易儲之際微言以諷丁丑之難削籍歸田茂陵固知之竟復召用若章文懿劉忠端倪

五二

文正純心正學介節忠猷又不可以功名論耳

有迷分宜事者謂華亭徐文貞公於嚴氏盛則柔之畢巽太甚然非此必不能一日安其位將以事明主撥亂反正享其終也假冨貴自污儵然若蛻所全者大也非此必不能除姦矣如林中蟒穴中蛇速之則受傷縱之則貽害不疾不徐因物付物以人巧湊天則自來君子待小人未有得法中肯如此者蓋寛而寔嚴惡而實不惡青天中雷轟電閃無留害至今可以想見此繪寫華亭之作用入神可謂善贊無柰譽之適所以詆之予聞當時有譽階能剪大憝者處額曰政本須得人同官在合德、

五三

合則和衷共事天下可治彼自取罪余之不幸多此周折豈得已哉又曰渠殺桂洲我在事又殺其子人必不諒知我其天一聽之日後耳或曰世蕃如虎縛不得不緊公笑曰鼠也非虎也

謂之體面語亦得謂之真實語亦得

孫一之剡溪漫筆云王元美皇明盛事述載慶成王百子事考
之玉牒慶成府最多男者惟溫穆王鍾鎰實止四十四子早夭
者一庶人二長子襲封外封鎮國將軍者四十人耳有女四十
七子女共九十一人謂之百子者葢總男女舉成數而言而元
美信爲實然乃云自長子襲封外餘俱封鎮國將軍共實多矣
元美之書必傳百子事奇尤易傳玉牒藏在秘府人所稀見恐
滋後世之惑聊爲之辨云

五四

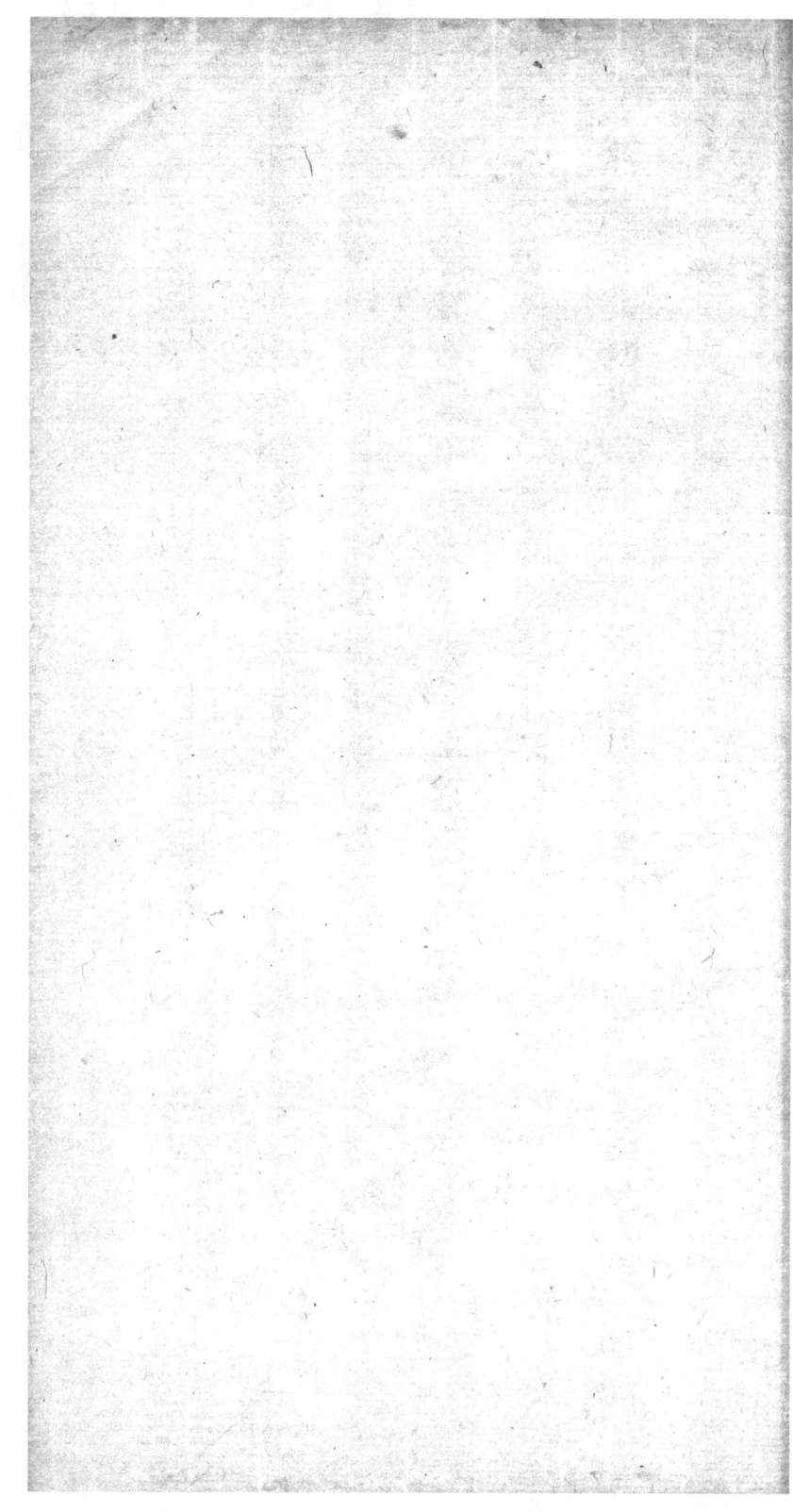

世廟嘗書御屏云天下清官王鈁石簡鈁爲南工部尚書吾寧
奉化人簡雲南巡撫寧海人又有孫懋以應天府尹致仕家居
生事甚薄蔬食菜羹而已一日偶思肉味市斤肉爲羹以進諸
孫環席乞之公感愴爲之輟羹公吾寧慈谿人此二公者豈獨
吾寧之所當特書耶孫一之漫筆云王恭簡公以南司空致政
歸年七十餘錦衣鶴髮道遥林泉鄉人多羨美之稱爲地行仙
公曰吾才不踰中人自登仕版日惟罷黜是虞溢事無敢不恪
屢處膏腴視若垢臟未嘗少有點污如此然後得至今官吾受

五五

氣極薄且善病飲啖勞慾一一皆有節兢兢五六十年如此然後
得至今日人能如老夫居官何憂不登八座能如老夫養身何
憂不躋大年諸君今日羨吾不知老夫一生苦心至此也聞者
歎服

吾鄉四尚書事聊識之以備文獻一陸公瑜為司寇衛卒誣指揮李斌爭健謀叉錦衣門達鍛煉成獄三法司莫敢異同公獨明其冤違怒語侵公、曰法司所執者祖宗之法耳吾豈可枉法入人滅族之罪一屠公僑按江右宸濠謂所親曰柰何令此强項御史來耶一張公時徹為少司馬時楊忠愍公劾嚴嵩十惡內有子孫冒邊功事發部覆本兵聶豹袖一稿謂此功皆實不虛主事王公遴以萬世公論爭之不能得張言此事第幾、耳公何不說嚴公令自辯軍實則兵部可無覆而諸司意釋公

論且不𢊍矣聶大悟從之於是嚴跽入聽其辭而諸賢幸無摧
折張之力也一汪公鏜嘉靖甲子以諭德典應天鄉試一執政
以書託其子汪公怒拒之是年試事畢言官以蜚語中公執政
頗伸言官之言公絶口不道前事人亦無知之者王文肅始為
人言因嘆汪公厚德盖文肅係公門人所親見耳

海忠介公乙丑上封事自分必死人亦無以更生望之者即其
僕亦亡去　世廟有旨云此畜有比干之心但朕非紂也遂永
錮於獄則主上知公之忠深矣公封事云二王不相見人以為
薄於父子樂西苑而不返宫人以為薄於夫婦以猜疑誹謗戮
辱臣下人以為薄於君臣且陛下師事陶仲文而仲文已死彼
既不能保其生陛下何獨神其術乎直言戇激皆敵以下所不
能堪者上怒甚投之於地已復取讀之嘆息自悔及上賓天提
牢主事早知作盛饌款之公飲啖逾常主事問公何歡之甚曰

五七

欲作飽死鬼耳盖故事西市前一夕必與酒飯一頓也主事言
宫車晏駕公旦夕出此問其果然大慟投體酒肴盡嘔出狼籍
滿地絶而復甦扶歸禁處竟夜哭不輟明日成服哀痳徒跣呼
天若喪考妣然後知公真忠一片心腸貫徹千古非人所能耳

弇州嘉靖以來首輔總論廷和之始織以易進嫌而居位自稱
踰於前後數公則其才勝也正德之政蠹於左右貂璫之衣若
鶉結矣不有處者誰與彌縫嘉靖之初收滇爲華宗社磐石誰
之力耶以道事君不可則止則冕與紀皆庚𤋎是二人者甫得
政而棄之若敝屣視宏何𣪻壞也宏之初節內勁於權倖而外
伸於奸藩不亦皎皎秋陽哉爲德不終假辭國老以名爲調護
然再蹟再起保功名於猜世則亦長者効也一清有應變之畧
而無格心之本押閤搽舍此將道也而行之揆地智殫力窮得

五八

死幸矣孚敬因機遘會一言拜相彊直自遂人主為屈斯功罪
不亦等乎哉二李長者而時稍負荷春芳知正伯仲之間也言
詭遇而獲器不勝才上僭上下逼下東市之辱夫豈不幸耶嵩
沾沾小技以順為正内固主寵而外籠天下之利即不有孽子
寧毋敗也抑二臣者相傾若讐敵夔伯之地化為秦楚徐高張
申之所由兆也階赤舄几又羔羊素絲嘉隆之際亦何下廷和
哉惟其小用權術收采物情識者不無遺憾焉雖然若廷和階
者皆救時相也拱剛愎強忮幸其蚤敗居正申商之餘習也尚

能以法扨持天下罛湍而驕群小激之虎負不可下魚爛不復
顧寒暑移易日月蔽虧歿身之後名織家藏善乎夫子之言雖
有周公之才之美使驕且吝其餘不足觀也已

五九

頌世宗者曰以嚴馭吏以寬治民以經術爲師以法律爲輔以
明作修内治以安静飭邊防其於稽古考文之事尤爲謹備而
皆發之孝思本之敬一故功成制定華裔響風中興大業視之
列聖有光焉朱國禎曰孝爲之本禮爲之維其作用全以剛德
勝范守己曰聡睿夙成宣哲天縱思與古聖通動與道法合其
財成典章潤色鴻猷皆有以洗濯千古軼三五而上之卞論東
西京諸盛主也其起獘亨屯攜欲傾之局而厝之磐石之上大
有鎮於宗祏不淺渺矣則何以故盖帝有不世之奇謨六無競

六十

之偉烈四而又有震世之獨行五正世及之大辨復四郊之大禮黜胡主廟祀華榮國侑享崇奉先師除象設之陋釐正諸儒嚴廸德之選六奇謨也華藩鎮之諸閹廢畿甸之皇莊奪外戚之世封抑司禮之秉用四偉烈也正嬪御之數內無女寵放鳥獸之玩外無禽荒不以隆舂而廢刑誅不以令甲而拘除擢不以捐生而廢亿裁五獨行也五行獨至故六謨顯而四烈彰所以駕二祖邁百王帝道之隆於斯為極乃國史謂升遐一詔悔艾尤深國禎謂蓋愆成美之詔天下傳誦莫不咨嗟流涕雖有

微詞無妨懿美

六一

穆宗莊皇帝紀

隆慶元年吏部奏先朝建言諸臣如樊深丘橓沈束等三十一人宜遵詔録用戮死者若楊繼盛郭希顔沈鍊楊允繩四人應復職贈蔭諭祭扙死者若王相楊鼎王思等十三人應復職贈蔭繫獄戍邊斥死牖下者若唐胄李璋豊熈楊慎羅洪先等三十八人應復職贈官至尚書熊浹諫止箕仙御史楊爵彈擊權倖雖罪止罷斥然其忠義風節當與扙死者一體䘏録詔俱允行

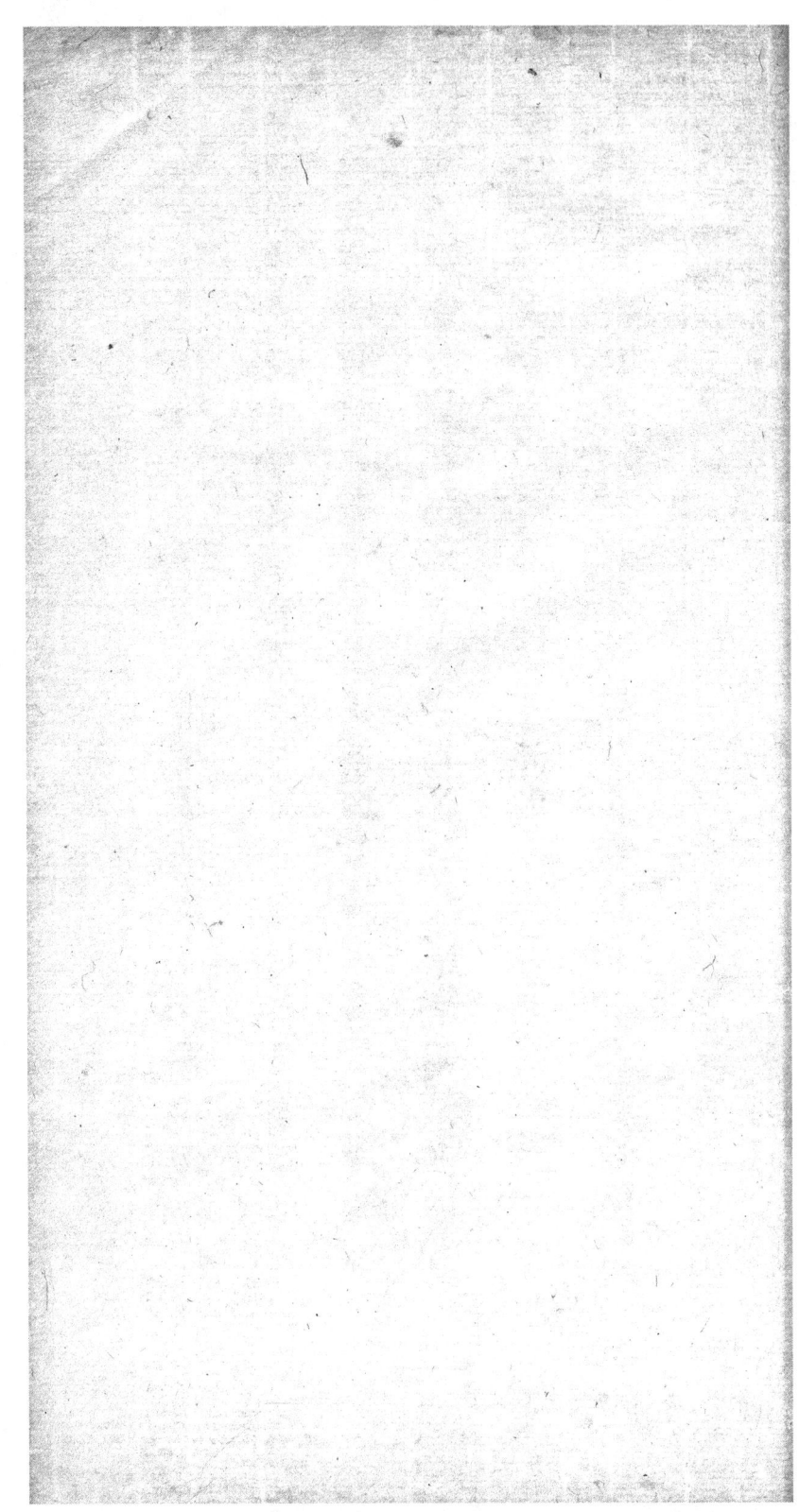

隆慶初魏侍郎時亮乞定真儒從祀疏竊觀英廟新政命舉宋儒胡瑗蔡沉真德秀從祀廟庭孝宗初年亦特命考正從祀逮我先皇帝復進歐陽修等數人而不及我朝者因先後儒臣殁俱未遠留以待論定然求其學有真得如所謂師心顔孟屈指周程者惟三人爲最臣見河東薛瑄餘姚王守仁該禮部覆議薛瑄則曰勵志聖賢之學脩爲多實踐之功潛心濂洛之傳造詣得精微之藴意雖不專於著述而片言隻字動示楷模心雖不繫於事功而偉節恢猷皆可師法實稟乾坤之正氣足稱昭

代之真儒至於王守仁則曰質本超凡理由妙悟學以致良知
為本獨觀性命之原教以勤講習為功善發聖賢之旨當時親
炙者咸樂依歸迄今私淑者莫不尊信是百年之豪傑一代之
儒宗也審如是則二人洵聖門之羽翼可以並列宋儒侑食孔
廟無疑矣更有生於薛瑄之後而崛起守仁之先者又得一人
焉謹按嶺海陳獻章志聖學於壯年會心體於自得舞雩點契
見勿忘勿助之真萬古日星沛仁義江河之用學已造於至樂
誠更足以動人故充養完粹來彭韶之薦章忠孝具陳動憲皇

欽會

之親覧羅倫定交賀欽師事在姜麟則稱為活孟子在章懋則稱為第一流迺若去支離而全不測之虚靈即日用而見鳶魚之飛躍尤能廻邁與獨追蹤濂溪是以風動廣南師範天下有臣如此與薛瑄守仁後先相望信名世之大賢理學之深造聖明涵濡之功可謂極盛矣令瑄與守仁蒙下廷議回奏未聞夫薛瑄已經昔時論定一考可知若守仁者破除俗學獨契本真悟孔氏之微言發後賢之未發良知與性善同功求仁與萬物為體雖其少年之豪邁有聞要亦横渠之臯比永撤而頤可終

三

掩之哉至於陳獻章則素行毫無可訾而所學純乎自得乞勑
令幷將獻章學行撰議以聞早正從祀之規則前可紹往古追
崇近可成聖朝闕典矣此踈闡明理學有功於三先生不小

陳白沙之學似不及新建然器宇之光霽識見之超邁在孔門當遠出曾點等宋代亦雁行濂溪蓋得聖人之心於見聞表者也新建恐不逮也胡布衣篤行君子耳今其書具存於道實未有所悟於六經實未有所發揮也白沙有一札云居仁執守甚堅洒落不如孔暘又云他日造就擔荷斯道孔暘而已孔暘而不獲登孔子之廡則居仁詎宜從程朱之後乎竊以謂實學實行得大儒識者無若章文懿懋羅文莊欽順有體有用得大儒節者無若王端毅恕明之第一賢臣也其所著石渠意見於聖

經有發揮賢於布衣之居業録矣吾謂居仁與弼宜專祀於鄉
而進王端毅章文懿羅文莊於孔廟之廡爲得凡與居仁與弼
例者十人學正曹端也布衣陳真晟也脩撰羅倫也給事中賀
欽也郎中莊昶也布政使陳選也國子祭酒蔡清也御史陳茂
烈也太常卿魏校也賛善羅洪先也皆可專祀於鄉者也

國琛集云人心太虚不能添一物不可以理障不可以見解絶功利則事不爲障矣端趋向則解不爲眛矣而羅一峰莊定山托於豪楊鏡川托於雅張東白托於逸張東海弼托於曠鄒立齋智托於名章楓山托於庚其過於持理以爲守乎陳克齋選陳省克彧烈以吾節進周翠渠瑛以精博進陳南泉真晟以適用進張克菴吉以劾持進賀醫閭欽一齋諒以鋭任進其專於自信以成趣乎

五

隆萬以來稱名將無如戚南塘繼光俞盱江大猷李寅城成梁南塘之練兵實紀盱江之正氣集當與武經七書並傳雖使文人弄毛錐者爲之亦知其縮手耳

弇州曰明興以來稱文武兼全者惟王文成楊文襄王肅敏三人而已然肅敏小遜於武而文襄稍疎於文近則有張司馬肖甫佳胤司馬與余偕于鱗子相明卿游善詩古文辭聲籍、今滑而縛羣盜如豚犬至以談笑靖羅木營之变何整以暇也意王文成楊文襄不可復得矣致治以文而撥亂用武當啟禎之世而求戡定之才如孫文忠李忠文兩公吾猶恨不竟其用焉

殷文莊士儋在閣嘗輯古来循吏酷吏之報題曰鑒懲録李文定見而悦之隆慶戊辰與棠川同典禮闈凡進士選外吏者来辭文定各授以此書夫師弟相别一書授受事極尋嘗而服官之始如入闇室忽得一燈相引心地既開舉步必正数年間一方民命賴以樁庥只在當軸者一舉手閒耳前輩之用心如此

高文襄病榻遺言謂萬曆改元謀欲去司禮太監馮保而張少師居正為次輔時第三輔高南宇儀云天道六十年一周正德初劉瑾擅權劉晦菴謝木齋李西厓在内閣欲去瑾而西厓通瑾取容二公遂去今六十年矣豈非天耶蓋劉與高皆首揆皆中州人李與張皆楚人而謝與南宇則皆浙人也未幾文襄逐張獨留而南宇嘔血死事正相符嘻亦異哉

神宗顯皇帝紀

萬曆元年張文忠居正奏曰周成王以沖歲膺籙而動曰儀刑文王動曰念茲皇祖動曰率時昭考動曰敉寧武圖其守成之功與開創等蓋惟其沖年而能守家法故益足以纂天縱之神於天下也此一疏成就君德不小既柄政慨然以天下為己任其為治大約尊主權課名實常言 高皇帝得聖之威者也世宗識此意故高臥法宮之中朝委裘而天下不亂今上 世宗孫柰何不法祖召群臣廷餝之百寮惕息

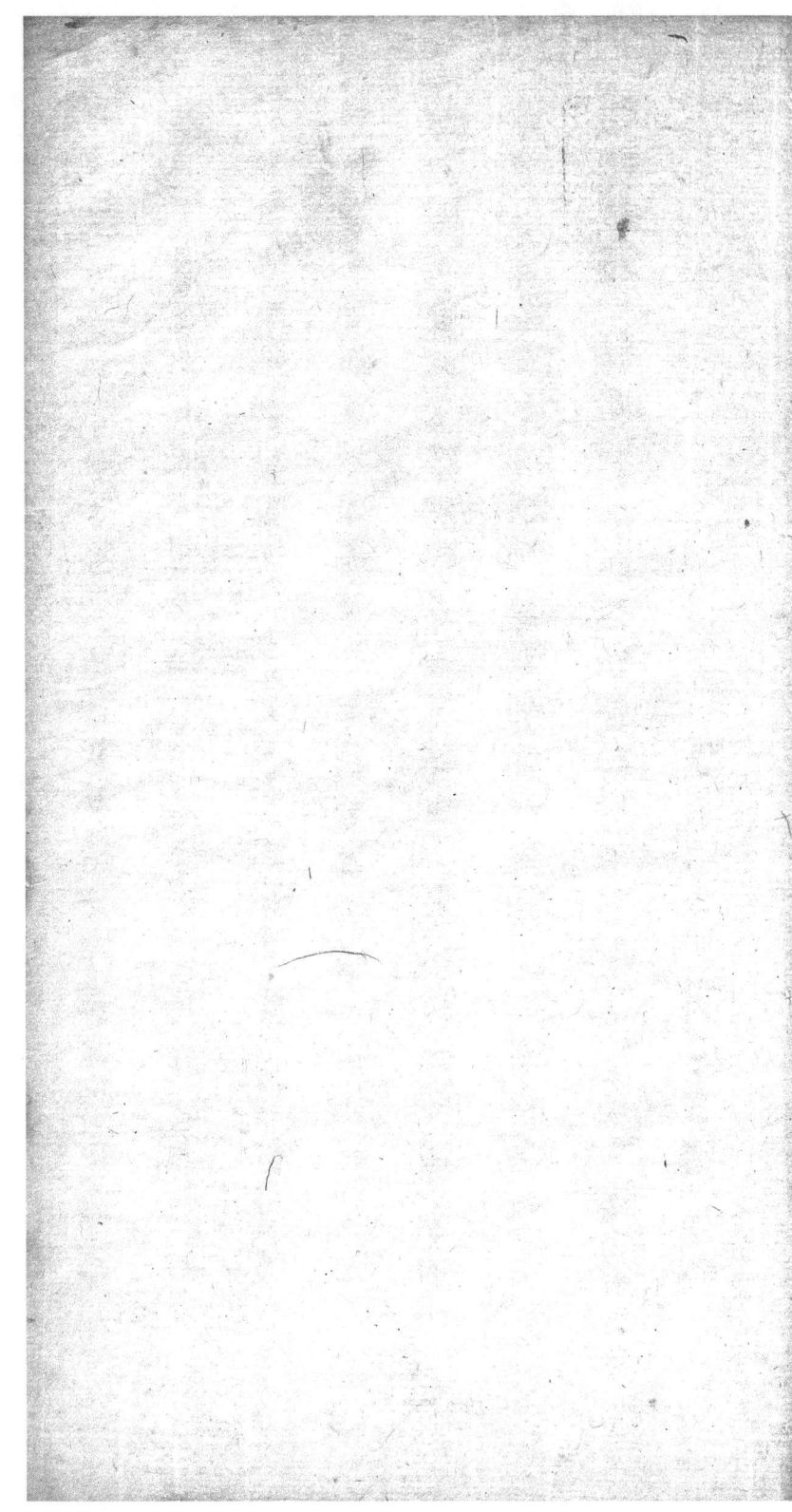

元年癸酉正月上出乾清宫門有無鬚男子假裝内使趋走章
皇爲左右所執問其名曰王大臣云自總兵戚繼光所来時居
正票着東厰鞫問既下厰改稱自高閣老所来欲陰行刺招款
具而緹騎已集高家矣冢宰楊博語居正曰此事關係重大若
果爲之将人、自危張不懌左都御史葛守禮謂楊曰過張公
必共諍之輿望屬公謂公能不殺人媢人耳因共過居正張曰
東厰獄具矣同謀人至即疏處耳葛請以百口保高張嘿不應
愽曰顧相公持公議扶元氣厰中寜有良心倘株連者衆事更

有不可知者居正堅不承二公因歷數先朝政府同心輔政及貴溪分宜華亭新鄭遞相傾軋當爲殷鑒居正怒曰二公意我幷心高耶奮入内取敝中揭帖投楊曰是何與我内有竄改四字曰歷又有據而張忘之守禮識居正手笑而納諸袖居正覺曰彼法理不諳我爲易數字耳守禮曰機密重情不即上聞先政府耶吾兩人非謂相公幷心高公以田天非相公不能張揖謝曰茍可效敢不任第何以善後楊曰相公患不任又則何難須得一有力世家與國休戚者乃可委治居正悟始上聞命

馮保同守禮都督朱希孝會審希孝惧詣張請命曰第見冢宰
大中丞希孝謁楊又曰欲借公全朝廷宰相體何忍以身家陷
公公第使善詗者入獄訊刀劍口語所從來雜高家僕稠衆中
令别識且問見高公何所今在何地立辨矣希孝如慱言果詗
得實次日會審大風揚沙黑霧四塞衆皆駭惧理刑白一清大
聲曰天意如此可不畏乎高老係顧命元臣此事本無影而强
以誣之我輩皆有身家他日能免誅夷之禍耶及問故事先雜
治大臣呼曰向許我冨貴何雜治也保即曰誰主使者大臣瞪

目仰面曰汝教我乃問耶我何識高相國希孝復詰其鱗袴刀
劍曰馮家僕辛孺所予保益惧希孝曰爾欲汚獄使予遂罷審
而保已寥飲大臣生漆酒瘖矣於是送法司處决而高獲免

張文忠公初政請勅吏部查冗官兵部查冗兵工部查冗匠禮部於光禄寺司禮監於内府各監局查各項冗費又請命户部約祖宗以来官兵吏匠及本部本歲賦入之數酌取其中以為定額以十之七為經費而備其三以備山陜各邊兵荒非常之用此外如土木齋醮游賞宴樂貴戚近倖無名之賞不經之費悉從裁節情由禮約費從事省則每歲積蓄有餘物力稍紓自然富强矣噫當國者果能如此和盤打算量入為出帑藏何由而虚財用何繇而竭哉

四

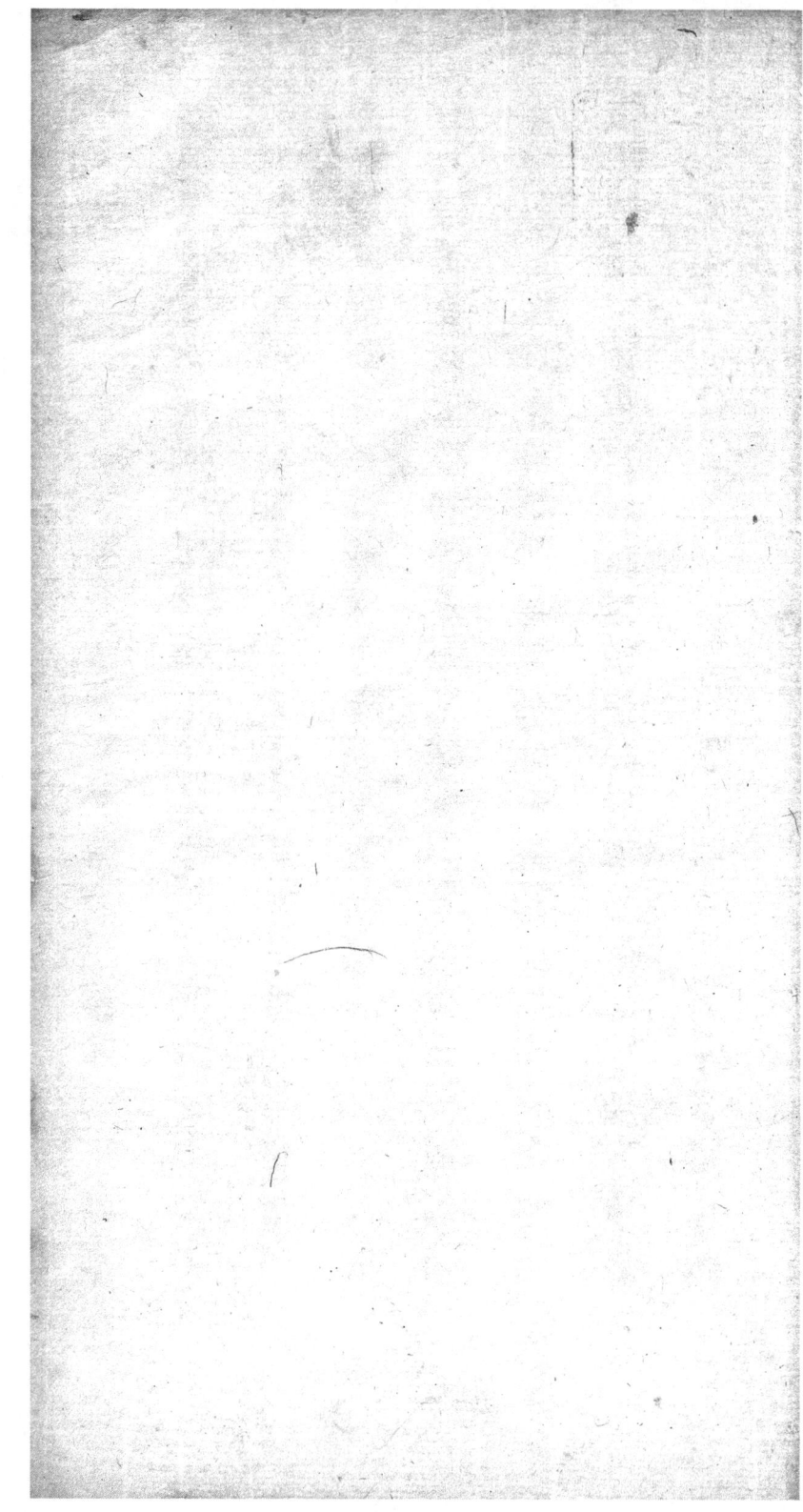

江陵才而練深沈機警多智數爲史官時嘗潛求國家典故及時務之切要者剖晰之遇人多所咨詢及攬大政勸上力行祖宗法度以法制天下朝令夕行雖多苛察人凛遵惟謹尤留心邊事初與高文襄合策撫俺荅宣大以西桴鼓不鳴惟防禦京東陵後於是用大帥戚繼光於薊鎮而以譚綸爲督撫一切用舍興建惟繼光言是從烽火精明又調素練浙兵雜邊兵練之車馬步互用虜聞而畏之匹騎不敢入用大帥李成梁於遼左敢戰深入攘地千里荒外讋服南蠻累世負固者次第遣將剷

五

平之當是時九邊晏如群吏畏法赓發黄龍地節之間又力籌
富國太倉粟可支十年冏寺積金至四百餘萬成君德抑近倖
嚴考成覈名實清郵傳核地畝一時治績炳然

萬曆癸酉遼東廵撫張學顔報達賊二十餘萬謀犯前哨已抵大寧請兵請餉甚急江陵駁云暑月非虜騎狂逞之時今薊鎮総兵戚継光揭稱諸酋俱已解散目下正議撤兵又臣等差人於宣府密探西虜青把都動静則本酋一向在巢駐牧未常東行遼東所報皆屬夷誑語臣等不以虜之不來為喜而深憂邊臣之不知虜情虛實也況本兵居中調度尤貴沉謀果斷令一聞邊報遂爾張皇何以制勝請特勅該部多方確探毋為虛聲所嚇且秋防在邇尤不可不預為儆戒如此廟謨真留心邊備

視末年方從哲當國黄嘉善張鶴鳴爲本兵漫無籌畫輕試一

擲者何啻天淵耶不覺三歎

國初天地分祀至洪武十年乃定合祀之禮每歲以正月上辛日合祭於南郊大祀殿百六十年遵行未改自　世宗皇帝按周制復分建南北二郊俱壇而不屋南郊以冬至北郊以夏至而二至之外復有孟春祈穀季秋大享歲凡四郊焉萬曆元年江陵當國上奏曰合祀之典舉以歲首人之始也卜以春初時之和也歲惟一出事之節也為屋而祭行之便也今以冬至極寒而裸獻於霜露之下夏至極暑而駿奔於炎歊之中以時以義俱為未安况　文皇帝再造宇宙功同開創配享百餘年一

朝而罷之於人情亦有大不安者宜遵高皇帝定制歲一舉合
祀之禮而奉二祖同配於情理爲順於時義允協上允之至今
永遵不易云

萬曆初江陵當國真定梁公夢龍爲本兵時浙省羅木營兵變請於江陵江陵曰是必得徒令吏兵事者往撫之可弭公曰舊滑令張佳胤其人也江陵領之命張往遂定公與江陵立談數語而弭兩浙之亂向令今日夢龍任本兵江陵在政府豈以虜骸遺君父乎

汪公文輝爲璽卿書勸江陵奬拔豪俊無以常格拘預朝廷數
世之用若以振刷之名行苛刻之實督責日深催科日急雖有
近功實基後禍申韓流弊尤宜切戒又少司寇劉公一儒移書
江陵曰論治功者貴精明論治體者尚渾厚自明公秉政立省
成之典復久任之規申考察之條嚴違限之罰大小臣工䰟又
奉職治功既精明矣愚所過慮者政嚴則苛法密則擾今綜覈
既詳弊端盡剔而督責復急人情不堪非所以培元氣而養敦
厚之體也昔臯陶以寬簡贊帝舜姬公以惇大告成王願明公

九

取以爲法此二書江陵之益友格言也惜不能用耳

江陵柄國禮遇殊絶上而敕旨下而題覆不曰元輔即曰太師並不著其姓氏當此時識者已為之寒心矣又凡日講官稍又句字之誤免糾　顯皇一日講過位章色勃又字當作入聲誤為去盖南北音異也張訶之聲稍厲上不懌此時冲主權臣了不自覺而已基驂乘之禍

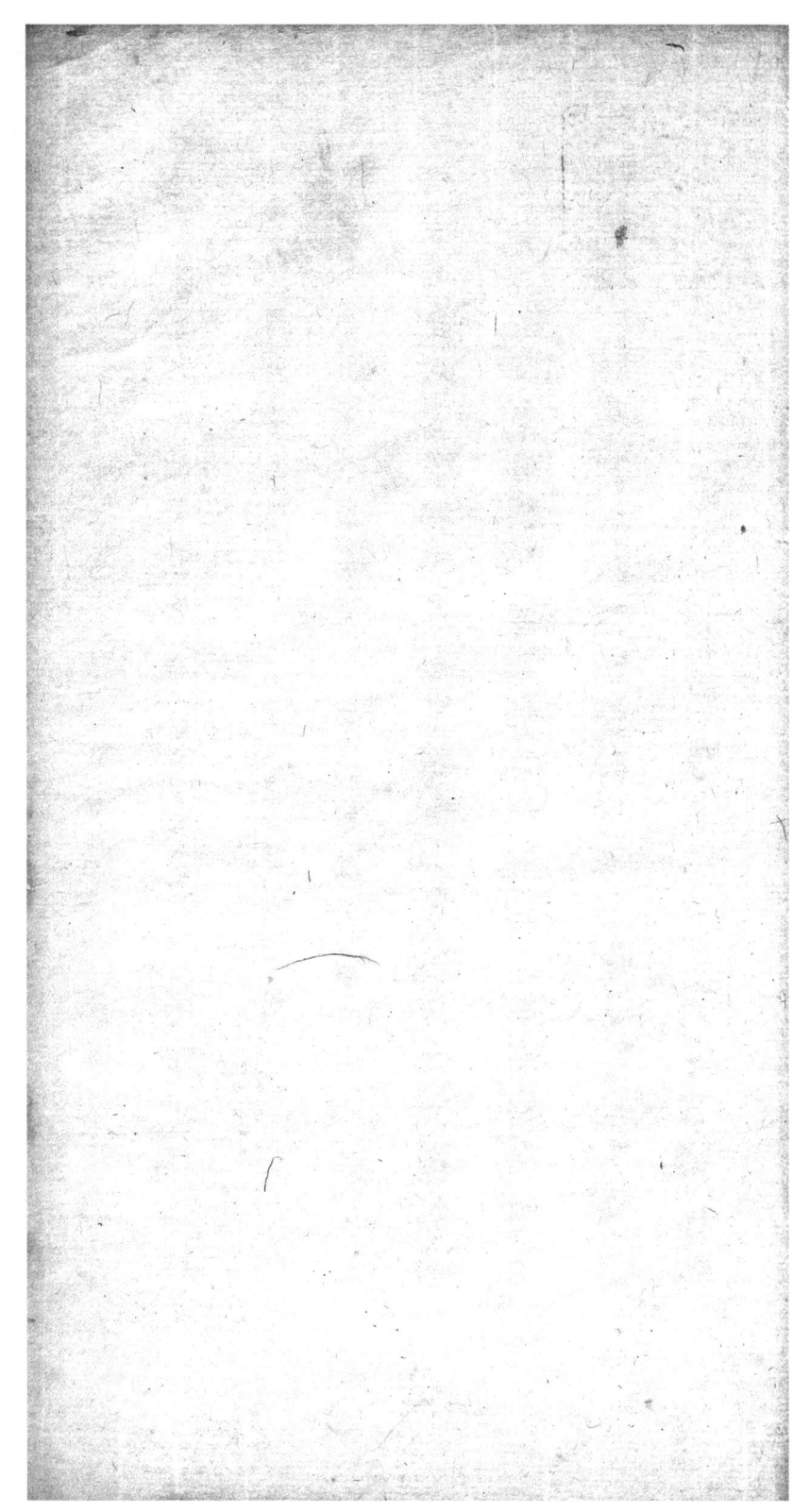

本朝曆法自鄭善夫華湘後罕有習者武進唐順之曰知曆理
又知曆数此吾之所以異於儒生知死数又知活数此吾之所
以異於臺官所著勾股測望論勾股容方圓論弧矢論分法論
六分論明白精透嘗與臺官周東皐秘書印證東皐名相稱士
大夫曆数之學趙大洲上不得筭盤唐荊川上得筭盤亦未到
項能到項則僧一行郭守敬矣

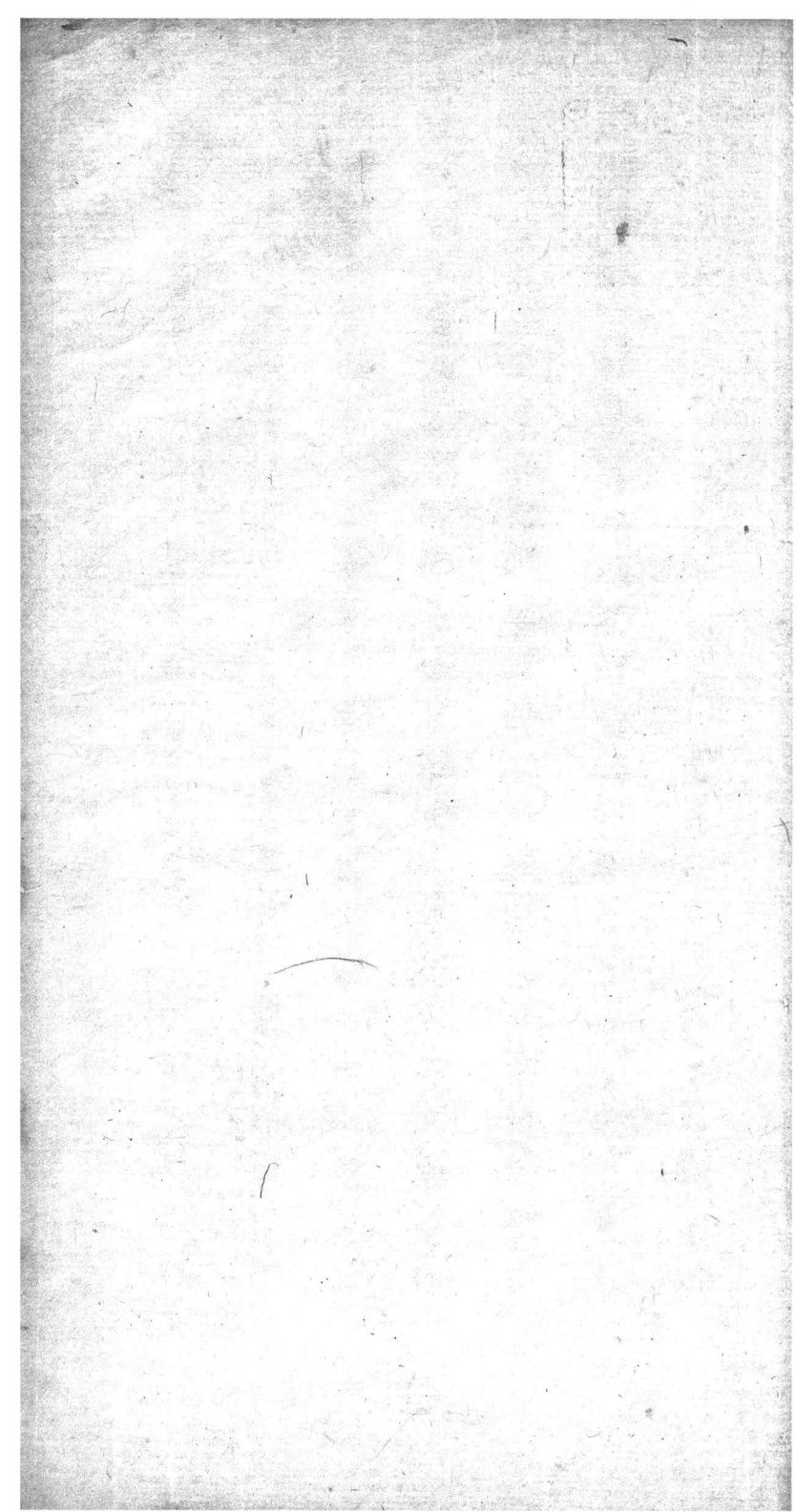

陸儼山燕閒録云今曆家推筭漏刻大抵極長於六十極短於四十嘗聞前輩言惟正統己巳官曆晝刻三十九夜刻六十一以為陰過故有土木之變元授時曆則長極於六十二刻短極於三十八刻為驗於燕地稍偏北故然外國有蒸羊胛未熟而天明者則短又不止於三十八刻而已豈漏刻隨日因地初不全係於陰陽之消長乎乙酉以後曆以授時為準而參酌於回、西洋其晝夜漏刻或長或短共缺其四不知何說以臆度之毋亦化國舒而亡國促歟

十二

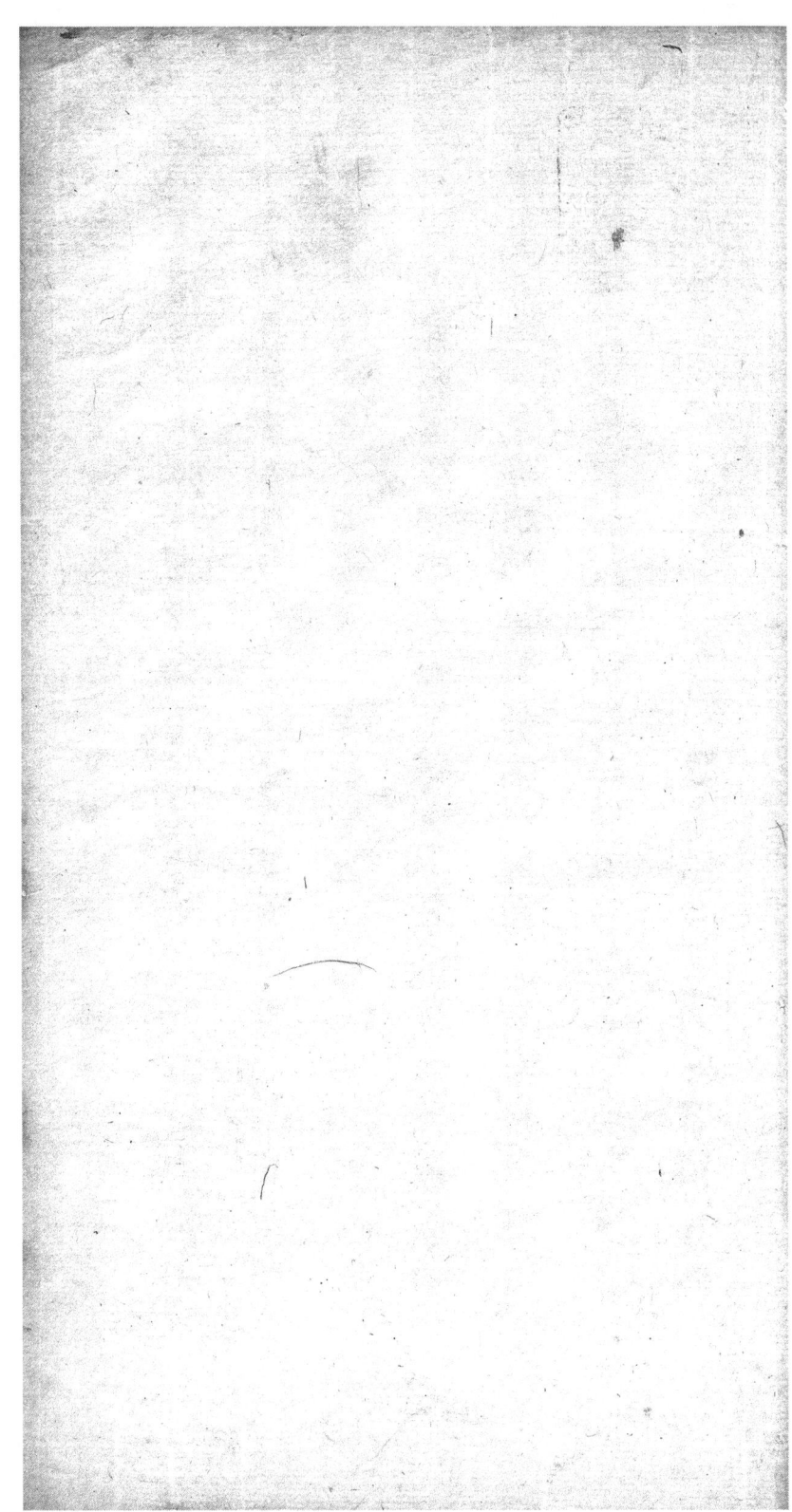

國家經費本無不給之憂特耗之者衆耳如工部則有物料之
侵欺兵部則有驛遞之冒濫太倉則有羨餘之乾沒其事污人
齒頰所不忍言夫物料侵欺猶曰中官為政驛遞倉糧誰則司
之豈非士大夫之罪耶使士大夫能視國事如家事慎出納而
嚴稽核則三年必有一年之畜何憂乎凶荒何患乎師旅哉

十三

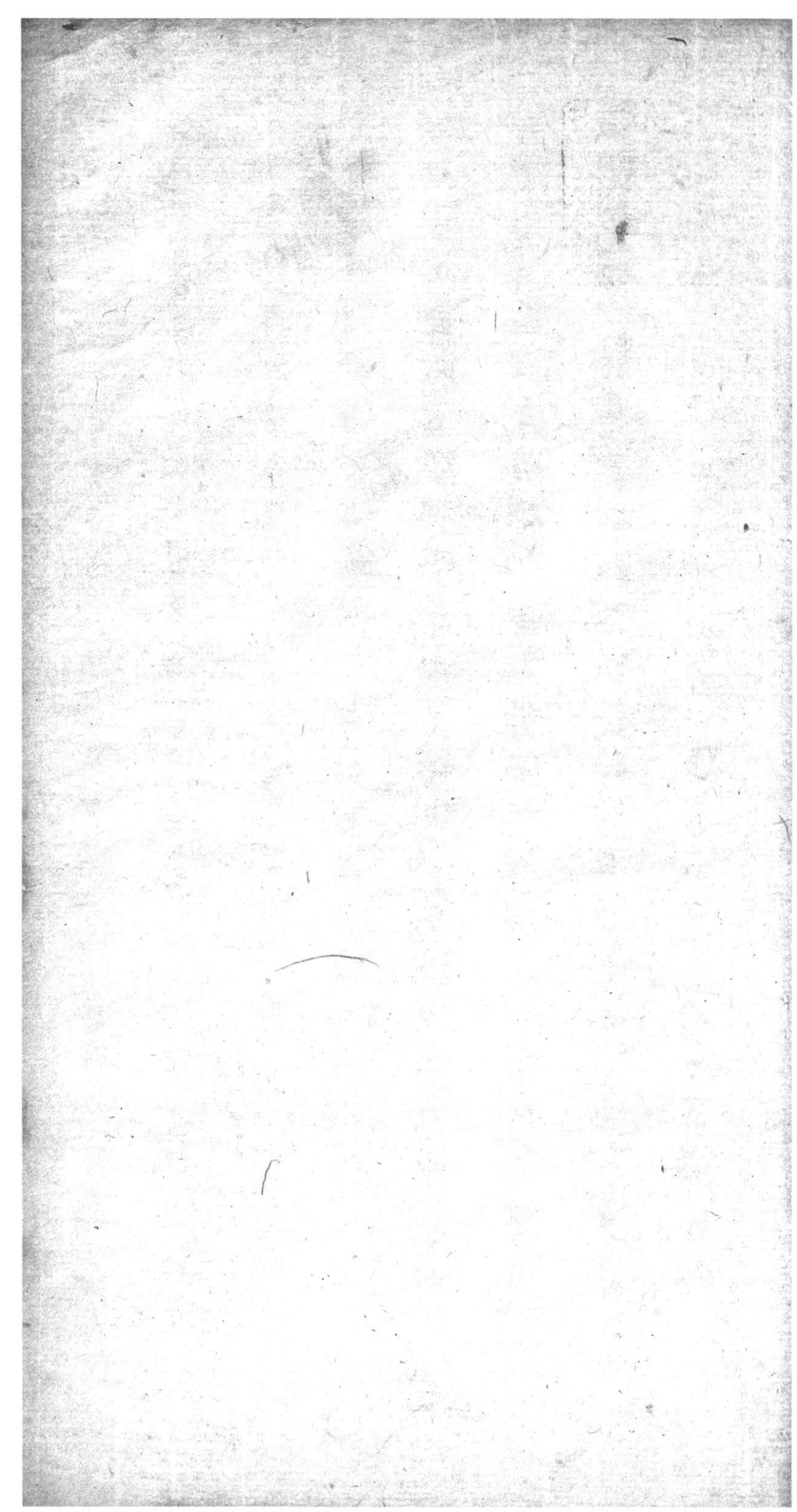

孫司馬作陸文定公神道碑謂公以大宗伯抵京江陵喜甚不俟公謁輒躬候盖猶以前輩禮事公也及公謁江陵見客坐甚偪江陵亟正之公乃就坐又謂江陵初當國驅走天下士欲淂天下第一流前人所不能致者自己致之以為重意惟人借己以為重而已必不以重借人此其為第一流也江陵不奔喪公謂人曰往常在京師與太岳議國事渠謂人多避怨每悮事彼獨毌任怨此自不易及苐心不虛耳

平泉先生陸文定公姿表特異昂立班行中頎聣偉如穆廟登極久趣未赴趙文肅公寄聲云我輩豈敢以機務煩公第欲主上一見手糸知先朝培養有如許偉人耳嘗被命宴朝鮮陪臣使者望見拱手改容曰此陸公也耶溫公有言人之情莫不畏天子與執政最愛者父子其次禄位非勇者誰能割之　肅皇帝齋居西宫大豪皖撰玄文以希旨公遜謝不與是不畏天子也分宜生旦壽者皆衣緋公獨否庚戌廷試分宜謀寘私人上第公掌卷故混之分宜猝無所得聲色厲不為動入都江陵首

十五

謁公接對殊簡還報謁引席正南不少假尺寸其後奪情不弔江陵者亦惟公一人而已是不畏執政也公任宗伯求去江陵以微言妮之公曰一史官二十年始出山豈為收門生覬宰輔地乎公弟中丞又挽公曰兄即倦游宜為孺子恩澤地公目大行曰吾得首丘即此子行歌負薪亦任之矣是又非父子禄位所能動也公真可謂大勇矣

平湖陸莊簡公與江陵同年，辠善爲少司空，引誼規諷甚悉。江陵弗善也。及論政折事，爭之强。江陵變色曰：欲爲豪地耶？公曰：我爲桑色民耳，寧知豪？夫身忝大臣而民隱默不聞，非夫也。張語塞。江陵卒，轉吏部左侍郎。時諸後進皆文致江陵罪以逢當路，公獨謂江陵府權非弄權也，且擁護綢繆，其功亦安可沒耶？

十六

羅一峰咼元論李南陽之奪情鄒南臯進士論張江陵之奪情皆萬古綱常所繫其奏疏與日月同光矣時同論江陵者有編脩吳復菴中行簡討趙定宇用賢刑部主政艾凞亭穆沈純父思孝各杖六十即日驅出國門當時保留之疏南北大小衙門幾徧而御史曾士楚給事中陳三謨則附奏鄙夫之首也李贄之論李文達曰蚤知起復到京即病故不如終三年喪矣異哉贄之論也假令再作二十年宰相庸可奪情耶

十七

奪情事起一時廷杖五諫官王文肅公慮禍叵測約申文定公詣江陵求解拒不見徑造喪次切責之江陵引頸作刎狀謂曰上强留我而諸子力逐我、何以處惟有自剄而已竟入不顧文定顧王曰事急矣吾輩不以身庇忍令朝廷有殺諫臣名乎乃夜密從緹帥楊俊卿謀調護之諸君拜扶出滑無恙未幾江陵敗人争搏擊為名高文肅復持平其間曰死江陵市與生江陵市等耳寄同龐余公書曰江陵相業僕始終不甚非之第恨其於知人一着至死不悟諸君不以時調停如國體何張氏錄

是獲解免

江陵之以父喪歸也合省官俱来會葬廵撫都御史陳瑞撫治
鄖襄都御史徐學謨同至惟廵按御史趙應元不往閲數月應
元患病乞歸總憲陳炌劾應元託疾欺誑盖一時之求悦輔臣
以為黜陟如此南户部員外郎王公用汲糸炌踈殊切當日事
情居正具揭云向者劉臺為專權之論今日用汲造阿附之言
不至傾人家國不已用汲坐是削籍矣

十九

馮恭定公書張太岳傳昔人論管仲功大而器小又以爲功之首而罪之魁居正爲相功不及管仲而罪過之父死不奔喪罪一聞喪衣緋入朝罪二甫葬衣蟒閱操罪三三十二人之輦越分僭乘罪四鄒元標趙用賢吴中行傅應禎沈思孝艾穆等廷杖遠謫罪五劉臺吴仕期洪朝選等以私忿而置死地罪六三子倩人作文聯翩而取高甲罪七冒邊功蔭子爲金吾罪八決囚千百而無恤渭水之赤罪九奄人如保望塵而拜罪十吏兵用人惟其所私罪十一王篆王宗載胡檟陳世寳陳紳于應昌

陳三謨曾士楚朱璉勞堪龍宗武輩黨緣結黨殺人媚人罪十二譬之失節之婦即有他美何足贖哉嗚呼居正未嘗無才而才浮於德未嘗之功而罪浮於功又安得與管仲並論耶敢以此兩言斷居正千古之案

王中丞宗沐之論海漕也其畧曰夫唐都秦有險可依而無水通利也有險則天寶貞元秉其便無水則會昌大中受其貧宋都梁有水通利而無險可依也有水則景德元祐享其全無險則宣和靖康受其禍國家都燕北有居庸巫閭以爲城南通大海以爲池險與水共之而乃自塞其利者何也夫都燕之受海猶憑左臂從腋下取物也元人用之百餘年矣梁秦之所不敢望也今舉國而聽哺於漕河者何也一夫大呼萬艘皆停腰膂咽喉之譬不可不深長思矣

二一

太史焦澹園竑題楊復所先生語録温陵李長者與嶺南楊先生押主道盟先生如和風甘雨無人不親長者如峭壁巉巖無罅可入二老同得法於盱江而風尚迥絶如此余謂未知學者不可不見先生不爾則信向靡從既知學者不可不見長者不爾則情塵不盡天生此兩人激揚一大事於留都非偶然矣又

周海門汝登講道南都大崇禪學敬菴許莊簡公貽書規之曰我朝明經取士一崇正學由國初迄弘正人才樸茂文章典雅新會姚江之學相繼而興新會以静養為務姚江以致知為宗

二二

其要使人反求而得諸本心而後達於人倫事物於宋儒未遠也新會之派至增城而浸晦姚江之派復分爲三吉水僅守其傳淮南亢而高之山陰圓而通之而亢與圓者各有其流獘頗山農何心印之徒本於亢而流於肆盱江之學出於亢而入於圓其後姚安者出合圓與肆而縱横其間始於怪僻卒於悖亂盖學之大變也吾黨之士大夫尚圓而毀方厭常而喜怪則往往左袒於諸公且也身在人倫口談出世名掛仕籍意薄事功語敬慎則以爲安排語善惡則以爲分別不思任重道遠但稱

一了百當藐先儒若塵土棄經傳如弁髦此可爲痛哭流涕長太息者耳

二三

戒而定〻而慧佛家所謂漸教也四十二章經止言戒而已達磨面壁始以定為學然亦未嘗不戒也六祖以還以一棒一喝言下即悟謂之頓教而戒定不復言矣吾儒亦然王文成以致良知為學即佛家之慧也李見羅以止脩為學即佛家之定也其言皆本大學而不知大學一篇關鍵只在誠意誠意只在為善去惡格物者格此善惡之理而已致知者致此好惡之知而已為善去惡與戒不異夫子告顔淵止於四勿語君子止於三戒乃知舍戒以為學者皆偽學耳

敬菴許莊簡公自南考功調北司勳入都展覲止布一疋胡莊肅公嘆曰手帕蘑菇今再見矣公爲學初慕陽明念菴晚乃專契程朱每言自古聖賢精一克復洗心艮止格物至善吾功密諸千琢萬磨猶恐不至决無鑿空蹈虚懸悟超脱之理故其律身寧嚴持論寧實雖時與高明之士祗悟而斷又謗又終不少變在留樞日諸講學者多以無善無惡爲宗公曰人心雖無一物而實爲萬善之本易曰元善大學曰至善皆先聖明訓豈可以無善誣心乎於是作九諦及諦解往復辨證無遺

二五

定陵初服治化維新江陵爲首揆程功嚴急茂苑申文定公委蛇其間時有補救而未嘗暴其跡無幾實代之政解繩弛結自壬癸以後滌濯變更天下之所欝滯未通者漸以發舒而所擯廢不用者亦漸以茅拔海内翕然歸嚮焉時吏治世瓜賄賂成風公疏言人臣以潔己奉公爲賢朝廷以奬廉禁貪爲要嘗題座右云收斂精神平居如對君父講求政務夢寐無忘國家其孜孜格君體國如此

二六

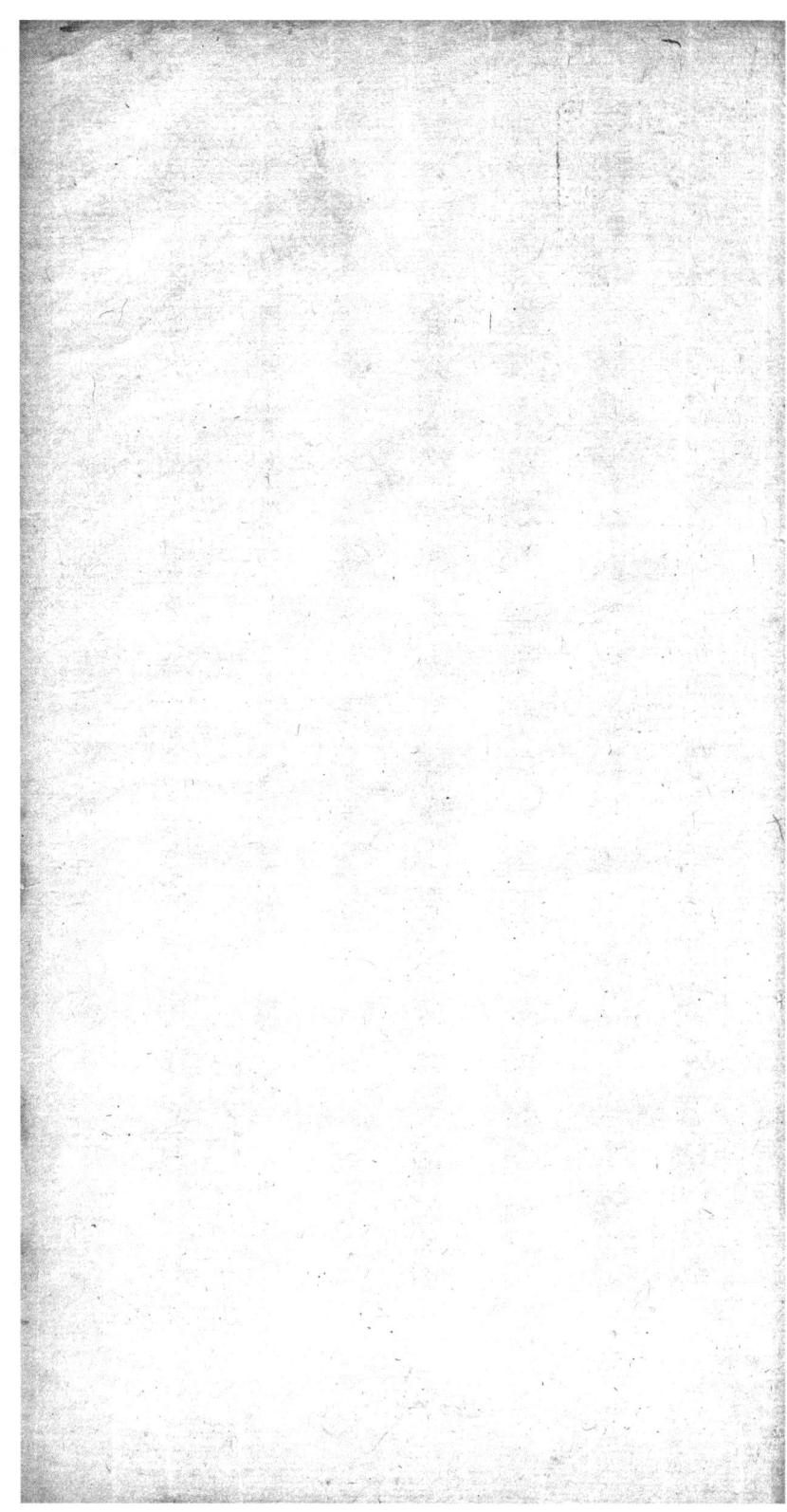

本朝實録成焚藁於蕉園在太液池東崇臺複殿古木珍石參錯其間又有小山曲水則焚之處也余考歷代所脩實録藏之金匱石室最為秘密及申文定公當國命諸生校讐始於館中謄出携歸私第轉相抄録徧及臺省部屬家藏户守矣其在今日則申公之功此為極大

二七

海忠介公起南少宰䟽陳治安要機首重守令謂今日吏治貪墨斷不可縱晋總憲南臺為養望地號稱吏隱公謂都御史職舉刺表百官南臺亦猶北也欲正百官必自御史始為約束憲綱甚嚴且峻有御史為戲宴者公集諸御史於臺謂曰爾等聞高皇帝有杖御史法乎命以杖諸御史爭不能得卒杖之又以都察院無不當問若五城兵馬有司為釐革其苛細不平之政每下令不數語洞中情弊而塗人口傳巷頌自大僚至丞郎無不凛又奉法市物必以價無敢劇飲為大宴樂雨花牛首燕磯

諸官舫游屐頓絶往時城社豪屏息莫敢出而公初不苛求每
公退蕭然杜門燕坐讀書而已先是御苑有木妖　顯皇歷舉
諸大臣名皆不惧惟云送南京海瑞處則寂然無聲其正直見
畏於神如此

趙文毅用賢爲少宰與文選郎中顧端文憲成以進賢退不肖爲己任物情皆嚮之而群小嫉之者聳御史吳之彦以絶婚事令其子鎮飛章訐趙事下所司大臣執法如總憲李敏肅世達李侍郎楨不少阿狥則譟而逐之高忠憲攀龍以行人上書辨其誣黜爲典史以逐趙一人之故而朝班頓空國體爲之掃地不特文毅生平用舍之局決於此而壬午以後四十餘年之朝局亦懸於此何則江陵既逝執政之精神不用之以返舊政圖國恤而專用以沮撓諸公吳沈江李樹的於前鄞趙頓高扶轂

於後裁量執政水火薄射而文毅爲之魁始坐以朋黨既逐以
婚姻舉不信海内士大夫於是燈傳鉢授創爲留中永錮之法
以壅遏清議消磨人才正人皆不見登用即用亦不久而所謂
鄒趙顧高者遂與黨議相終始釀成清流之禍可爲長太息者
此矣

趙文毅公以諫奪情拜挾刲敗肉如掌陳夫人腊而藏之公意有不可嚼齒奮臂夫人輒從容奉櫝進曰盍休矣亦爲餘腊地予公爲之斂容嘆息而卒不能改也盖天性慷慨然矣

三十

鄒南皋銓曹紀要余爲吏部郎猶得事楊海豐宋商丘楊慱大有容商丘精勁而以痒卒其後如孫清簡陳恭介陸莊簡蔡奉新孫富平楊上饒皆世推昂吕然上饒當相臣去就未定猶得優游在事餘皆不得安其位昔三楊在事西昌冢卿十八年歸老澄江猶有未竟用之歎又使盐城三原而在挽回不知何似不無遐思焉

三一

丁儀部元薦銓論嘉隆之際銓臣表表者楊蒲坂博嚴海虞訥高新鄭拱定陵御極五十年銓政凡数變陽城海豐敗而嚴雲南清宋商丘纁顗商丘歿而陸平湖孫陳而餘姚顗説者咎新鄭之擅也而服其知人其物色沈秋政思孝盖望而得之拔吳司馬允張司農學顏于邊泉立談爾何神也殷正茂甫節鉞而委以古田之役曰吾捐百萬金與之即乾沒者半而事可立辦噫察瑜於瑕者新鄭也真能知人者也推愛於憎者平湖也真能用人者也新鄭之敗以睚眦平湖反其道故能兼蒲坂海虞

之長雖然善用海虞蒲坂者徐文貞也文貞上結英主之知下借天下之公議而爲我劑故閣與銓交重江陵得君似軼文貞其淩駕不以公議而以我誤以隨者爲劑而閣與銓兩敗惜哉婁江之不爲文貞也夫能劑臺省而後可以太宰能劑太宰而後可以相二者裒於天下之公議而不我與故能使天下爲我用太上器識其次權畧而世且拘〻焉畫一隅而守之曰吾惡其鄰於術夫術而果足以救世也而又何嫌耶

丁長孺三太宰傳江陵才驚而悍巨璫保居之挾少主令天下臺省凛凛救過太宰以下頫首受顧指江陵敗上以事權還吏部而海豐不受也潦倒盡失故步以去商丘矯矯天啟促其期以啟三先生當風波震撼中令士大夫鋭焉持清議與天子宰相抗而世局一變三先生力也三先生者平湖陸莊簡公光祖餘姚孫清簡公鑨陳恭介公有年云莊簡居選曹海忠介爲輿國令被糾特遷戶部主政劉御史陽以鄉貢在告陟光禄少卿㵐令侃擢自尉張别駕澤由歲貢晉臬僉皆異數一時名碩如

三三

胡莊肅松吳介肅岳王恭節廷毛端簡愷張恭懿瀚王襄敏崇古咸渠雪萋菲中推轂之江陵柄政大僚皆屏息立語公索坐故久前後調護余給事懋學傅御史應楨劉御史臺王比部用汲甚力壬辰大計外吏簡公廣其清吾官許孚遠顧憲成等二十餘人品第褒罷錫宴又與總憲李敏肅公相倚為重李公持臺規繩諸御史幹介坐失舉廉吏王貽德張佐調大理評事公志也嘗謂人才國之元氣尤注意老成雲南叅政王時槐大僕寺丞蔡悉鴻臚卿王樵一旦由田間躋九列趙少宰用賢沈戎

政思孝蹇諤自負數面折公愈益下之少宰語人曰吾乃爲平湖所容而沈巖居扼腕時政每嘆曰持公議而不以愛憎奪者平湖一人而已吳門執政嗛公曰不自意爲老秃翁所賣則謝曰祖昔爲郎文貞知我不敢稍貶以狥今老矣顧以事文貞者事公不意公望之深也蘭谿新建出中旨大拜以非故事爭之婁江曰詞林鱗次固有例公抗聲曰宰相以例進寧若掾史耶疏陳祖制會推之典不可廢上報可著爲令公在銓久孤立行一意大指以抑倖振恬退爲急而仕路一清。簡統均廉真修篤行士於科目外不次優擢以維世風於是江西舉人鄧元錫推翰林待詔劉元卿推國子博士元錫不赴而吳郡貢士王敬臣遷授如元卿官王升馮行可相繼進階士論韙焉癸巳大計京朝官與考功郎中趙忠毅南星同心澄叙忠毅曰法之不行自親昵始首摘其姻親都給事中王三餘而公亦摽其甥呂㣧昌呂故文選副郎也同事者譽公曰渭陽不庇一婦子公固無成心哉公愀然曰以渭陽不能庇一婦子真是苦心自是部院臺省莫敢以意護其私人者恭介初為驗封郎中江陵贈成

國公朱希忠王爵公堅持不允即移病歸或謂公不已急乎曰郎官與宰相殊宰相或忍小就大有年職司封、外無職矣不得其職則直行吾徑、耳為冢宰以枚卜推王山陰與蘭谿不合引病乞休夫人遣舍人兒迓公西湖索油盖數百公訝問故曰杌隉數椽何恃不為暑雨計聞者嗟歎

商丘宋公纁老成練達晉冢宰石星代爲司農一日待漏同坐
語曰今日有一快事查出某省羡金若干兩公曰不然朝廷錢
穀寧可蓄而不用不可搜索無餘且使主上知各處羨𧷤或生
侈心不如且莫刮洗留在彼處終是國家之用星默然或言太
倉陳腐明年漕糧可改折者公曰太倉之粟寧可紅朽不可不
足脫有不給從何措置言者亦沮盖大臣之長慮却顧如此
神祖在御久習知人情每見臺諫條陳曰此奎子也即有直言
激切指斥乘輿亦不怒曰此不過沽名耳卷而封之于文定慎

行稱聖明寬庚具知情狀公獨慨然曰時事得失言官須極論

正要主上動心寧可怒及言官畢竟還有警省若一概不理就

如痿痺之疾全無痛癢無藥可醫矣同列皆歎服

王文肅當國有三王並封之命票旨允行庶吉士湘陰李公騰芳上書文肅曰聖明在上議者過為杞憂以公苦心疑為集菀此皆妄也但聞古賢豪將與立權謀之事必度其身能作之身能收之則不難悔其跡於一時而終可暴白於天下公欲暫承上意巧借王封轉作冊立然以公之明試度事機急則旦夕緩則一二年竟公在朝之日可以遂公之志否恐王封既定大典愈遲他日繼公之後者精誠智力稍不如公容或壞公事敗公功而罪公為尸謀公何辭以解此不獨宗社之憂亦公子孫之

禍也文肅奭然曰諸君詈我〻無以自明如子言我受教翌日
具揭自劾三誤乃皆停封云

萬曆中年黨論滋起山陰歸德而後資望可以紹衣鉢者咸屈指江夏郭春卿正域南昌劉侍郎一爆耀州王少宰圖江夏逐南昌去物望始專屬王公而黨人之側目者日甚富平孫公為冢宰秦人幾滿九列而東南之講學者遙相應和群小忌而謀間之會無錫顧端文公馳書救淮撫群小族富平發單咨訪廷辨東林淮撫是非以為鈎黨之藉王公嘆曰秦人與東林一網盡矣亟言於富平止之群小知其所由解皆恚恨移兵向公時方大計京朝官湯賓尹王紹徽咸罹察典閱數年至丁巳群小

用事遂以斜拾中公矣

四明當國江夏郭文毅正域其教習庶常時門人也服闋補編
修不復執弟子禮不能無微憾歸德爲次輔望實出首揆上政
府已有相逼之形文毅服其名德歸德亦引爲忘年交遂有南
北黨之目晉位秩宗以謚法多濫首議奪次議改故大學士李
姚江在議中四明山陰聞之曰吾二人在誰敢改乎公曰吾敢
改若以黄光昇當謚則海瑞當殺也若以許論當謚則沈鍊當
殺也若以李本當謚則葛守禮諸人皆當鐫其級没其䘏也奪
之當疏入竟留中乃公之誅死者以寒生者之心四明固已嗛

三九

公會楚宗許假王公頗右宗人而四明納王賂縱王訐公勒歸
聽勘行次楊村而妖書之獄起四明言於上是書也非他人必
臣下相傾為此不可不窮治上震怒下詔大索引繩批根意嘗
在歸德與公逮公家人榜掠卒無狀最後得戮生皦生光所引
語略相合宜坐罪主讞者蕭大亨恐生光誣服無從牽入公名
欲置不問賴司禮陳矩御史牛應元沈裕王比部述古謐成之
不然幾不免矣

無錫在江南爲禮義之鄉萬曆中年太常卿顧端文公憲成與其弟尚寶丞涇凡先生允成光禄少卿劉公本孺元珍行人高公存之攀龍南京太僕少卿葉公閬適懋才吏部郎中安公我素希范國子助教薛公玄臺敷教等後先上封事所侃侃指陳皆正邪進退有関於人才國運而忤時相盡遭放逐於是羣聚即東林書院講學東林者宋時楊龜山先生在無錫講學之所也一時諸君子雲合景從武進則有孫公淇澳慎行常熟則有錢公啓新一本丹陽則有姜公養冲士昌丹徒則有張公文石

四十

訥陛長興則有丁公長孺元薦金壇則有于公如菴玉立于公景素孔兼互相唱和五十餘年閒羣小側目數羅黨錮之禍至今以東林爲口實而其姓名猶與日月同光則涇陽先生首闢壇坫之功爲不淺耳

鄒先生南皋傾端文公墓誌嘗論世非無談藝者自公經義出遂以爲王瞿復起握管者却步非無敵事者自公奏副出遂以爲韓歐再生起草者屏息非無登壇者自公東林一闢遂以爲濂洛復覩居憍者愧恥盖公一入銓曹衆方彈冠遂之桂陽再入銓曹衆方引領錮之家山三起光禄堅臥不出而堯天耶人耶公雖不得盡其用然所與天子宰相爭是非可否者皆國本重計宗社遠猷夢寐閒惓惓不忘國家夫非寔以身肩斯世斯道者所必不能謂公一日槪千百年計可矣

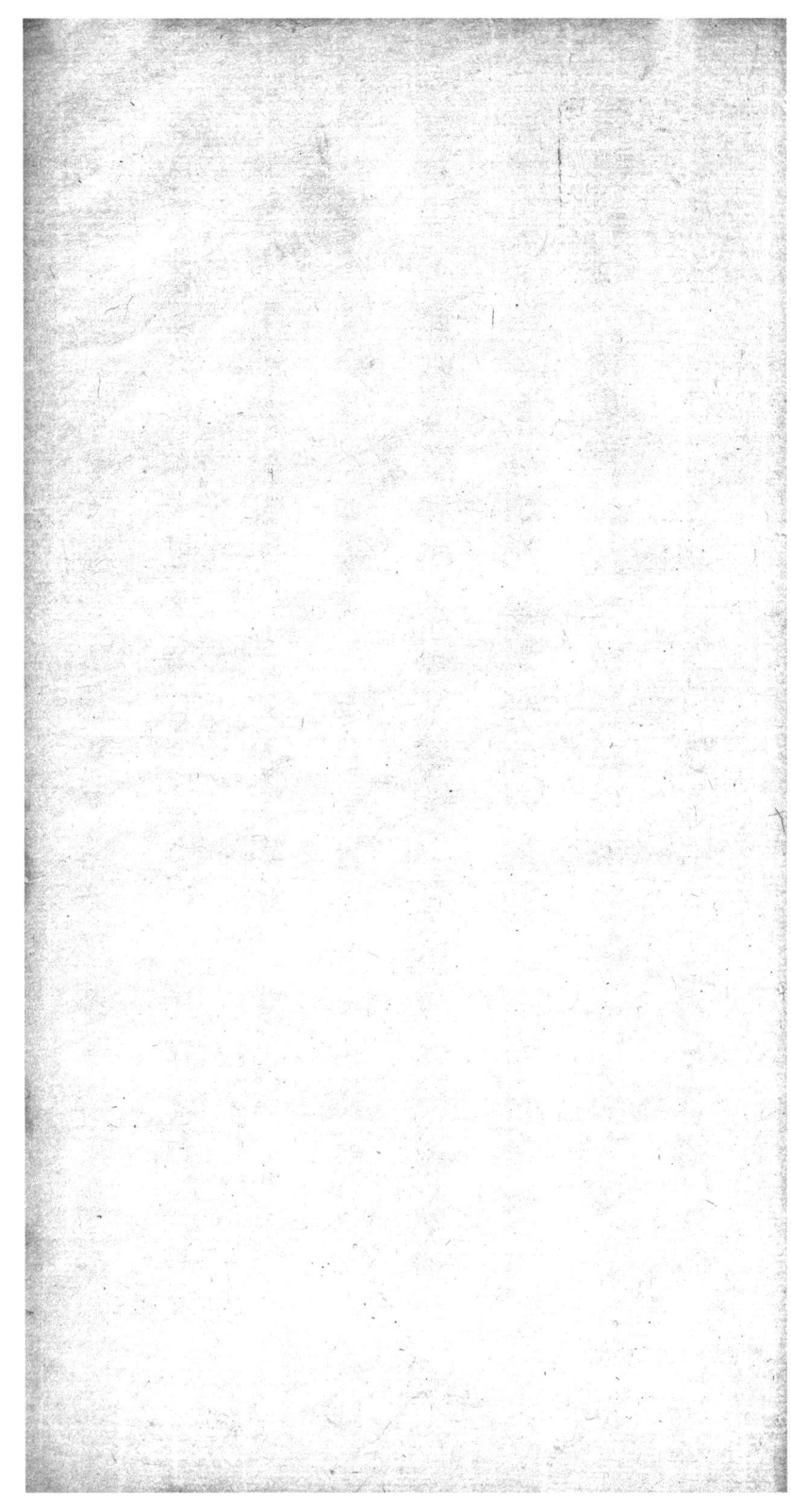

王文肅嘗語顧涇陽先生曰當今所最怪者廟堂之是非天下必欲反之先生曰吾見天下之是非廟堂必欲反之耳福清既入政府先生遺書規之謂近日輔相以模稜為工賢否混淆引張禹胡廣為戒

傅文恪公爲大司成，嘗言崇祀不當專重文學，宜推廣許讚之議，進張烒、文天祥等，以風勵人心。福清當國，語所知曰：痞膈病深，須大承氣湯，疏解猶悠悠，泛泛用補中之劑，令人轉思王山陰耳。在史館與南充黄昭素、會稽陶周望深研性命之學，嘗謂昭素云：人議趙大洲學禪，大洲直任不辞，視陽明改頭換面，更進一格。又謂周望云：二程闢禪，語録中却多妙義，是從儒宗中透入禪宗，暗合而不自知，若東掩西護，陰用而陽斥之，此禪門五宗伎倆，豈吾儒立誠之行逕耶。

當萬曆中年六卿虚席自太宰司寇御史大夫以至留銓留樞主爵者集廷推僉以南司寇趙端簡公參魯名上而終不得請天下咸疑上素眷注公何久淹若是黄扉紫閣之間誰秉國成非公之故人乎乃使久困白雲司不得移尺寸步公第笑而不應屬國本未定採權之使流毒徧天下時政糾紛紀綱法度凌夷公每讀邸抄未嘗不蹙額相向時時倡率九卿陳義力争或謂其無益且南中去輦下遠可容容奉職公嘆曰為臣子視國家安危可諉於無益而以遠自解耶

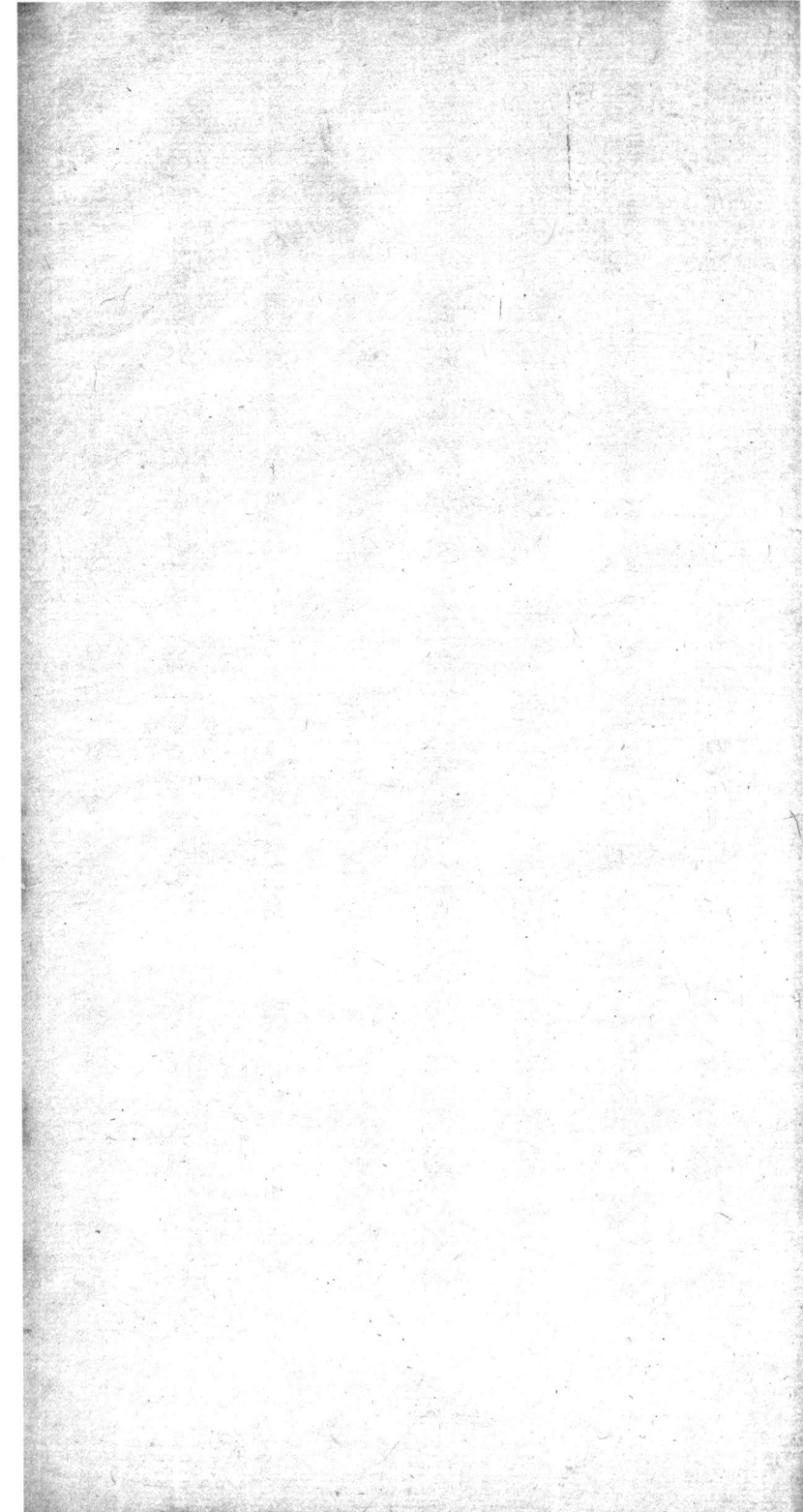

萬曆中郭青螺子章與夏公良心辛未同年一爲江右藩伯一爲福建藩伯郭問夏曰何以從政曰余有三速速收速放速給批夏問郭曰余有六字一錠銀原封放噫此兩言者藩轄之要訣也簡而該毖絶而風清守候之苦掊尅之端盡杜矣

四五

萬曆三十四年之除夕上謂左右曰此際廷臣受書帕開宴打鬨惟楊李詹三老清寂可念楊謂吏部左侍郎時喬李謂禮部左侍郎廷機詹謂左副都御史沂也其深受上知如此

四六

魯恭端公同亨典文選江陵相有叔爲選人欲得善地以屬公
不應又薦八人爲學憲又皆不用同列言是太拂相君意公曰
學使重任豈可輕狥相君必督過吾自任之耳爲南冢鄉或告
搢紳斷又將有黨釁尤甕額每言吾輩共立清朝相何左右共
營王事意何參商其陵朔洛之䟽不可不戒當大工興百僚損
俸以助經費後遂沿爲故事公慨然曰國家雖詘何至割臣子
常禄且非所以爲名也止不助去之日留其金署中葉文忠公
爲少宰建餘清亭以紀焉

當冊立大典未定沈文恭一貫為首揆聞宮中云兩龍不相見見即災以是為諱公言我　太祖二十五子一百二十一孫而皇上未有一孫聞宮中有傳無端忌諱者不足信也　太祖多孫而身享高壽未嘗疑為妨已於是忌諱之疑始釋又辨素問壯婚之語表長至燀珥之符引解縉顧虎之詞舉七夕鵲橋之譬上多所感動

四八

王給諫希泉因孝端皇后抱恙有篤享中宫疏引漢文帝慎夫
人同席衮盎却坐為言稍侵貴妃上怒奉旨王德完欲阻大典
妄聽流言遮飾着打一百棍革職為民御史焦源溥所云近日
召還之王綦世比之祥麟威鳳者此也曾見王公家粟石刻初
賛成此疏者為馮宗伯琦而保全王公則吾鄉沈文恭云馮又
有與王書畧其末路云既為千秋之事成千秋之人事、須與
此舉相稱王後稍不愜衆望為魏忠節所追論始知琢菴有先
識耳

四九

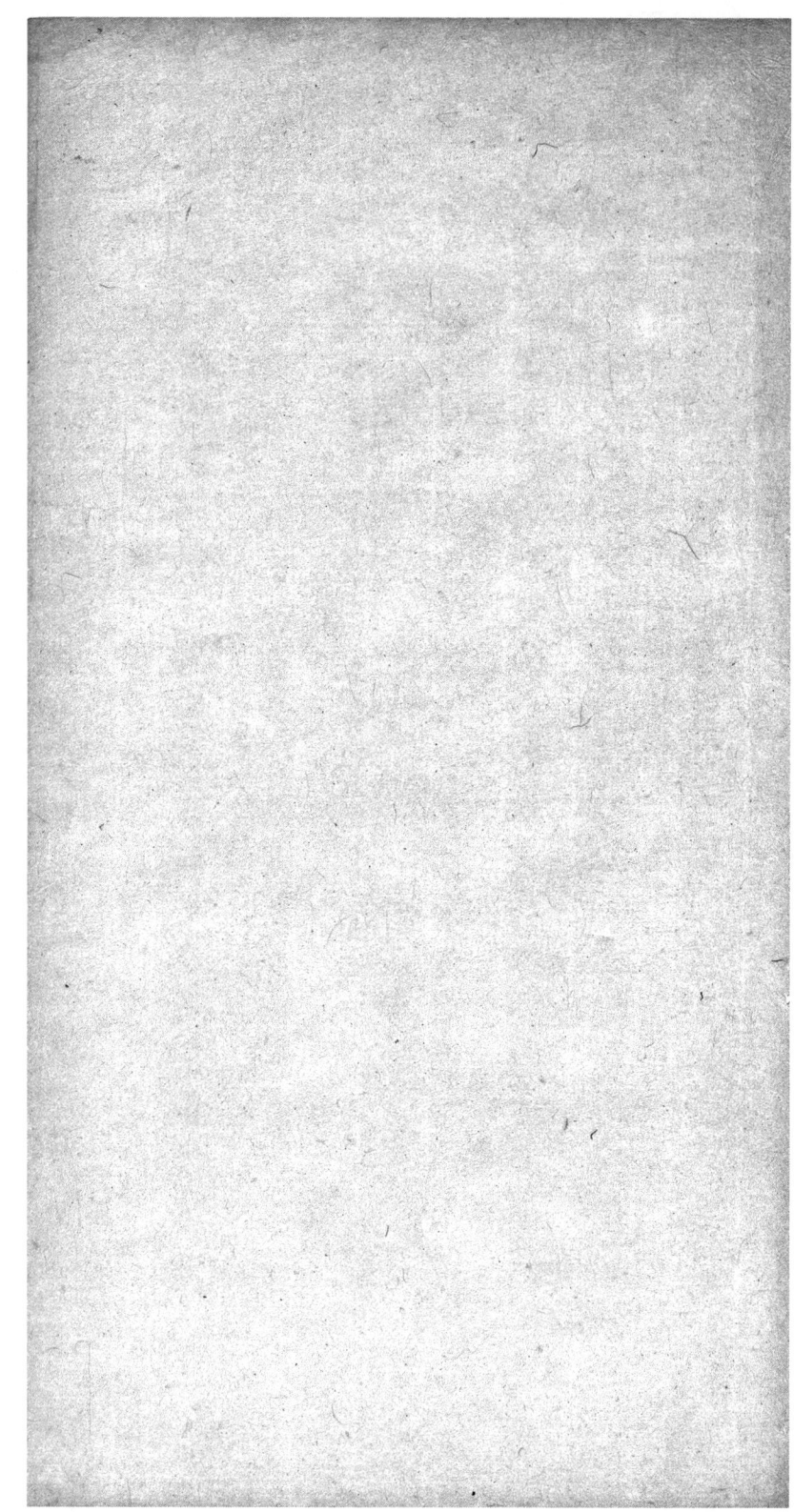

光宗乃　神皇元子本恭妃所生恭妃無寵擅寵者鄭貴妃耳自萬曆十四年輔臣申時行以建儲請至廿九年而儲位始定自古父子之間未有受命若斯之難也當時枯菀之勢既形金玦之寒漸劇羽翼孝惠者少樹功舒王者多而青宮一席幾岌岌矣廼爭國本者或杖或戍一鳴輒斥甚至動加激擾之名輿箝天下之口不特不欲建儲也因儲禮之未舉而冠婚愆期曠不豫教其後乃令三王同封又欲二王並講女戎伏妖若是其忍哉夫易稱長子主器書美一人元良重光重潤自古榮之而

五十

神祖乃以正天倫之語爲不入耳之言深相怨毒酷罰示威則有物以蔽之也論者以諸臣靜聽冝蚤且觀成余則謂諸臣力爭故久而克定盖鄭妃盛年帝嘗許以立愛而言者紛紜格不得發始則譴諍臣以快宮闈終亦未必不援朝論以謝孌倖始則欲以神器之重酬燕私之愛究亦不能以房闥之暱廢天下之公如是則王家屏之封還御批李騰芳之上書執政斷當以口舌爭之者也已而妖書叐閒詛呪横行緹校勾攝紛提四出與漢治巫蠱何異嗚呼王之楨猶江充也四明猶公孫賀也即

不株累東宫而含沙射人寧有幸乎賴生光誣服羅織稍弛詼
事更蔓延歸德江夏其能免清流之禍耶

五一

顯皇御極久明習庶事江陵歿後不欲委柄臣下操切之後繼
以寬大人皆樂之府庫充羨賦歛不苛士大夫以氣節相矜雖
無姚宋之輔亦庶幾貞觀開元也自貴妃寵盛上漸倦勤御朝
日稀追國本之論起而朋黨以分朝堂有玄黃之戰矣閨範圖
說者乃中州呂少司寇坤所撰上以賜貴妃妃爲指貲重鐫至
戊戌秋給事中戴士衡全椒令樊玉衡著閨範圖說跋名曰憂
危竑議又疏叅呂假此書以包藏禍心賴聖度如天將士衡等
薄懲結案癸卯冬有文華殿中書趙士禎者復造妖書名續憂

危竑議牟入文武黨鄭諸臣而以貴妃主之謂之十亂假吏科項應祥撰御史喬應甲書定陵震怒令廠衛緝朝野震驚四明與歸德相傾又素不協於江夏太史欲藉此激聖怒將甘心焉於是御史康丕揚給事中錢夢臯直指江夏錦衣王之禎受意四明逮郭婢僕嚴訊華亭唐抑所會稽陶石簣兩太史極力解紛又賴陳司禮矩力持之不然郭幾殆矣夏考功允彝曰見怪不怪其怪乃敗當妖書初發時即令焚棄置不問不亦可乎而當軸者欲借以傾清流故激上怒至此爲可歎耳

國家自大寧棄而三衛猖奮遼指而建州震開平徙而宣雲擾河套失而西陲侵萬曆以来其在於遼則宰拱諸酋兢相雄長而哈赤為盛是肘腋之憂也在於薊則朶顏諸酋舉號桀驁而賴蟒為盛是門庭之寇也在宣大素囊五路班白諸酋共為聲援是切膚之災也在關陝雖稍遠近郊而大落赤松海諸酋各為部落是嘘尾之禍也或眈虎視或肆鴟張火通卄泉堠列郊甸彎弧鳴鏑覘風望塵盖無歲不繹騷無處不蹂躪焉賈誼曰非亶倒懸而已又類躄且病痱愚以謂又類腫、者四肢百骸

五三

皆病有潰敗不可收拾已耳

當寧夏兵變哱拜子承恩及劉東暘等殺巡撫黨馨據城以叛
辮髮勾虜數犯邊塞以應賊中朝大震梅衡湘國楨為御史力
主勦議謂賊降夷雜種出入邊徼心輕中國獨憚遼東李氏耳
請以西事委成梁父子上允之時朝議方憚兵又疑李氏驍勇
不宜假以兵柄公復抗疏極論臣願與成梁馳赴寧夏同心討
賊遂命公監如松軍以往至則與諸將畫制賊之策三曰絕勾
虜散脅從用水攻盖鎮城三面阻水壅其北而决之賊將安往
賊不能突出虜不能闌入是我以堤為長圍也七月堤成决水

五四

灌城賊守陴者皆哭佯乞降堅守以待虜又數萬騎從李剛堡
渡河去鎮城三十里公夜舉火趣李如樟邀擊如松尾之兩軍
夾擊虜大敗繞賀蘭山道去賊絶望於是承恩殺東暘許朝降
城中解甲焚香以迎公整師而入不戮一人督師葉夢熊聞之
乃自靈州馳至封賜劍下令盡誅降者承恩就縛拜闔室自焚
軍士大掠骸骨狼籍公即日樸被就道歎息而已嗟乎西夏之
事難言也督師駐二百里外遥制成敗監軍身在城下親受矢
石成則督師總其功敗則監軍專其罪然公曰堤水葉曰填土

公曰急攻葉曰緩師公曰師以戢亂葉坐制而殺降截大虜下
南城馘群賊皆出公隻手葉無一焉而萬曆間稗史紀三大征
者援据錯互舉艱危者成之績胥歸甚〔？〕間害成之人如信史
何哉賊平後公抗疏爲舊督臣魏學曾申雪云攘其位掩其功
又欲殺其身乎吾願與魏同罪不願與葉同功不然他日何以
見魯衛之士公先爲令總兵張臣道經固安爲致餼加禮張異
而致問公曰棒搥崖之捷殺虜數千人我物色公久矣張拜伏
大哭曰某血戰一生受文吏抑沒安得如公者願爲之死乎其

五五

延攬英雄類若此

明興九河之迹既湮然其始自汴出者河猶有六其二入淮其四合漕以入於淮盖出滎澤者至壽潁入淮出祥符者至懷遠入淮出長垣者至陽穀入漕出曹州者至魚臺入漕出儀封者至徐之小浮橋入漕出沛之南者至飛雲橋入漕出徐沛之中鏡山之北者至溜溝入漕是其始猶有禹分之遺意焉但亦漸合而力愈大故易決也國初濟運泉資洸汶沂泗之水淩淮而西皆清流故名清河縣景泰四年徐有貞治河始相元人用河之議乃自南陽引河達徐入漕而黃河始来然清水七黃流三

五六

同入於淮正德六年黄河之流始盛然倏焉水落石出盖初固
清河也今乃力引黄河入淮豈不悮哉夫以淮入泗而泗不能
受則溢而妨陵以河入淮而淮不能受則壅而害漕故黄三清
七之舊不可不改耳嘉靖庚子二洪水涸漕舟並阻議者謂黄
河改流吾鄉萬都督表力言漕河惟用洸汶沂泗諸泉足以濟
今正統十二年正德六年二洪舊堤宛然可見寔則故河也盖
自洪達濟自會通至衛河一路隄防泉偹河衛入為漕害今二
洪以下叉用黄河之水而忘其故又水不至蹴瀋以引之此所

謂以病爲藥也又議會通河之塞自濟寧至臨清計三百八十里尚書宋禮發山東丁夫十五萬鑿河建閘爲費不貲以彼棄六七十里之易而事三百八十里之難此無異故盖鑿而通之則黄衞二水合二水合則衝非常誰能障之此會通之運誠永利不可易予識者謂公漕疏是本朝第一又吾鄉佘太常寅序潘司空季馴奏議曰國家治河與前代異盖前代不賴漕今賴漕矣至潘公治河與前百年異百年前止用山東諸泉以濟運不用河迨正統弘治中導河入徐吕始用河矣至潘公用河又

五七

與諸公異當諸公鑿孫家渡開趙皮寨濬賈魯河俱令之走淮已萬安朱公衡開夏鎮以避沛之侵嚙又益走淮是無不北頋漕不頋東頋祖陵也至於今日諸臣以祖陵之故日夜皇又益黄之流利在延而淮之力利在全匪堤誰攝是須濁也者全之歸故道而會於淮以趋清口若是崔鎮烏得無塞而高堰烏得無脅焉盖潘公之治河大畧又如此其奏議亦自鑿一

劉公東星之總河道也故事河漕為兩府漕大臣居淮主發運河大臣居濟主疏渠會有大役而不相謀朝議合之便乃總屬公又循行相度以為漕渠梗塞其治在標河流橫決其治在本兩利而並舉之於是議開趙渠趙渠起商虞下至彭城元時貫魯河故道也行可二百餘年至嘉靖末北徙潘司空欲議開之計費鉅而止及河決黃堌稍盪成渠惟曲里鋪至三仙臺四十里皋陸如故公因而鑴焉而費又省又泇河口在滕嶧受沂水下流南通淮海漕河一奇道也隆慶以來數遣廷臣相視莫能

五八

决策舒司空甞鑿韓莊中作而罷至是公遂成之至今賴焉

國初置轉運司提舉司淮之南北浙之東西長蘆河東山東閩粤蜀滇與夫盐井衞龍州司雅州司海北灵州西河漳縣皆所謂産盐處也煮有灶貯有倉課有額行有方當時歲召商開中入粟實塞下塞下粟無騰價焉則邊利也令商自爲辦而國不聞輸將之費士飽馬騰扞圉强固則國利也盖洪武間盐一引所輸銀八分耳永樂間粟二斗五升耳至輕也所司關給無留行商人旦輸粟夕受盐券交於左筺盈於右至便也禁食禄之家不得牟商利諸私鬻阻亂者論死至嚴也灶丁給鹵地給草

五九

場額鹽一引給米一石準以錢鈔二貫五百文復其雜役至厚也有餘鹽則官自出鈔收之下以資灶户上以攬利權至周也正統中設常股存積之法以七分為常存積三分以待塞下之急倍價開中越次收支是居偵罔利非體也後葉淇變成法改折銀四錢不輸粟而輸銀不之塞下而之鹺司非足邊之計矣弘正閒勳戚恩賜皆予以餘鹽容其夾帶復有各年未盡名曰餘鹽有掣餘積堆名曰所鹽以供權要之報中侵商利虧國課大非法矣自商入守支而挨次待給至數十年之久率多困苦

老死自設總催而場蕩歸于弄要灶丁類於家傭卒多逃亡自
一引所輸銀七錢五分又有配支有賣窩有扣罰有勸借本至
二兩矣費重而價湧故競趍私鹽而正課益滞自鈔法不行官
中無以收餘鹽灶丁益困不得不售餘鹽為私鹽矣

六十

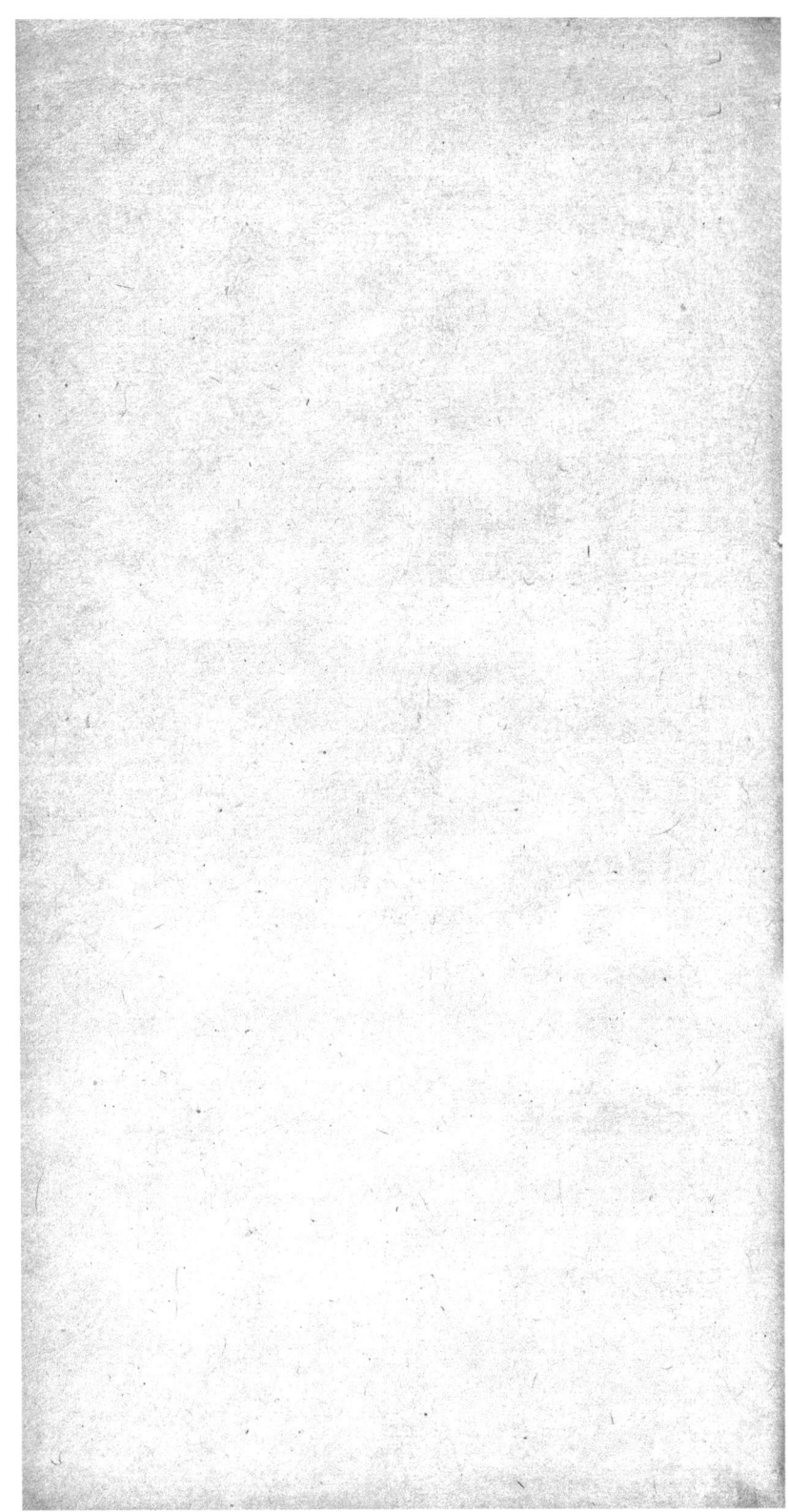

我朝國賦所資於盬利甚溥以近日計之歲入餘盬課税等銀約一百萬三千两有奇各邊中盬引價約五十六萬七千两有奇其於全賦盖五之一云餘盬課税等銀两两淮餘盬銀六十萬两两浙餘盬銀十四萬两長蘆餘盬銀十二萬两山東餘盬銀五萬两福建餘盬銀二萬二千二百两河東盬税票銀二千三十一两廣東盬課銀一萬一千一百七十八两雲南盬課銀三萬五千七百两通州盬税銀五百五十五两各邊中盬引價两淮七十萬五千一百七十八引每引價銀五錢惟甘肅四錢

五分兩浙四十四萬四千七百六十八引每引價銀三錢五分長蘆二十萬八百七引每引價銀凡運商三錢土商二錢山東六萬二千五百引每引價銀一錢五分國初召商中鹽皆納糧草不煩轉運而食自足謂之飛輓其後積貯既多價值亦賤乃以折色易之令淮鹽引價五錢可糴邊米豆一石買草三四十束予宜邊儲之日困耳洪永時大率鹽一引納銀五錢可糴米一石令多不過三四斗或二三斗故商人所納數倍於前而國初之所以餉軍者實則無增於舊彼此虧費其弊益滋是故多

得銀不如少得米省和糴之擾也杜侵尅之弊也慰待哺之望也漸墾邊地以致殷富也一舉而四善備焉説者又謂開納本色召商不至盖向者上納本色時商自募民開種塞下而得穀爲易又塞下之積甚多而價輕又無戎虜之患今則耕種廢矣塞下之積虛矣穀價騰涌强虜出沒勢不安居商人安得糧料應召募耶然後知變成法而壞永利棄淇真言利小人貽國家無窮之禍

六二

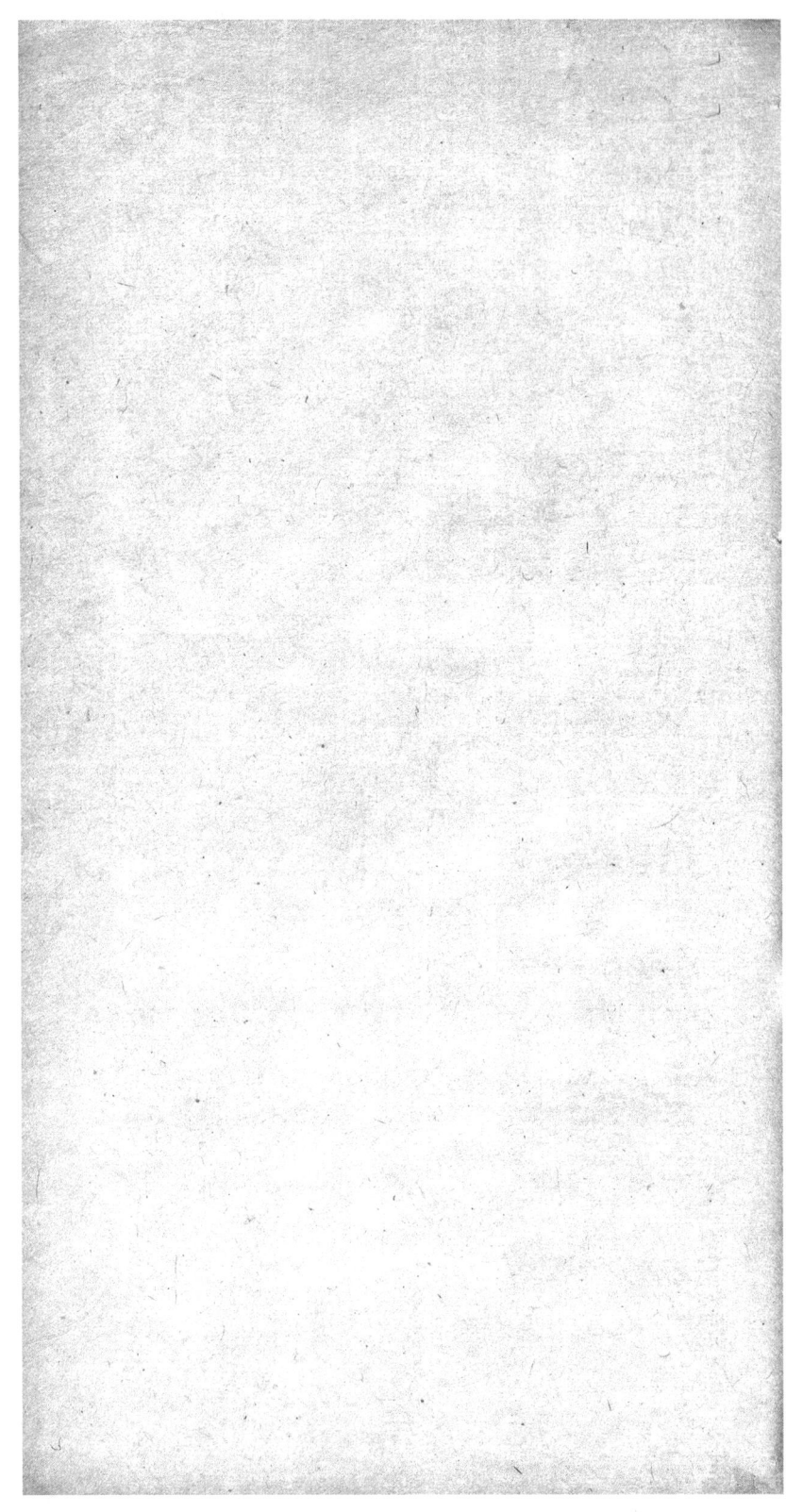

洪武永樂至弘治初沿邊重鎮凡六曰遼東宣府大同延綏寧夏甘肅當時秉障之士四十餘萬其經費自屯田民運外歲給京運銀兩通計四十三萬間遇各鎮兵荒邊腹糧餉不足則開中鹽引名曰飛輓歲間一行之自弘治以後固原設鎮薊州山西又継之密雲昌平易州永平以次列鎮各屯重兵其經費歲增一歲不啻十倍令攷萬曆八年額數京運鹽引折色銀兩共計六百八十八萬三千六百一十餘兩而漕糧屯糧民運本色糧草不與焉乃餉日增而士馬日減國計邊儲兩受其獘何能

不壓當事者之隱憂乎此周宗伯識小編所記萬曆間餉額也馴致啟禎之季東西交訌流寇縱横正賦不能供於是講搜括講加增又議蠲助鼎金無術國計日匱而民生日貧雖欲不淪胥以溺安可得矣

袁職方黄贊畫東征訪求奇士得山陰人馮仲纓吳縣人金相
羅致幕下時石司馬星遣辨士沈惟敬入倭營得其要領行長
許撤兵議封貢職方問仲纓倭請封信乎曰信東事可竣乎曰
未也職方問何謂曰平秀吉初立國內未附欲假寵我以自固
而如松恃寵桀驁新有寧夏功加提督為總兵彼肯令一游士
掉三寸之舌成東封之績而東甲以還乎必詐惟敬借封期以
襲平壤襲而不克則敗軍襲而克則敗封相曰襲平壤必克又
而驕必敗敗師與敗封互有之職方曰善已而悉如其言如松

進至碧蹄舘果大敗又以十罪列職方職方遂中察典仲纓與相俱罷歸相年十五有老僧精武藝授以四十八字曰𠒋此則無敵矣嘗遇數十人於曠野以老僧所授訣試之應手而倒從袁職方論天文曆法從徐閣學論屯田海運從李中丞論復舊遼陽按圖畫地歷又如指掌道東征事與世所紀録絶異

梅中丞之煥萬曆間為給諫時言路爭淮撫分左右袒公立論獨持平不為矯激嘗云事勢極重者必返加人已甚者不祥又云附小人者必小人附君子者未必君子時尚有追論江陵者公云就令人論令事猶自牵纏不了何暇復及既朽之骨使令日有綜名實振紀綱如江陵者謫訕之徒敢漫不事、如此耶時江陵功罪未明久之論定始服其遠見

夏考功幸存録云國朝自萬曆以前未有黨名自沈文恭一貫為相以才自許不為人下而一時賢者如顧憲成孫丕揚鄒元標趙南星之流蹇諤自負與政府每相持附一貫者言路則康丕揚錢夢皋最為無賴而憲成講學東林名流咸宗之此東林浙黨所自始也國本論起一時清流俱以倫序有定蚤建為請此亦一定之理言者無可據以為功聽者亦何可指以為罪而上以為有意擁立乃與他年冨貴欲自發之而不令出自群臣乃初請不許再請降黜後至廷杖謫遣務讐言者而痛懲之雖

六六

上慈愛無他意而欲静議論議論愈煩於是持論者益堅章滿
公車上彌厭惡以謂威怵之不止不如高閣置之批答日寡章
奏留中推陞者不下被糾者不處政府諸臣惟山陰王家屏歸
德沈鯉與言者合力請不允忤旨放歸一貫及申時行王錫爵
皆以婉轉調護爲名而心亦以言者爲多事錫爵謂上意久定
不欲權歸於下但令群臣無亟請即行册立然三王並封之諭
錫爵即票擬施行大宗伯馮琦庶吉士李騰芳力争之始自知
其誤時行性平和所斥必旋加推擢而一貫持權求勝受詘者

身去而名益高東林君子之名滿天下尊其言為清議雖朝中亦每以其是非為低昂交日益廣而求進者愈雜始而領袖者皆君子繼而躁進者好名者咸附之大抵所謂小人者皆真小人而所謂君子者則未必真君子於是淮撫之論起矣淮撫李三才家居三輔年少登貴所至有赫赫聲多取多與結交徧天下既為淮撫多結游客日譽於憲成左右憲成信之亦為稱揚然三才挾縱横之術才而不絜公論詘之而東林亦受累不少一貫既去僉人方從沓柄國上若喜其無能也而安之然匡贊

無聞而大權旁落臺省亓詩教趙興邦等號爲四凶把持朝政
放廢天下賢人殆盡而齊楚浙三黨並峙齊則韓浚詩教楚則
官應震吴亮嗣浙則劉廷元姚宗文其勢張甚最後又有湯賓
尹王紹徽鄒之麟韓敬等爲之交搆播弄而國是益混淆至大
壞極敗而不可收拾矣

癸丑有武弁王日乾訐奏姦人孔學與貴妃宮中姜內監歃盟請妖人王三詔至家詛呪太子又刻木為太后皇上像釘其目又約趙思聖在東宮侍衛帶刀行刺語多涉貴妃福王葉文忠公密揭云此事大類往年妖書但妖書匿名難於究治今告者與被告見在法司一訊立見皇上但靜以處之不必張皇一張皇則中外紛擾禍將有不可言者彼姦人不過拚一條性命乃國家之所損多矣　定陵先覽日乾奏怒甚徬徨莫知所處至掀翻御案左右咸辟易已見閣揭默然霽容公又密奏速令福

六八

王之國上納焉尋以他事下日乾等於理此一揭保全倫紀甚

大

定陵神聖在宥閒以鑿山榷貨使中貴人得借以行其私中外
臣工爭之不得則謂宜從容委婉俟上之自悟而李中丞三才
獨憤發力爭疏凡十數上皆披心抉胆指事開陳俾聽之者凛
乎見天下之勢若措火積薪不能一日安其所轄境內中貴人
與中貴人之爪牙百千輩欲有所吞噬一切裁以法無所假貸
陽憚公而陰欲中傷者設謀不知凡幾度其勢皆上聞而上於
公之言時俞時咈終不以為罪令海內璫毒甚熾而環淮揚數
千里閭左晏然無虎冠之暴公之澤溥矣

六九

萬曆乙卯東宮有梃擊之變御史劉廷元以風癲蔽其獄王之
寀提牢細鞫張差得其實遂上奏山犯不顛不狂有心有膽乞
置獄文華殿前令九卿科道三法司會審則其情立見於是科
臣何士晋直攻國戚鄭國泰而御史劉光復主廷元議又攻省
垣之右提牢者翰林吉士繆文貞公曰一御史以風癲二字出
脱亂臣賊子一御史以奇貨首功二字抹煞忠臣義士此長安
公論也而異議蠭起各分左右袒閣臣吴道南以諮孫文忠公
公曰事關東宮不可不問事關皇宮不可深問龐保劉成而下

不可不問也罷保劉成而上不可深問也皇上能了此須中堂
密揭啟之耳道南如言進閣揭而　神祖猝御慈寧宫召見百
官同皇太子宣諭命斃罷劉二璫於内庭張差亦瘐死自是遂
成疑獄不可復問矣夏考功允彝曰梃擊之事王之寀所詢張
差其言甚悉各司官會鞫時亦多相合舉朝喧然謂國𡺸有專
諸之謀貴妃亦危惧訴於上上令自白之太子貴妃見太子辨
甚力貴妃拜太子亦拜且拜且泣上亦掩泣為斃二奄以解而
主風癲者謂差欲告御状誤入東宫事亦不可知然東宫雖侍

衛蕭條何至使外人闌入諸臣危言之使東宮免意外之虞國
戚懷惕若之慮斷斷不可少頓事連宫禁勢難吹求若必誅外
戚癈親藩度能得之於　神祖否從古有可行之法有必不可
行之法則田叔燒梁獄詞亦調停不得已之術何者　光宗固
無恙尚可以全骨肉也乃韓浚徐紹吉楊維垣輩必黜逐執法
者而後快是何心哉

七一

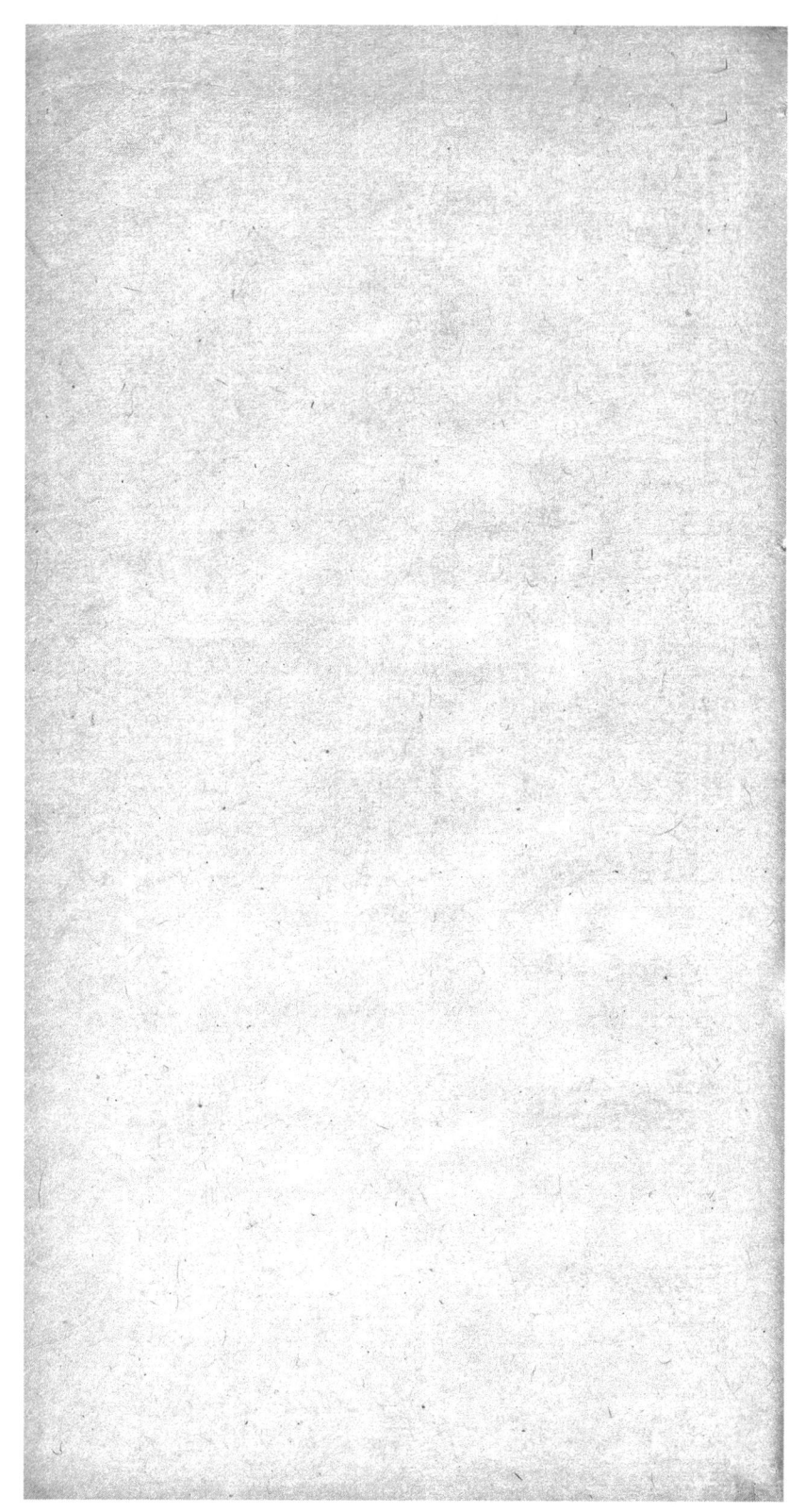

萬曆中閩中董崇相應舉爲少宰時遼左全盛建州夷方戎車入貢崇相獨策其必叛每逢遼人必問遼事福清當國遺書極論謂建夷之跳不出四五年酋有子歹商德明之元昊也又云金人兩道伐宋今之邊鎮只恃一遼一旦有事內虛外弱首尾牽制何恃而不恐金再舉而宋虜者以不聽李綱散遣諸將勤王之故今可泄、不早爲之所予承平日久頗以其言爲不祥六七年而清河撫順相繼陷沒崇相之言若左券又天啟初元奴陷遼陽袁自如崇煥以邵武令入覲匹馬走山海周視形勢

七日夜而返崇相邀過郎舍共策遼事指畫安危其明見留心如此

僉人張鶴鳴撫夷行邊請用帑弁坐贜敗者職方郎耿如杞持之不肯覆張疏爭之奉旨命司官不得違沮定興鹿太常乾嶽時爲職方主政上書福清曰邊疆之壞由於債帥中外諸貴人入其賄而請求於職方職方自愛其官不得不狥諸貴人之請今幸得一憂國奉公不狥情面之人反奉不得違沮之旨胥天下以職方爲市永無不債之帥者自此一言始弗謂能違沮之司官爲易得弗謂去能違沮之司官爲小失也福清謂其刺己也怒已而屈服焉

七三

萬曆末年至尊厭薄紛囂慎重言路然人愈少權有所獨歸其
最狡者外連政府内結晚璫於是四海善類當門者鋤羣黨磐
固不可搖動悪給諫世揚獨奮曰我得其要領因以一疏攻其
巢而衆謀遂破時方禁錮名賢題之曰東林題之曰門户而諸
君子多以羽翼　光廟被譴又題之曰東朝之黨或曰大東小
東公上疏曰言東林則東林已耳而又曰東朝豈有臣子拱衛
君父而可目曰黨乎又見諸公汲引太熱必規之曰我輩言官
司議論而已至於登進正人自有主者不當與聞人服其遠見

七四

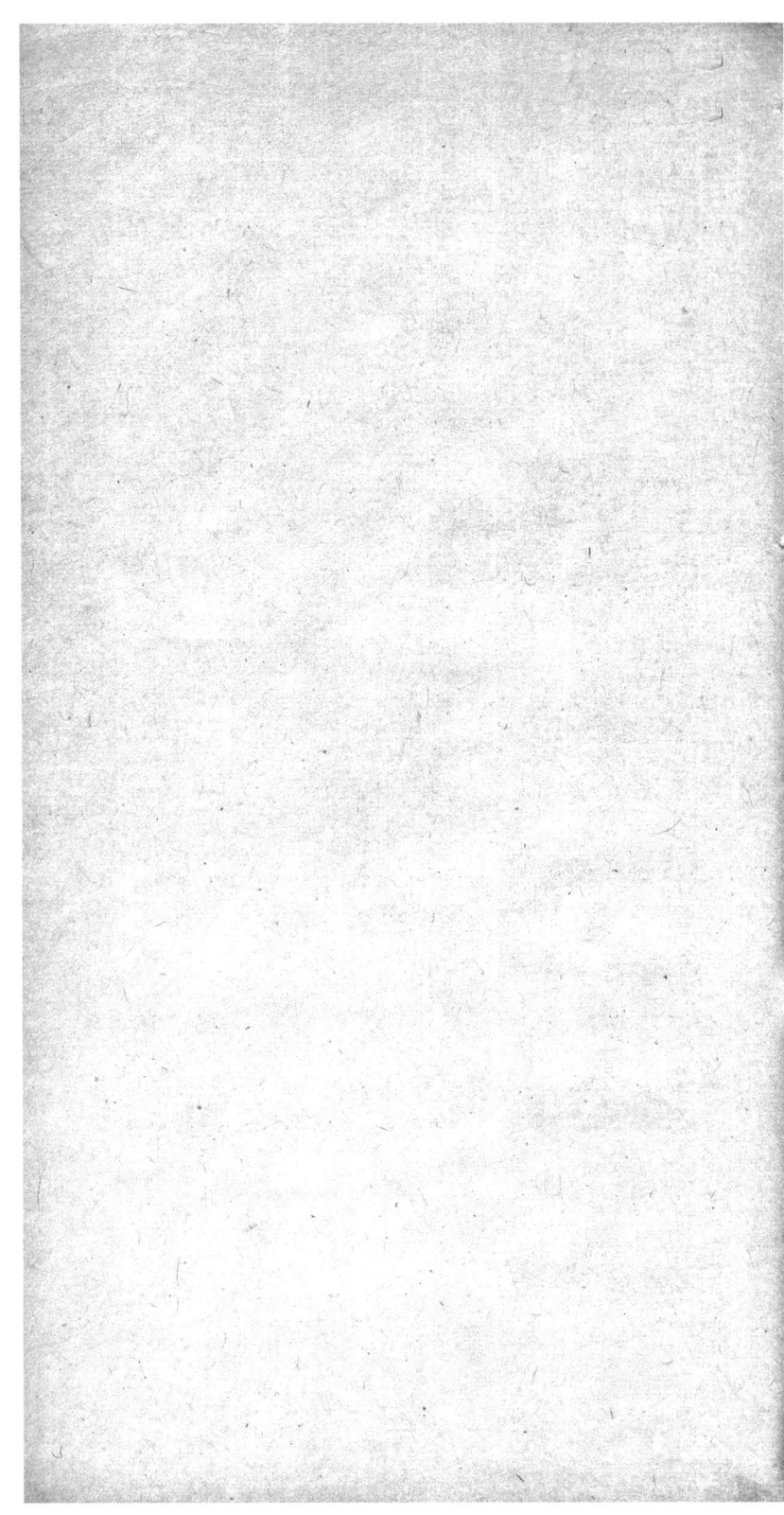

京山李本寧太史在翰苑與許文穆齊名同館爲之語曰記不得閣老許做不出閣小李公之自翰林出也劉御史臺論江陵數其忌公而逐之江陵敗人謂公當抗論自白公曰江陵惜我才欲以吏事練我彼未嘗戹我、忍利其死以爲贊乎楊忠烈劾移宫之議權倖交嫉煩言滋起奮筆爲庚申紀事人或咻之公曰吾老矣舊待罪史官不惜以餘年爲國家别白此事聖朝不以文字罪人非所患也天啟初纂脩定陵實録朝議以公朝朝常典故素所諳練且又老於文學嫻習吏事昔馬融三入東

觀張華再典史官並取慱聞咸資舊德誠令專領史局於實録

有光當國者格其議不行惜夫

本朝工書者洪永間稱沈學士度嘉隆間稱姜舍人立綱萬曆間稱文待詔徵明董春卿其昌然此乃真楷也若行草則代多鍾王矣至近日所尚之豐四明張晋江王孟津雖筆走龍蛇而人品薄劣亦烏足重哉正當與趙松雪同覆瓿耳

七六

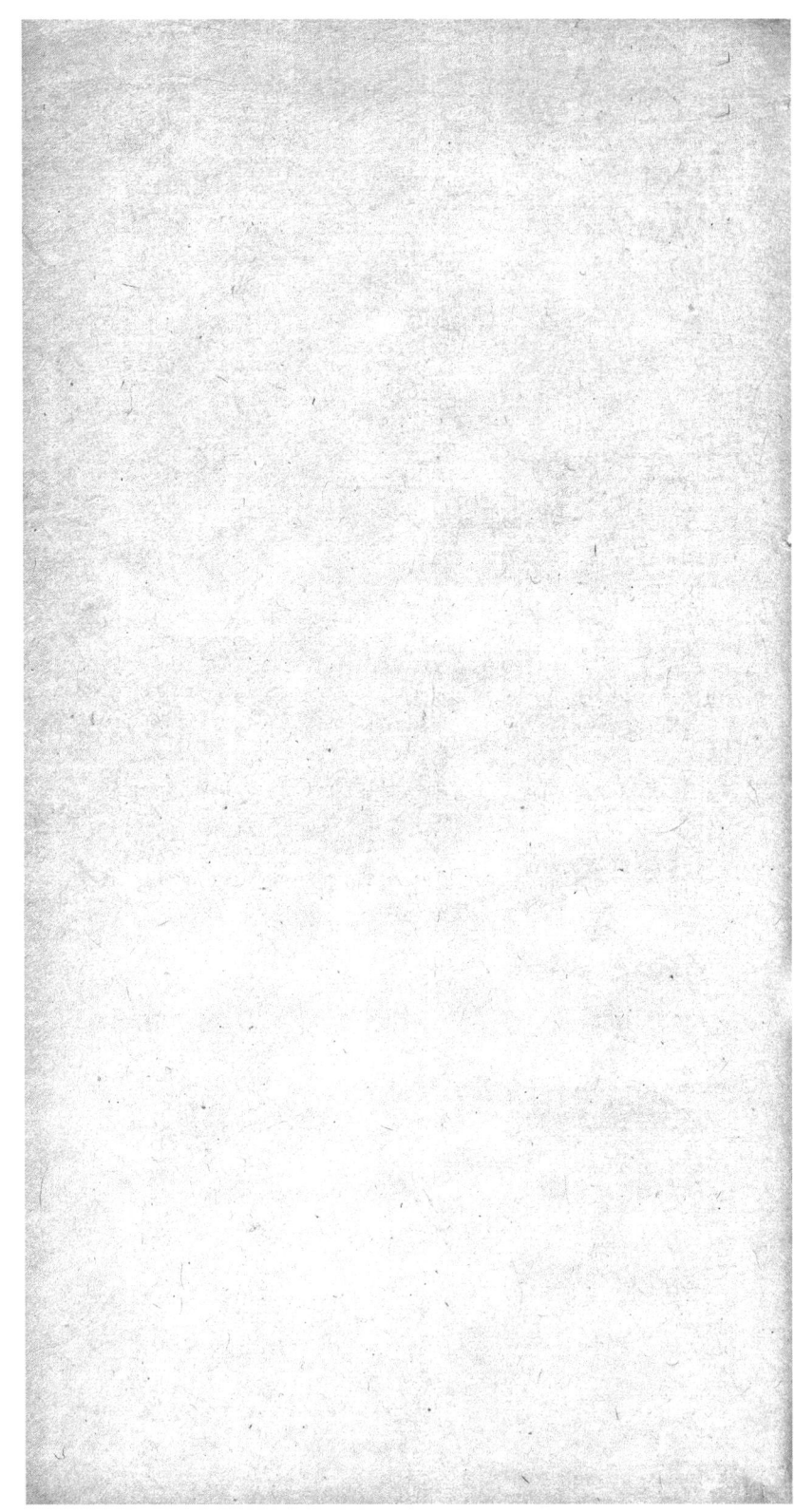

夏考功幸存録曰余聞之申公用懋云爲少司馬時曾一晤李寅城寅城以余文定公子也待之極恭詢以遼事曰爲費極多九育健兒恣其所欲有求必與但令殺虜建功而已問以費從何出曰非能自給也當其窮時則貸予之或責以零勦㓗帳或責以禦虜先登計級受賞即除前貸故人皆樂爲之用此李氏功名所繇盛也當是時天下皆疑李氏有異志矣莫强焉然自成梁殁後李氏之費以奉健兒者漸以結朝貴子弟恣意聲色而功名損矣余嘗問遼人當成梁時所招致智勇之士熟戰陣

者甚多如柏如楨時其人皆安往何潰壞至此遼人曰此天也當成梁如松之貴與之語皆娓娓精當及如栢輩既弱且蠢所言皆憒又不逮其父兄遠甚一覩即知其敗也嗟乎李氏之興衰即遼彊之存亡繫焉豈非天哉

遼瀋既陷僭贊畫劉國縉以招撫南四衛官民為名擁數萬人
入內接揭欲發天津登萊船南濟劉光祿元珍疏參曰國縉接
拜李成梁為義兒與如柏如楨結兄弟成梁棄地私奴以朝廷
殭土國縉代為營賄幸免誅夷使奴酋得恣意兼并禍本寔基
於此楊鎬又豫與如栢結和戎之策忌劉綎為當户之蘭故令
杜松出撫順布置私人誘入奴伏松與劉綎血戰以死如栢為
諸將領袖冷眼旁觀令箭之招適與湊合是兩名將與數萬官
兵實鎬與如柏殺之也國縉力任贊畫首疏即保鎬與如柏而

七八

反坐杜松以違制是何心哉楊鎬線索懸於如柏如柏線索懸
於奴酋而國縉乃線索中之傀儡況衆至數萬不爲寡弱窟處
內地意欲何爲保無奴之姦細潛伏於中乎於是兵科請擢國
縉爲東路巡撫格是疏不行果若所言楊鎬乃今之秦檜而合
謀斷送劉杜二將軍則殺武穆之故智也三覆爲掩卷長嘆

光宗貞皇帝紀

泰昌元年八月起鄒元標爲大理卿劉一燝韓爌進東閣大學士又特召舊輔葉向高吏部尚書周嘉謨奏列建言得罪諸臣王德完等三十三人於是德完及孟養浩鍾羽正滿朝薦等悉起用一時衆正盈庭群小被錮者日圖翻局未幾崔魏擅權遂有乙丑丙寅之禍

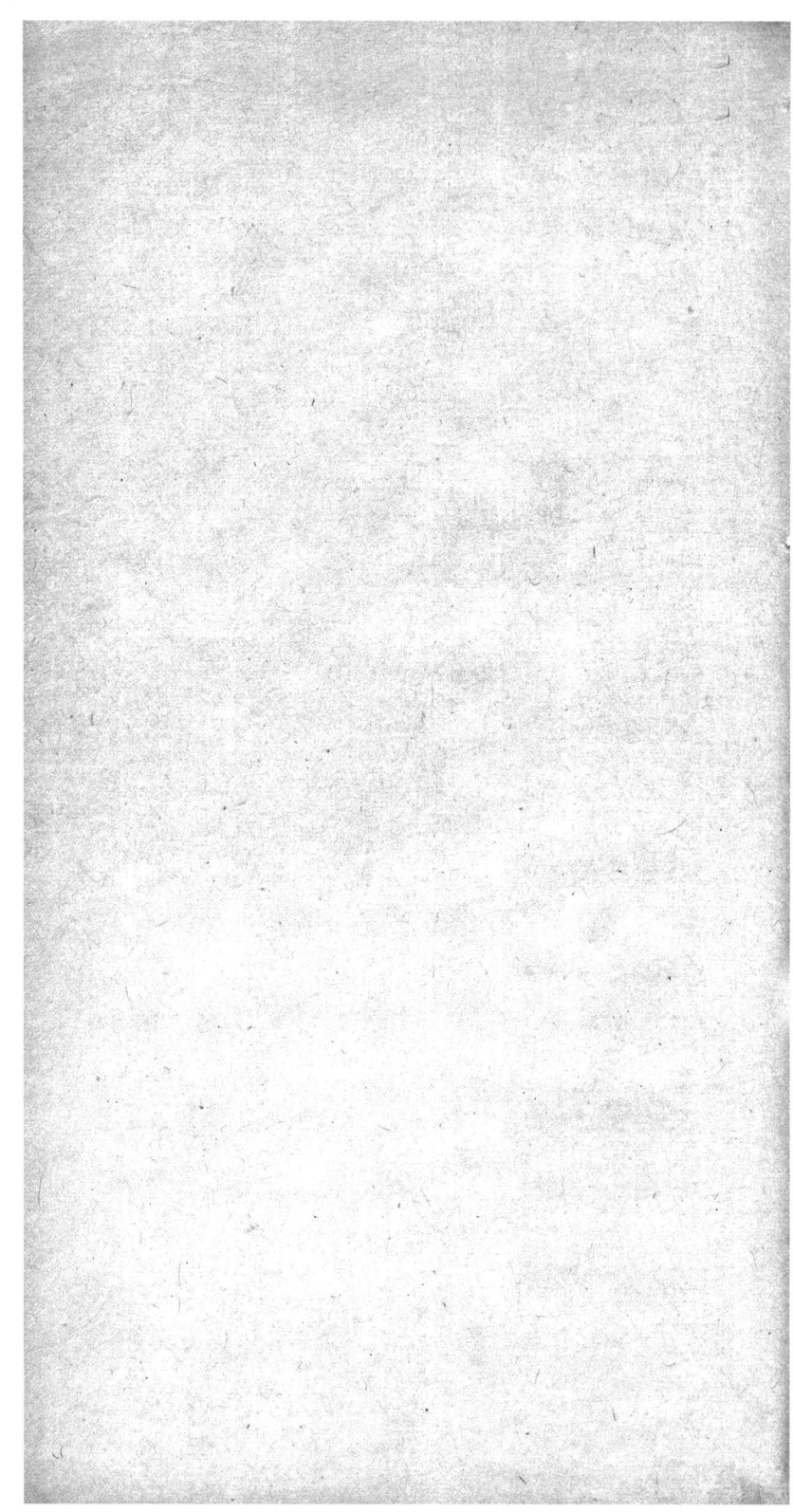

顯皇棄群臣先一日下遺詔諭皇太子進封爾母貴妃鄭氏為
皇后孫宗伯如游與大喪夜宿直廬二中貴奉詔入白趣令具
儀注公正色不答焚香告天草封事畧曰自古以配而后者敵
體之經以妃而后者從子之義且鄭貴妃未嘗誕殿下而誕殿
下者王皇貴妃也令欲不屬毛離裏者子其子母其母如　高
皇帝典制何臣蹈萬死不敢奉詔翌日輔臣趣東閣議倉皇語
公曰遺詔事係貴部職掌公曰固也不敢諉即出疏稿以示諸
大臣讀竟愕眙相顧曰得無籌躕取進止乎公曰人生歷年踰

二

指使仕宦至鄉貳死可矣即唯阿取容他日何面目見先忠烈
疏入留中事亦竟寢　光廟病臥嘗取止封疏手自摩娑或朗
讀曰好禮部好忠臣　熹宗在侍習聞之故御極未數遂有爰
立之命雖出宸斷實先帝意也外廷不察浮議蠭起論者曰觀
公止封事與李文靖焚劉貴人詔何異然李以舌代疏巽而風
孫以筆代口直而僻一守經一達權其歸於寧國家奠主器則
均耳

光廟踐阼後不豫内醫崔文昇下通利藥御門視事聖容頓減
御史鄭宗周主事孫朝肅徐儀世上書輔臣方從哲責以用藥
乖方之故給事中楊漣上言賊臣崔文昇不知醫不宜以宗社
神人託重之身妄為嘗試如其知醫則醫家有餘者泄之不足
者補之皇上哀毁之餘一日萬幾於法正宜清補文昇反投相
伐之劑有心之誤耶無心之誤耶有心則虀粉不足償無心則
一誤豈可再誤皇上柰何置賊臣於肘腋間乎丁卯傳錦衣官
宣兵科楊漣并召閣臣從哲劉一燝韓爌英國公張惟賢尚書

周嘉謨等上目注漣久之各諭以國家事重卿等盡心辛未再召群臣於乾清宫上御煖閣倚榻憑几皇長子侍立顧皇長子諭群臣曰卿等輔佐爲堯舜因問有鴻臚寺官進藥何在從哲奏鴻臚寺丞李可灼自云仙丹臣等未敢輕進即命宣可灼至診視具言病源及治法上喜命趣和藥進諸臣出宫門外俟少頃中使傳聖體用藥後煖潤舒暢思進飲膳諸臣踴躍而退可灼及御醫各官留至日晡可灼出輔臣迎訊之可灼云上恐藥力竭復進一丸亟問復何狀可灼以如前對五鼓内宣急諸臣

趍進則龍馭以卯刻上賓矣時九月乙亥朔也中外藉藉以可灼誤下劫劑恐有情弊而從哲擬旨賞可灼銀五十兩御史王安舜首争之曰醫不三世不服其藥先帝之脈雄壯浮大此三焦火動面唇紫赤此滿面火升食粥煩躁此滿腹火結宜清不宜助明矣紅鉛乃婦人經水陰中之陽純火之精也而以投於虚火躁熱之症幾何其不速之逝乎當中外危疑之日而敢以無方無製之藥駕言金丹輕亦當治以庸醫殺人之罪乃蒙殿下頒以賞格不過借此以塞外庭之議論也夫輕用藥之罪固

大而輕薦庸醫之罪亦不小疏入乃改票罰俸一年而議者蠭起矣於是禮部尚書孫慎行給事中惠世揚直条方從哲弑君大罪光禄少卿高攀龍御史焦源溥鄭宗周等交章請誅崔文昇李可灼奉旨會議具奏而左都御史鄒元標疏云臣讀孫慎行指方從哲弑逆即未必有是心而不申討賊之義反行賞奸之典何以解人之疑臣誠不能為從哲寬矣時九卿科道會奏久延給事中魏大中奏云禮臣孫慎行痛先帝崩殂討舊輔方從哲以春秋之義陛下命諸臣據實回報何以迄今未奏也盖

先帝之棄群臣在庚申九月朔日而率土忠義之驚心者已在
乙卯五月四日自前日之梃不中而圖所以中者百端至藏酖
毒於女謁侯元精耗損憊不可支而蕩以暴下之劑爍以純火
之鉛然則張差崔文昇李可灼諸人先帝之賊也夫以數十年
忠肝義膽所羽翼之元良數十日深山窮徼所謳吟之堯舜一
旦戕於二賊之手從哲不惟不能討反從而護之春秋之法誅
意闌入慈慶非張差之意固鄭國泰之意也投劑益疾非崔文
昇之意固鄭養性之意也李可灼之藥不合之崔文昇不備崔

文昇之逆不遡之張差不明鄭國泰鄭養性方從哲之罪不叅
之三案不定崔文昇之罪不下張差而李可灼次之如是而朝
廷之所以處從哲與從哲之所以自處者可以權衡於其間矣
于是吏部尚書張問達等公奏畧云看得李可灼非醫官也非
知脈知醫者也一旦以紅丸進希圖非望之禍而龍馭上賓攀
號無及可灼罪勝誅矣應即勅行法司究問以正刑章崔文昇
當皇考哀戚之時進大黄凉藥及可灼輕進紅丸不加詳察罪
又在可灼上矣法應逮文昇於法司從重究擬至於可灼之處

分中外共痛之恨之乃先票罰俸繼票養病去則失之輕失之
輕故即按其輕而罪其不盡法也輔臣於辨疏後自請削奪以
釋中外之疑臣等謂應如輔臣之請爲法任咎是亦大臣引罪
之道宜然耳議上可灼法司究問文昇南京發遣

六

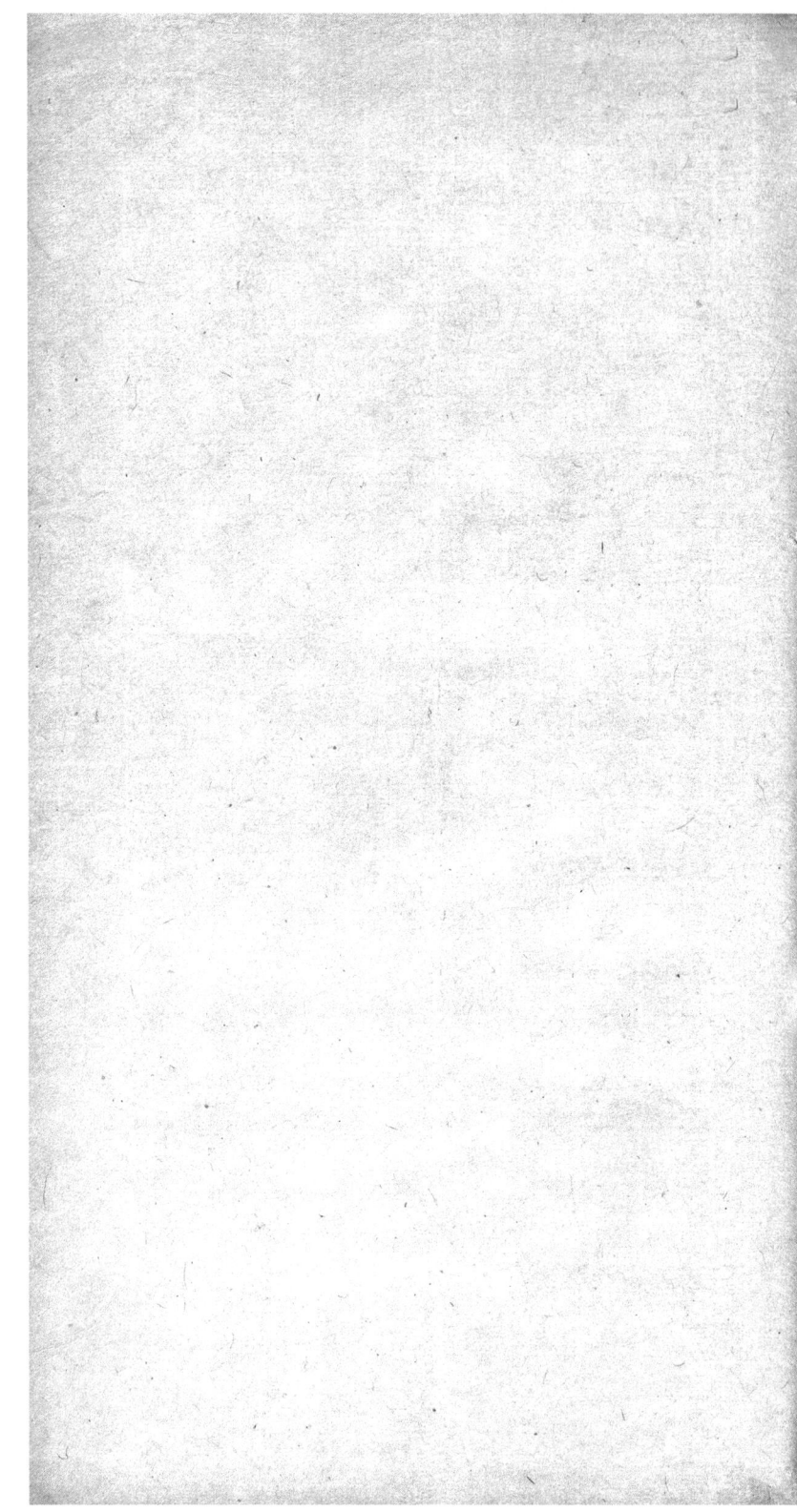

光宗諒陰鞠凶哀勞毁瘠而宫中蠱惑更進女戎於是脚軟致疾一月之内玉几再凭梓宫兩哭當是時提督御藥房横加攻泄者内侍崔文昇也暨乎疾漸彌留氣息僅属而玉椀初調金醀不御者鴻臚寺亭班李可灼也無文昇猶可以偉生而却可灼亦難免必死蓋文昇之調護在初而可灼之援救已劇也吴相國甡曰文昇故投泄藥可灼誤進紅丸故以藥之補泄相較則大黄之尅過於紅鉛而以事之早晚相衡則文昇之辜浮於可灼此時爲政府者宜援憲宗柳泌之事　純皇李孜省之獄

七

重坐文昇薄譴可灼則其法平矣而朶何文昇保全可灼蒙賚掩罪爲功一至此乎夫庸醫殺人律應永錮何嘗疑其别有主使内蘖酖毒而情有所激法不得貸𢌿宫車晚出錢幣蚤賚崇德報功義於何有執筆者不學無術甚愚鮮量矣冝諸臣之起而攻之也至可灼之不慎而咎引進者比之王莽之椒酒梁冀之煑餅則深文周内不無傷於好盡耳

楊忠烈公移宫述泰昌元年八月初一日　光宗登極臣連尊駕與侍班諸臣近瞻天顔冲粹無病容初四日聞不豫初八日聞病甚十一日見群臣則神氣大可駭矣長安傳言鄭貴妃進姬侍八人鄭時侍帝側命内醫崔文昇進藥・固下利劑也帝一晝夜近三四十起遂支離牀褥間至十四日鄭王二皇親遍謁臺省泣訴宫禁危狀謂帝勢必不起鄭共李日於帝左右一圖封太后一圖封后且欲令上附已肴承此時兩婦盖玩弄兩朝於股掌間矣相傳令上亦時向人泣謂皇爹〻素固徤令被

諸奴捉弄若此如何了嗟夫女戎在側禍豈在明淮南之謀未
寢梁獄之燒何益御史左光斗昌言於朝請諸大老約貴妃侄
鄭養性禮請貴妃移宮且辭封太后之命十六日集松棚下冢
宰周嘉謨謂曰汝姑娘當無他意不過只欲汝守富貴我等文
武在此汝若聽我等言當爲君包管若不聽我等胡思亂想要
封太后誰肯等你做無論你前番許多說話今尚未乾凈還要
不避嫌疑莫說富貴不可保身家還不可知鄭慧人也當移慈
寧宮連因上疏候安并請保護皇長子二十二日内傳錦衣官

入有旨宣　楊漣并召閣部科道群意上且扶漣及召見諭以
國家事重卿等盡心目注久之因言朕在東宮飲食不調登極
後勞着些今大病服藥無效天語藹温如家人父子閣臣方從
哲請皇長子移宫上曰朕便令他别處住不得科臣説他該常
在朕前因指上曰他的事都停當了伏侍人都有了群臣請上
慎醫藥曰有十餘日不進了冢宰周嘉謨曰醫藥猶第二義皇
上清心寡慾自然不藥而愈上停視久之曰宫中無甚事因目
上曰哥兒你説一説上曰宫中無别事先生毋傳一傳莫聽外
九

邉聞說此大聖人嚴指視之深心矣至二十九日召見則謂朕難了國家事卿等為朕盡心輔皇長子為堯舜之君要緊又曰朕壽宮要緊閣部大臣共對曰聖壽無疆何遽及此各哽噎不能語適內帷幔中一小璫從上耳語上搖首不應忽一穿紅婦人張手從先帝前挾上入嘈々者久之上滞帷幔間若推之出上失色向先帝曰皇爹々要封皇后孫宗伯如游接之曰皇上要封李選侍為貴妃臣等遵命即具儀注來先帝漫應之曰着具儀注來隨手指上語諸臣曰輔他要緊是日凡三召見君臣

父子間情殊戀〻若不肯沒於婦人手者但選侍形狀則幾於無忌憚可駭共相悲詫薄暮始出傳賞銀幣燒割并酒飯初一日五更校尉宣召急及奔至宮門則聞已賓天矣周太宰張總憲李司農共商議安宗社有慮及皇上無嫡母無生母無恩養母欲共託之李選侍者連曰此萬〻不可選侍在東宮事無問即如昨先帝對羣臣時强上入復推之出是何光景李鄭交結權非一朝彼豈能做好事若令上一入其手我等恐無相見之日以職愚見急宜請見令上呼萬歲以定危疑即擁之出乾清

住慈慶宮始妥語聞三相公到乃促閣部大老趋乾清宮閽者持梃不容入漣大聲云先帝晏駕皇長子小你們據住宮門不容宰相入意欲何為閽者却乃入哭臨請見皇長子共呼萬歲連曰不敢當者三因請到文華殿受萬呼禮輔臣劉一燝捧左手英國公張惟賢捧右手諸大臣簇擁以行到中宮諸璫從寢閣内出共喝你們拉小爺那里走爺小害怕急請回宮漣喝曰殿下是我等主我等是殿下臣子四海九州都是臣子殿下怕甚麼共擁上行過乾清宮門西向坐諸大臣叩頭慰安訖因請

登輿擁到文華殿諸臣行五拜三叩頭禮嵩呼畢擁入慈慶宮
謁孝端皇后靈几閣臣一燝奏曰乾清宮尚未淨請殿下暫居
此侍李選侍出宮訖乃歸嘉謨奏曰殿下之身是社稷神人託
重出入不宜輕易即往乾清宮行大小殮與朝暮哭臨須臣等
到乃發上首肯連語中官曰汝等受先帝及皇祖恩當赤心報
國外邊事在諸大臣一切調護聖躬防禦出入是在內諸臣事
少有差池責有所歸乃退御史左光斗與周太宰語選侍無恩
無德必不可同處周乃草請移宮公疏左有單疏初四日已得

旨而選侍聽李進忠謀必欲毋子同宮且有垂簾稱制及挾處左御史語甚沸諸臣候駕未出惠給諫世揚張御史潑入東宮門駭傳曰令日選侍要請皇長子講話垂簾處左御史汝等何尚宴然如此漣曰無之急促方相公謂上明日登極無復住東宮之理相公當具揭請速移宮方云便遲至初九十二也罷漣曰但若上無住處方云就在東宮住也無害漣曰前日以皇長子而就東宮則可明日為天子矣那有天子避宮人之理且此乾清宮祖宗相傳是天子之居聖母即在當居坤寧宮太后居

慈寧宮選侍何人乃敢抗旨占住世界叉了時諸璫中有言先帝舊寵便從容些些也罷漣曰先帝自然先顧其子豈有先顧妾媵之理便請選侍到九廟前去講你是吃先帝飯的是食李鄭二家飯的無挾一時之寵以抗先帝六尺之孤聞李進忠盜承應庫銀兩幾盡必欲盜盡乾清之寶乃已耶争論聲徹帝座上遣中官傳臣等出即令移宮李果即移宮漣因語諸大臣曰選侍不移宮非所以尊皇上既移宮又當有以安選侍須令諸大璫好生護持無因此使中官報私怨可耳當日情事如此

十二

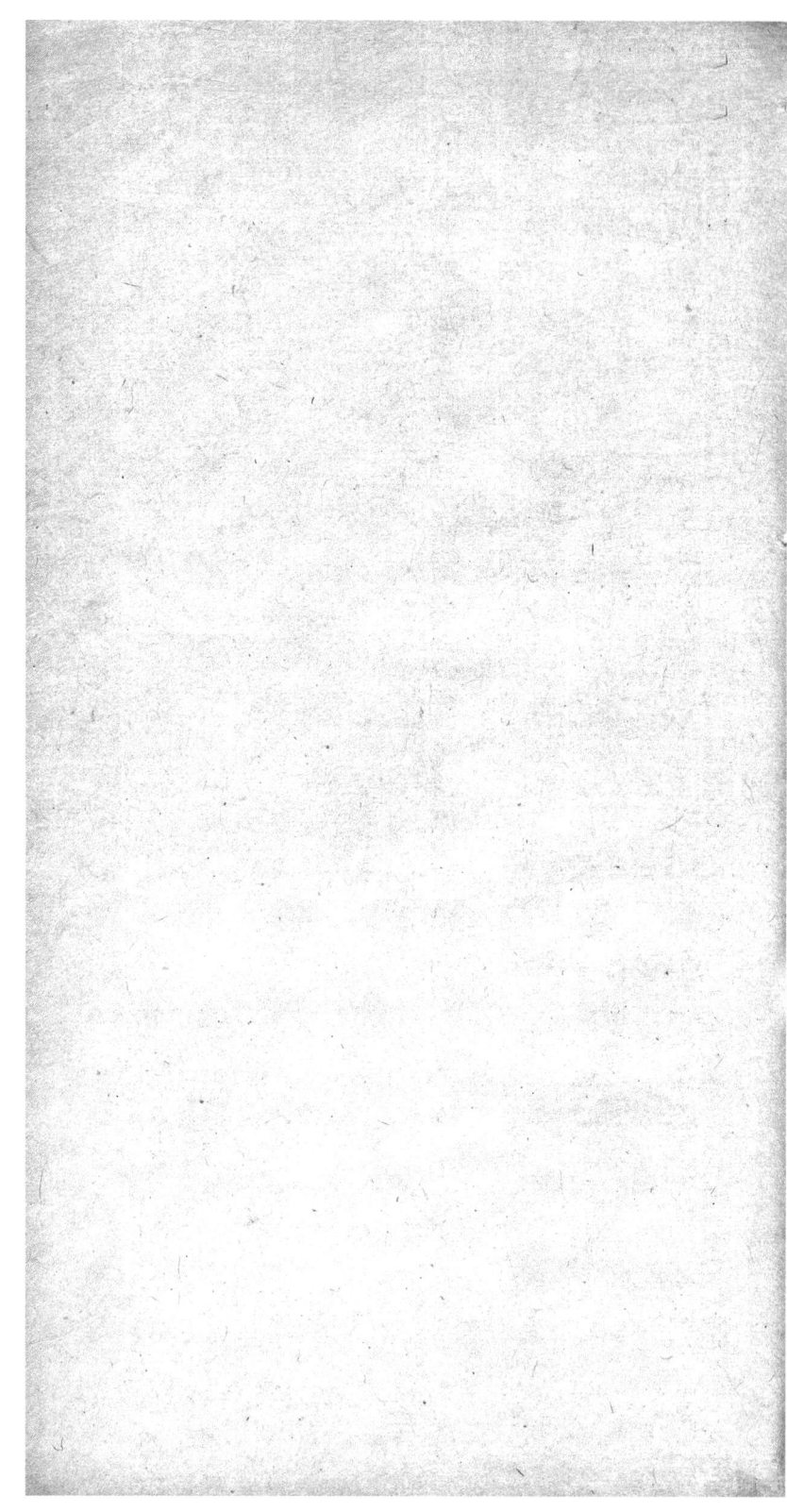

泰昌元年熊經畧廷弼繳還上方席藁待罪疏云年来廟堂議
論全不揣軍中情實而第憑塘報以為説前冬去春賊以氷雪
稍緩輙鬨然言師老財匱馬上催戰及敗又愀然噤口不敢道
一戰字比見臣収拾綂定而愀然者又復鬨然急、催戰矣畢
竟矮人觀場有何真見地方事當聽地方官為之彼既處凶地
着重擔自能區處停妥何用拾帖括語徒亂人意而一不從輙
艴然怒若此後議論不省經畧必無所措手足矣觀此疏真切
中時弊姚宗文馮三元等小人無足責試問誰筦機軸誰職中

十二

樞則葉文忠之後若方從哲黄嘉善張鶴鳴等誤國之罪無所逃矣善予周忠毅公宗建曰遼事之壞不壞於無兵無餉將帥乏人而獨壞於閣臣之無識當撫順失事特簡楊鎬此時修我封疆俟其毋入燉之境上此定着也而一言督戰全鋭俱亡既而起熊廷弼於田間鑿濠浚塹使人有固志大爲得計而閲視一遣復亂人意今日新經臣受事惟有守廷弼已効之規絶敵人中土之市使彼退憂飢疲進不大掠此又今日定着而當國者漫無主持人言兵十八萬則亦曰十八萬人言餉九百萬則

亦曰九百萬大臣無識若此尚可與言天下事乎奴起新鋭之
强儼然大敵而謂二三年可結局臣不信也爲閣臣者誠知大
勢以定議持之不妨明示經臣以固守則雖盈庭紛議而堅不
爲動䌫見大臣謀國遠識脱敵退遽言進戰敵來復思退避不
幾蹈趙宋之覆轍耶盖築舍道旁全無定見直至斷送遼瀋斷
送廣寧一敗塗地於是謙御史文錦江御史秉謙各条罪樞丞
宜正法文錦謂經臣責任重事權實輕不幸與本兵相忤展布
無繇雖欲圖固守而不可得撫臣意氣雖鋭熒惑實多又不幸

有本兵為之主言聽計從雖欲不言戰而不可得是二臣之陷於辟實本兵張鶴鳴主之秉謙謂鶴鳴專主王化貞進戰使經畧無所措手罪在西臣之上雖寸斬不足贖喪師誤國之罪此真定案也而國是譸張鶴鳴竟爾漏網尚謂有法紀哉李給諫清三垣筆記云余自壬戌赴公車見朝中自司馬張鶴鳴以至臺省部郎皆與熊經畧相搆且群推一愚率之王化貞以抗熊而熊言廣寧必失河西必危乞留臣言以券一疏尤為先見及事敗與化貞同辟入以為寃至遼東傳為丁輔紹軾等進呈以

殺廷弼者曾見此傳最鄙俚不根指爲廷弼撰授尢誣聞其赴
市時挺立不跪而紹軾輿行長安道上白日忽見熊踉蹌歸寓
腦裂死鶴鳴以宥熊郤罪生還爲流賊索賄倒懸城上身首碎
裂亦天道也至崇禎初閣臣韓公爌錢公龍錫具揭請歸葬廷
弼有不死於封疆而死於門户語公道始明焉

十五

熊經略自叙奴陷撫順沒鎮帥通國士、大夫相顧錯愕則急揚
滄嶼鎬及余而罪廢以當之當是時精兵良將在九邊所調募
皆嚮應而其氣皆憤張可用假令余遂得奉馳驅之後事未可
知也而當事者推楊扼余不使出及三路敗通國士大夫又相
顧錯愕急余惟恐余不出比兼程至京開鐵北關尚無恙假令
余遂得代事亦未可知也而當事者又觀望緩急覊余不使行
及賊陷開原始獲奉命踉蹌出關至杏山而鉄嶺陷入遼陽而
北關亡矣當是時軍逃民逃文武將吏皆思逃収合餘燼僅三

十六

萬衆詭言進示賊不敢乘吾急乃得間脩浚蒐集收拾瀋奉寬甸一帶為漸逼漸蹙之勢距賊七十里相持一年有四月賊屢以數萬入不得志而去假令攻余者肯為封疆稍寬一年事又未可知也逐歸五閱月而遼瀋陷河東下矣通國士大夫又相顧錯愕而益急余惟恐余不肯出余亦知再出必再困獨念兩朝舊恩沖聖新命奉召流涕拜疏即行友人移書相沮謂子不出山人惟恐遼一日壞子一出山人又惟恐遼一日不壞余不敢顧也時談遼事者意主廣寧有以撫夷經之議余初至未喻

冒昧上言謂邊臣建議但捐百萬金欵西虜而以為可用也但得兵數萬守廣寧而以為可固也臣謂以廣寧守廣寧廣寧難久持從廣寧復河東而河東難遽復須别設一法以控制之廣寧用騎步對壘於河上以形勢格之而綴其全力海上督舟師乘虛入南衛以風聲下之而動其人心賊必返顧而遼陽恐有内潰亟歸巢穴廢可復也則是登萊撫鎮不可不與天津並設而山海適中之地不可不設經畧節制三方以一事權假令一一如余議而不為中外所破壞則三方集齊分道並進事又未

可知也昔唐平遼東前後遣張亮牛進達薛萬徹蘇定方劉仁軌等皆帥舟師出登萊自海道趨牟盖而國初馬雲葉旺亦樓船下金州以降之孰謂海上不可過師哉試平心論之登萊果得成一勁旅與廣寧水陸並進其力勢豈不視毛文龍相萬而于登則阻抑於毛則接應廣寧未失則謂登為緩地廣寧既失則謂登為繄闗人情固然余言豈謬而議者以為巧立名色無意廣寧傳余罪亦獨何哉

庚申九月長主臨御倏焉崩殂城狐社鼠窺伺百端劉文端公一㷍與應山挺身奮臂奪幼君於婦寺之手皂衣赤棒瞋目而拒宫門者李進忠諸人耳群小之囊身假面負塗豕而伏戎莽者不知幾何人也黄金大齊負重而伏禁地者劉朝田詔諸人耳群小之飛頭傳翼移銅山而攢金穴者不知幾何人也護選侍綫詔獄諍封彊簪筆飛章者賈繼春等諸言官耳群小之線索提掇欺弄於陰陽人鬼之間者不知幾何人也公去而大獄頻興衣冠塗炭然後知公於國家以一身為止水之防而痛恨

十八

群小之壅流滔天也亦已晚矣丁巳内計公掌院事群小大索黨人謀盡逐詞林名賢如武進孫文介公高陽孫文忠公江陰繆文貞公嘆曰館閣眉目賴此數公吾敢愛一官不以殉衆君子堅持之得免奄黨銜未已羅織百端公從容語所親吾孤生餘年命如縣絲仰賴九廟神靈與一腔心血耳彼以三案殺我則與應山同日彼以封疆殺我則與經畧駢首持忠入地復何憾哉

熹宗哲皇帝紀

天啟元年辛酉東兵陷遼陽經畧袁應泰自焚死乃即家起熊廷弼經畧遼東寧前道王化貞為巡撫化貞自詭能結西虜用六萬兵破敵而廷弼主固守又以爭毛文龍功罪兩人相惡文相謗也上勑廷臣議經撫去留閣臣葉向高專主調停而僉人張鶴鳴任中樞是撫非經泛無籌畫壬戌東兵畧廣寧未至化貞棄城走閭陽廷弼見而唾之皇遽焚棄右屯以西四百里遂與監軍道高出張應吾邢慎言躡化貞後相將入關報至熹

廟手握首輔衣而泣於是九卿臺省朝罷要孫文忠公於會極門相率下拜曰願公出身為社稷計吾輩為社稷拜公遂推公為兵部尚書兼東閣大學士入直仍掌部務時王在晉代熊經畧而王象乾先以大司馬行邊總督薊遼象乾在薊門久習知西虜然無他才畧用漢貨物啖虜而已在晉之出也深倚象乾謀用西虜以襲廣寧象乾曰得廣寧不可守為罪滋大重關設險衛山海以衛京師此穩着也在晉乃請築重關於山海關外八里鋪闔門寮佐袁崇煥沈棨孫元化等力爭不能得皆奏記

於閣孫公曰守寧遠所以守關門若退處於關則永平動揺京師震驚八里鋪去關門未及一舍地是以山海爲孤注也自請行邊乃定守寧遠之畫自壬戌至甲子復九大城四十五堡拓地四百里每歲開屯八萬九千石草五萬餘束招徠流移百萬若樂土以至於今公之功大矣

張忠烈公銓天啟初以御史按遼并監軍事或謂曰公資十年
俸六年兩差報滿矣公不往誰能强者則嘆曰三路敗没朝野
震驚士大夫不能為國分憂而私畜駿蹄預遣妻帑何怪邊闗
將士望風鼠竄乎兼道而前既抵闗賊已薄遼陽有勸公者曰
監軍與經畧異廵方與守土異䠷而出圍圖後舉可也公曰我
一腔血欲洒此地久矣登陴畫守内應城陷衣繡裹甲下城入
署𢭏賊李永芳来謁扶公並轡行且説降公自投地傷面見賊
挺立不屈戟手瞋目大罵且有力擊賊輙披靡賊怒以刀擬公

引頸受刃賊詭曰縱汝歸公曰我以死爲歸耳禁之署中父老諸生泣語永芳幸護張使君公厲聲曰汝等好百姓乃爲好漢子索命賊手耶衣冠向闕拜自經賊走視嗟歎令永芳殮而瘞之立祠於北門演武場野史曰昔袁履謙與顔杲卿同坎猶有死時一足張湊得杲卿之髮妻疑之髮動猶有髮在也今公埋骨何方迈櫬何日徒使九旬祖母七尺孤兒招䰟埋祭於黄沙白草凄風凍月之間嗚呼㦖矣

天啟初京師建首善書院盖鄒南臯馮少墟兩中丞率同志所闡福清為之記稱一時盛事辛酉冬馮先生拈若合符節語窮其合一何在一時送難迄無了義姚太史希孟曰余雖與講歸而念世人側目群賢久矣輦轂下復闢講壇謠諑之囮也已而鄒先生來謂此會子毋往余躍然謂愚固欲止兩先生鄒曰馮子以學為行其道者也毀譽禍福老夫願共之又數日馮先生至余諷曰國家多事宜講求者非一端講學盍少需乎馮曰正以國家多事士大夫不知死綏抱頭鼠竄者踵接宜與起親上

死長之心講學何可罝也余黙然不敢對未幾給事中朱童蒙

騰疏顛詆大約歸咎東林踵而起者甚衆兩中丞皆辭位去高

忠憲公時任光禄亦疏辞謂講學何罪頓空法紀之臣禁學何

名發自聖明之世不聽至乙丑丙寅御史倪文焕倚璫燄遂毁

先聖主焚典律并仆其碑而逆璫生祠幾徧海内大興同文之

獄矣

熹宗留於春秋罕思後圖逆奄妖乳表裏爲姦有龍漦燕啄之
禍楊中丞率廷臣排擊之勝負未分長洲姚宮允希孟入都道
經錫山葉光禄懋才謂曰君行矣好語諸公宜思其大者亟請
信邸出閣講學此今日本計也時未以爲然至乙丑丙寅閹奄
疏大熾國統幾揺賴祖宗之靈　威廟纘承大寶掃除熏腐海
内手額中興而葉公一言爲之嚆矢始知老成憂國長慮却顧
如此

五

楊忠烈拜疏後蒲州公從閣中見揭即報福清曰此事我輩不言而楊副憲言之應當愧死福清拍案叫曰誤、福自此始矣而湘陰李公騰芳弗善福清過飾其詞應山聞而不懌好事者甚欲以義旗廻指福清遂決意去國視茶陵之於奄瑾又不逮焉李侍御應昇疏劾璫末規福清云君側不清焉用彼相一時之爵位有盡千秋之青史難逃不欲為劉健謝遷者恐并不能為李東陽倘畫策挼歡不幾與焦芳同傳耶

陳太史仁錫楊忠烈公傳略兩朝彌留欲封貴妃鄭爲太后公
曰尊以嫡母則得大行皇后尊以生母則得本生皇后不宜封
欲封選侍李爲皇后公曰范文正不從遺命封楊太妃選侍無
恩濫乞無謂不宜封公自宿宮門外同駱錦衣嚴警衛備非常
何功可擬何謗可分公疏不云乎君幸有子不必心憂杞國之
天臣獨何人乃云手捧虞淵之日又遺疏云票擬歸閣用舍聽
銓刑罰付法司中官必不可干預外政庚戮尸諫之意卒之日
血衣數片斷髮數莖頭面破矣留鬚皓然同獄孟弁淑孔藏公
之

絶筆許顯純并殺之以滅口孰知孔埋壁下冢示弟藏已屍背
以出神物呵護顯純又火公血書百八十字則珠商慧而冢誦
出獄為脱藁敬之哉公以死許國自憑几而決矣

天啟中群小嗾逆奄興大獄謀殺楊公左公魏公逮其客汪文言下詔獄考問無所得聚而謀曰先是經撫之獄刑部顧員外引八議又熊廷弼廷弼楚人也顧員外楊左之黨人也以鬻獄坐顧以關通坐楊左則諸人一網盡矣於是六君子皆逮繫下詔獄考死

楊忠烈公之死慘毒萬狀暴屍六晝夜蛆蟲穿穴畢命之夕白氣貫北斗其為冤天猶知之而況人乎當其舁櫬就徵自邟抵汴哭送者數萬人壯士劍客聚而謀篡奪者幾千人所過市集攀檻車看忠臣炷香設祭祝生還者緜延萬餘里追贓令亟賣藥洗削者爭持數錢投縣令匭中三年而後止昭雪之後街談巷議驚而相告公之忠義激烈波蕩海內擊奸之疏愍忠之綸大書特書載在國史若夫　光宗皇帝之知公與公之受知於先帝君臣特遭前史無比公之致命遂志之死不悔者在此而

九

羣小之定計殺公者亦在此　光宗踐阼五日而病公上疏極
論鄭氏所遣醫崔文昇侍疾無狀宜下司禮監推舉窮究罔俾
賤臣誣汚起居發病狀虧損盛德請上暫輟萬幾進皇長子及
皇子扶床繞膝導迎和氣収回封太后成命無輕發詔令以尊
國體事關禁近皆人所難言者疏上三日特命錦衣召公人意
公且得罪上對羣臣從容言病狀而視數歸予公指皇長子科
臣謂不當去朕左右皆理公疏中語也故事宣召羣臣止及吏
科掌垣他垣不得與公以兵垣特召閣部咸在侍衛甚嚴示以

設九賓廷見之意自是毋呂與聞末命凴几注視與執手付託者何異公雖欲不誓死以報其可得哉當是時三朝大故變起倉卒舉朝洶洶不知所為公儼然行顧命大臣之事外戒金吾簡緹騎周廬警備内戒中官乳母禁宫人闌入身露坐宫門外五日夜不交睫頭鬚盡白每有大議大臣左右顧視問楊給事云何莫敢專決也自　神廟中年群小窺菀枯之勢開離間之隙浸淫蘊崇而發作於咼華之交公察知與奕誓死伏節奪人主於婦寺之手其功最為奇偉昔漢武帝之識霍光金日磾也

十

近者十數年遠者二十年先帝以一覧知公不假歲月上無員圖付託之跡下無伏蒲涕泣之語意喻色授屬大事而安社稷吾於公庚申九月事未嘗不奇其遇壮其決而因以頌先帝之神聖為不可幾及也羣小謂不殺公禍未艾急徵公坐以受楊熊贓拷汪文言五毒備極廹使引公文言仰天號曰安有貪贓楊大洪乎至死不承公竟坐誣服以死初羣小謂移宮之名正故以贓罪殺公公死後大舉鈎黨轉相攀染死徙廢禁逮捕相望乃為奮定三案刋要典借公為質的以欺誣天下而羣小所

以殺公之本謀始大露然後知公之死不死於擊奄而死於移宫定計殺公者非操刀之奄而主張三案之小人耳

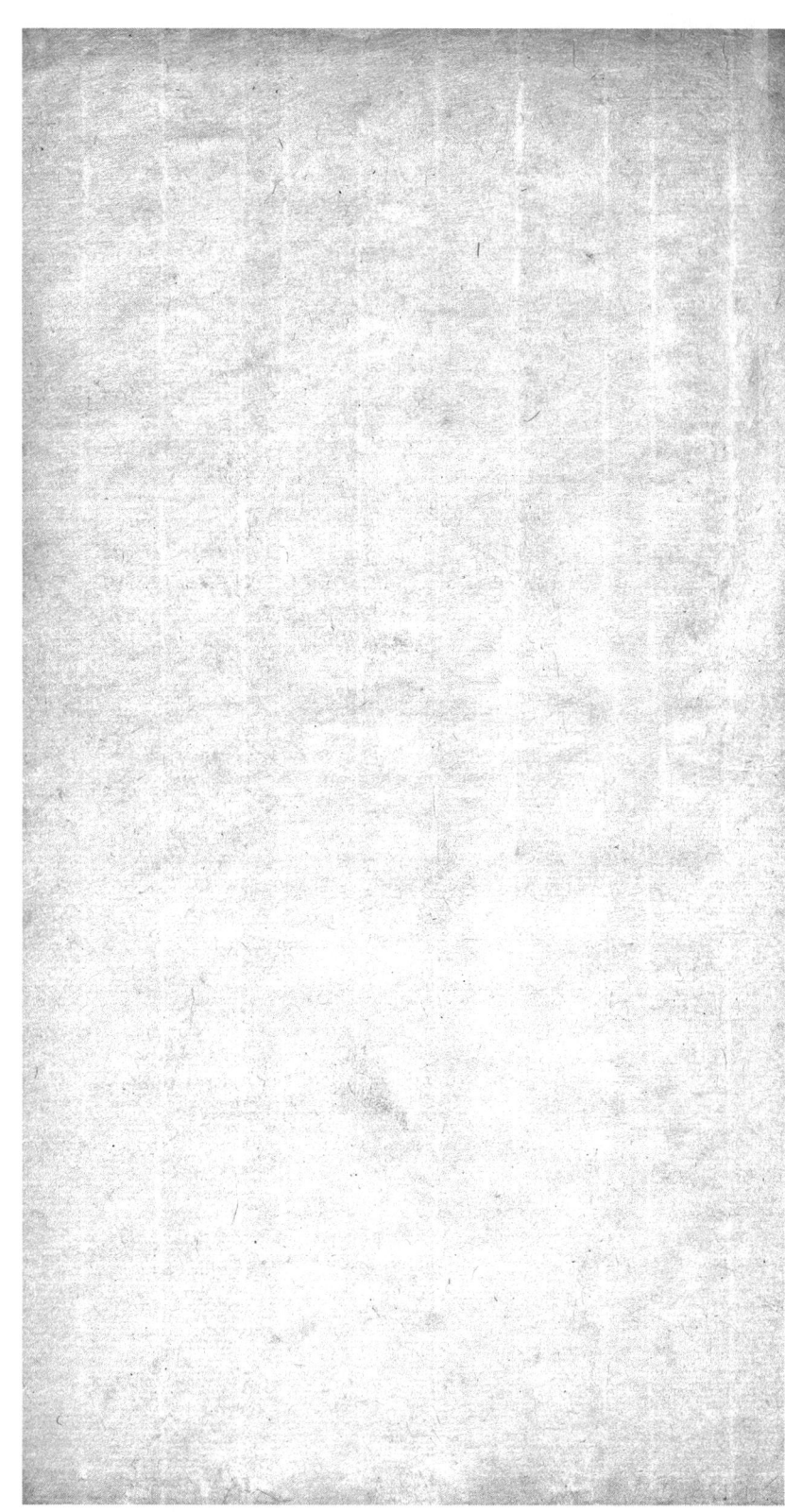

楊忠烈公血書好笑好笑讀書做官人於國家大體緊關之際
只當唯諾從人作秦越之視爲兩頭之船當面當事無半句商
量事向背後冷言冷語爲目前自卸妒人計作後日逢人功名
地豈不爲仕路上大乖巧大便益何苦癡愚事到面前從君父
國家起見不顧性命身家務欲盡其在我又復好直觸忤多人
使身無全體誰是獨食朝廷飯者好笑好笑然吾師致身家法
先哲盡忠典型自當成敗利害不計爲朝廷之不虛養士也若
箇箇使乖趨勢只戀功名長久不顧國家安危祖宗典章聖賢

書中忠義心上終不敢許即范滂臨刑欲汝為善則我不為惡
父子相决之語連亦謂子孫何不勉之忠義而作此隱語大笑
大笑還大笑但今此心未嘗死刀砍東風於我何有哉嗟乎何
其言之痛而悲也余涉宦未幾每見世之饕高名而踞要路者
率貴倨鮮澳泚黙寡言笑闊以目前利害則半吞半吐碩瞻縮
朒不肯直下承當容頭過身哄騙三九到手便抽身享福視國
家治亂存亡如秦人視越人之肥瘠毫不關心釀成不痛不癢
之世界使已倖保身家而禍貽君父江山斷送宗社丘墟萬死

不足贖罪而今此輩猶逍遥泉石終全首領以殁也悠悠蒼天

恨其有極

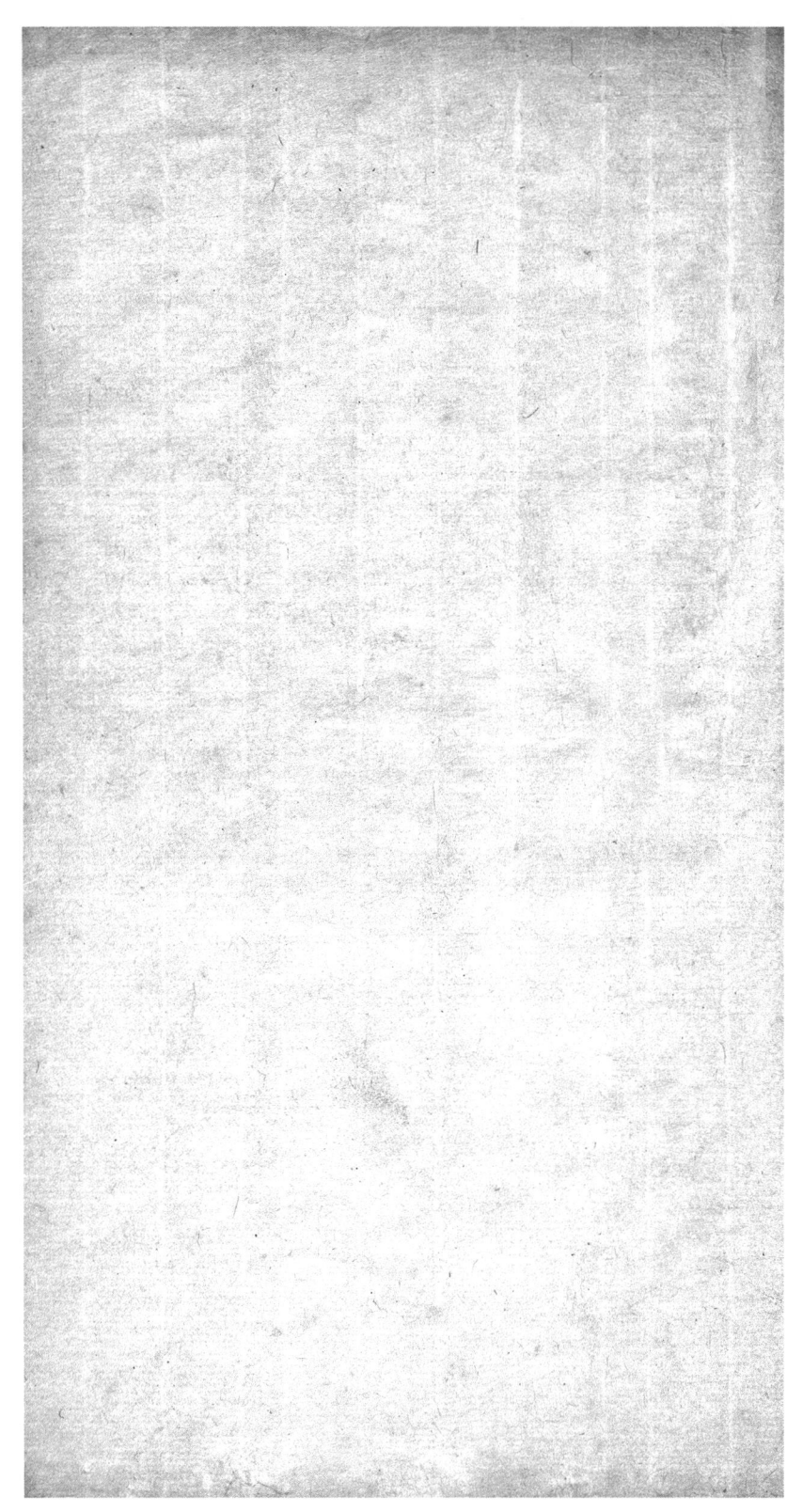

孫文忠承宗左忠毅公墓誌公僉憲內臺時趙公南星李公騰芳陳公于庭司銓鄒公元標孫公瑋高公攀龍楊公漣相次秉憲魏公大中為吏垣周公宗建袁公化中掌道調鄒公維璉為考功佐外計諸君子慨然澄清而璫且汲天下無行義之尤者以抗諸君子於是御史崔呈秀憾高公給事中郭鞏憾周公大學士魏廣微憾趙公魏公群憾倚連孽璫須劉遂以晋撫推謝應祥逐吏垣逐部院公已草疏發家口曰無以孤兒寡婦累人而陳少宰于庭署銓又擬喬公允升馮公從吾為冢宰遂與公

并逐而璫益恣諸君子一網盡矣當 光廟遐升李康妃居乾
清 熹宗皇帝仍居慈慶於是中人有垂簾之説公上疏曰內
庭有乾清猶外庭有皇極惟皇上御天惟皇后配天得居之今
大行晏駕選侍既非嫡母又非生母儼然居正宮而殿下乃居
慈慶不得守几筵行大禮倘及今不蚤決將借撫養之名行專
制之實禍將有不可言者嗚呼豈非防微杜漸正名分而清宮
闈之長慮哉

倪文正公左中丞傳當天啟之世之稱楊左猶漢曰李杜也時兩公並為御史中丞相與謀令京貫串連指鹿日甚天下事不可言於是楊公先上疏列逆奄二十四罪左公繼之草三十二斬疏未上而謀泄小人為璫謀矯旨斥楊公左公並為編氓嗟乎璫之疏至漢建寧明天啟而極矣然自其所執之言以量其愚智魏忠賢者亦安得比於曹節王甫乎節甫之誣君子曰是将為亂捕而殺之有名也今之為詞則以三案三案者注誠震罌雪痛冤湖即如此何宜可罪夫家贓而索賊親死而咎醫者

十五

其情也。今曰賊不當索，醫不當咎，是為有罪，猶曰是嘗嚴治其家而孝於其親，為可殺也。凡此皆小人之誤璫，小人固亦須讀書也。且君子之黜小人，遠之而已，而今之小人所為，報東門之役者，至於掩捕孥戮不已，甚歟！蓋今之小人倚璫，尤不如宋之小人倚安石耳。三案之立義，始於梃擊，中於紅丸，終於移宮。以楊公左公為後勁，三案之承禍，始於移宮，而梃擊紅丸以類而求之，又以楊公左公為權輿。流覽三朝五十年之間，而不叩樞建於兩公，又烏可謂之知世務者哉。

左忠毅公卿舉後謁浮梁陳公大綬本房座主也首勉之自樹卻紅簡不受謂今日行事之儉即異日居官之清不從此站定脚跟後難措手公唯〻受教釋褐官中書題其堂曰俸薄儉常足官卑清自尊其淵源如此為御史值　光廟賓天年號未定或議削去否則明年仍紀元泰昌公曰先帝一日堯舜何忍言削聖作物觀宗社為重以大行年號頒正朔妥否且今日之事天啟之存泰昌非泰昌之更萬曆也特出一揭斷以萬曆四十八年八月為泰昌元年群議始定天下莫不韙焉

十六

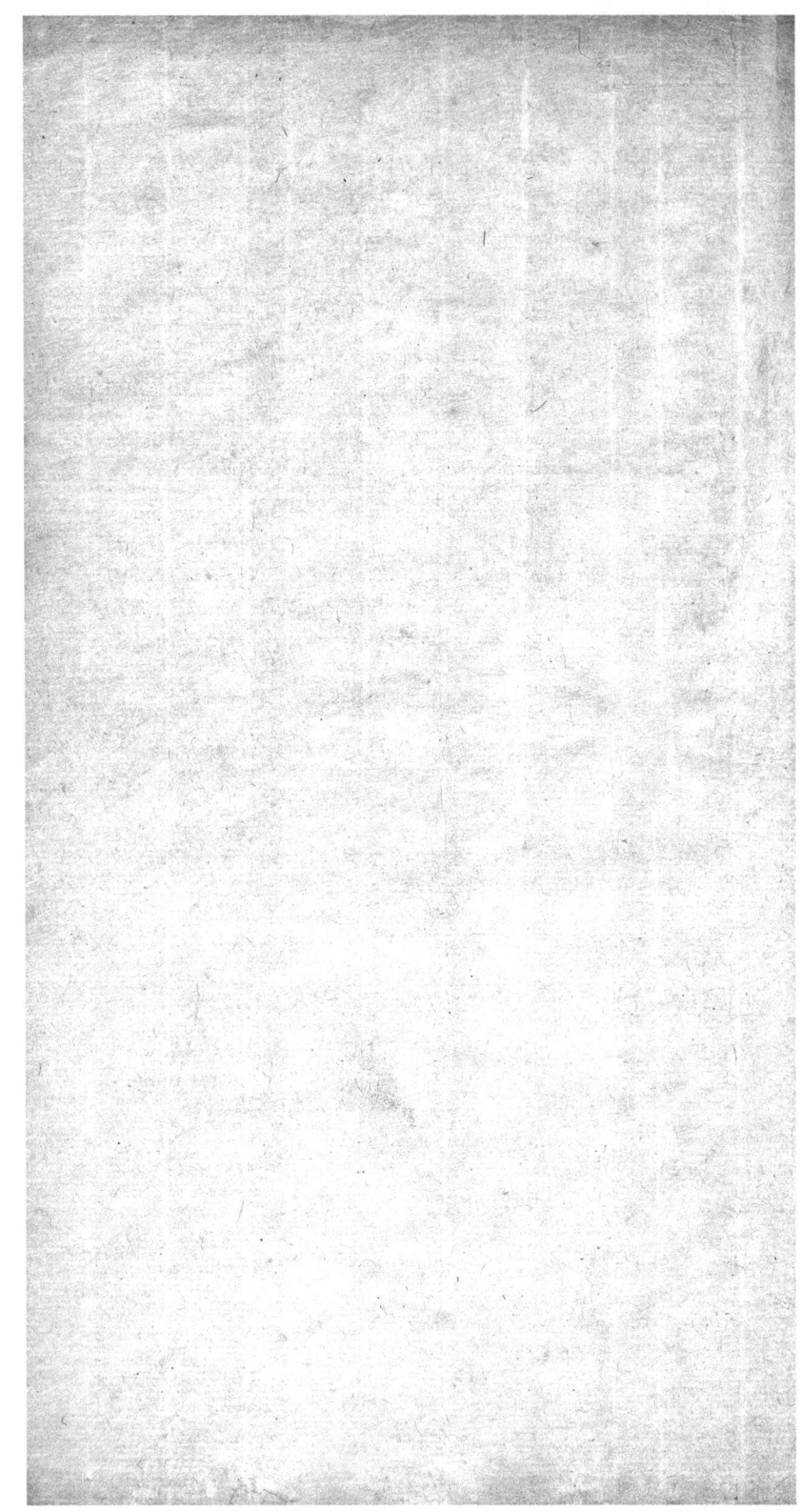

黄學士石齋左公行狀公為御史視屯做漢力田科以屯入多寡為殿最又請置屯學設博士弟子員因屯糧制餼於是屯田水利大興歲入穀數千鍾鄒公南皐道見之嘆曰治天下豈不以人哉往三十年都人之視蕖秸猶天上扶桑耳而今乃畆棲若此既督學政做古弓箭社遺意教士習射士皆能挽强公有深識嘗言元祐去亂法不去亂人為大錯又言李伯紀爭事不知爭人事失易救人失難回又云日者宫府勾連罔魎晝見以宵小託婦寺以婦寺醸夷狄疑陰感召大亂日生原其本来皆

谿瀸濁故徵人以品徵品以清凡此數言悉徵學問知其擊奸
琅又非谿氣激者矣

高邑趙忠毅公統均掌内計甄别流品屹如山嶽執政無所關其説惟與總憲高公吏垣魏公同心澄叙又調職方鄒維璉爲考功南御史王允成改北皆異數也家居時恨亓詩教趙興邦官應震吴亮嗣等濁亂朝政者四凶論以黜之一時大服初還朝大理卿周應秋知公將柄用郊迎且拜且諛公甚薄之於廣坐中歎曰吾入山三十年豈知士風一至此南樂相父爲公同籍好交大拜後尚以父行自居一日談次南樂詆李中丞修吾公正色曰李公尊公執交少年不可輕議前輩南樂面赬赤自

十八

是益參商来謁公戒閽人弗與通會甲子孟冬廟享南樂遲到
舉朝攻之積忿不堪遂傾身媚璫出中旨盡逐衆正并公爲元
兇云

我皇祖在御久天下恬熙宵壬佞倖孽牙其間一二君子奮起下位以榰柱國是而朋黨之論始興所謂一二君子者高邑趙公無錫顧公其尤也高忠憲公實出趙公之門萬曆癸巳趙公忤時相被逐公以行人奉使還即抗疏分別忠佞極言閣臣不當陰除異己鋤善類以空人國奉旨詰問偘偘不少挭避遂降揭陽典史而顧公亦以言事罷歸無錫故有龜山先生東林書院公與顧公脩復遺址講學其中海内清節之士應和日衆東林之名益高而群小嫉其属已争相標目遂以東林為質的天

啟初大起糜籍公與趙公相次柄用群小滋不悅會楊忠烈公
疏擊逆奄而公以考覈函道御史槐奄之私人崔呈秀於是群
小合謀媒忠賢曰東林必殺公賢怖且恚亦曰東林殺我然不
知所謂東林者何等也甲子假會推事盡逐公等乙丑戊趙公
逮楊公等殺之丙寅又逮公等七人公不辱自沈于淵嗚呼朋
黨之禍至於斯極矣然其所繇來與趙公實與之終始豈非天
哉公為人齊莊閒靜嶽峙淵停東脩立朝其𡚒念未嘗不歸君
父其持議未嘗不本名節其斡旋護持未嘗不在世道人才沉

淵潔身不以苟生辱國北向叩頭不以垂絶廢札結頭来生不以之死忘君從容執義守死善道可謂難矣

二十

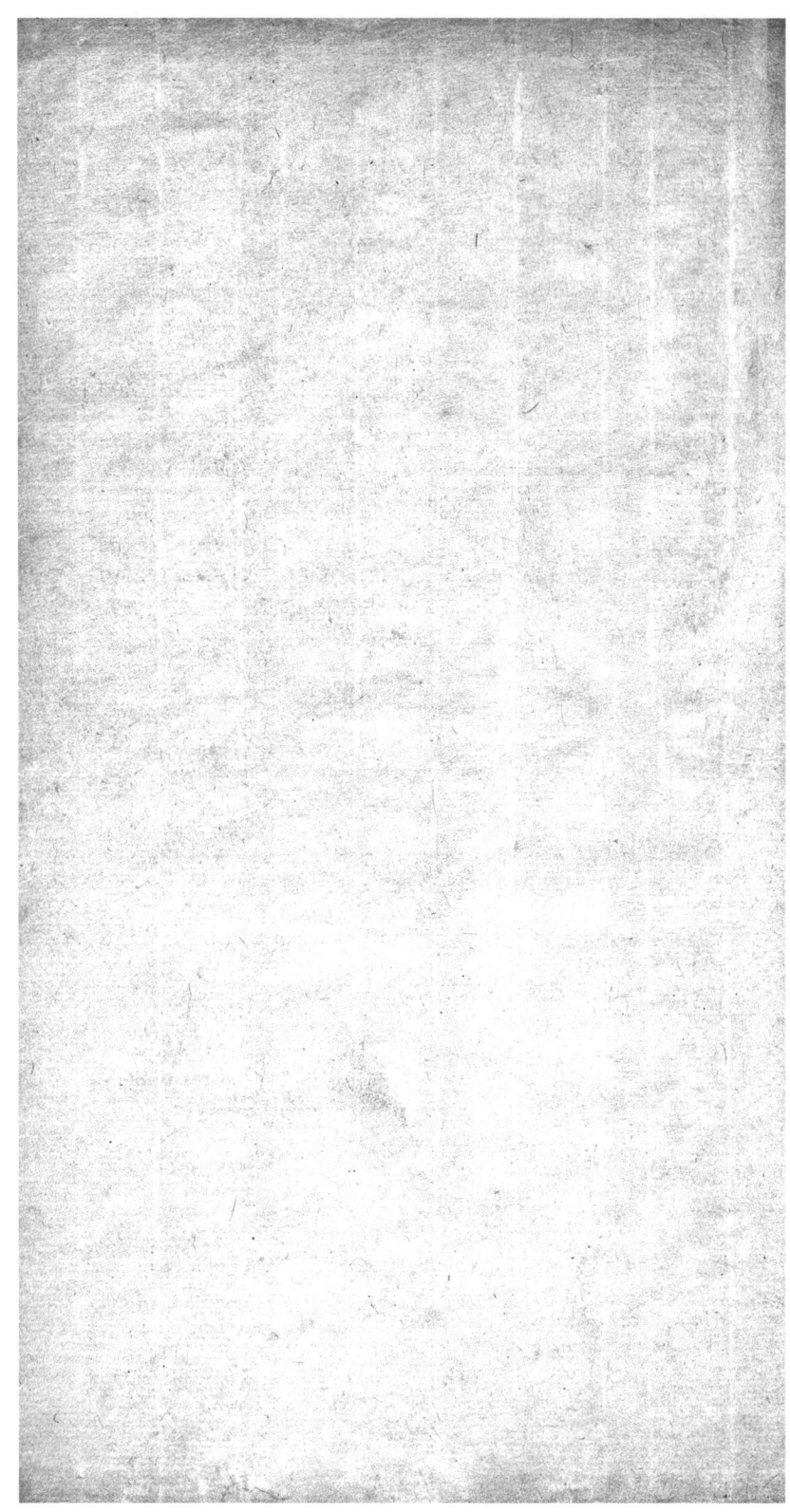

高忠憲公聞逮謁道南祠有别聖文歸看花後園呼諸子舉京無生死二字且囑料理為出門計後之內寢與夫人款語移時出所封紙示兩孫曰無先發明日以此付官旂時已三更命暫退須臾聲寂諸子推户入見燈火熒熒發所封乃遺表也急奔池畔則公已沈汨羅矣衣履整齊勺水不濡口又一緘别交人書僕得從李元禮范孟博游矣一生學問到此亦得少力心如太虛本無生死何幻質之足戀乎野史氏曰夫學自孔孟後程朱立準象山互有印證遂覺分塗後之人習其說者皆不免流

爕先生謂從朱爕為實症可消從陸流為虛症難補蓋深見令日聰明之人大言鼓動致人心陷溺思有以救之故以敬律身以靜窺玅以易義乾坤姤復轉樞紐遮實補虛然後學脉始清邪說自熄功不在距楊墨下而蒙難從容符合明夷之旨靜中得道諸惡咸除出死入生當下超脫稱為古今一人又何疑焉夫河東厄於王振即柬殭之悍尚以臺長被訶叱不敢鞫卒賴竈下執爨奴哭泣以免令忠賢之逆十倍於振閹臣又逢其惡其餘草偃因以報怨逞志黑浪翻天正人稾爛并及先生曾爕

奴之不若可勝歎哉

嘉善魏忠節公朝審紀事云大中未見錦衣衛原疏跪聽嚴綸
似生大中以受楊熊之賄也當甲子朝審因樞輔孫公有請省
彙臣疏奉旨有姑待不死之諭因单概傳公讞畢法司吏持簿
挨序畫題次至大中大中不可司冦喬鶴翁離席叩所以大中
曰皃曰宥之三皋陶曰殺之三老先生令日之皋陶也司冦曰
畫題了商量大中曰商量了畫題司冦曰如何商量曰大疏若
將遼左失事諸君列其罪狀原屬情真第新奉恩旨須候上裁
則晚生画題矣若并其罪狀溷從末減封疆事重議赦非時令

二三

日画題他日復有異同不便御史大夫高公景逸領之冢宰趙
公儕鶴曰不盡再商亦可大中因揖兵垣羅心華刑垣顧若虛
兩掌科云此事六垣當有公疏論封疆當首兵垣論刑名當首
刑垣又揖若虛云今日似責垣為政若虛許之始散已而省中
公疏出會十三道亦有公疏法司乃持常律如初案云此為受
賄人耶

周忠介公居鄉樂為人理冤抑達於當路凡輕徭緩征事必為
之創首以故士民深德之聞其被逮不勝冤憤謂朝廷何故殺
好人口語藉又皆歸咎巡撫毛一鷺開讀之日百姓呼擁奔號
者數萬人皆執香相從哭聲振天諸生王節楊廷樞等曰人心
怒矣合詞請兩臺謂周吏部人品今望當今師表一旦忤權璫
遂煩詔使百姓冤痛萬口一心願為之死明公可無一言以回
天意耶言罷大哭門以外皆哭一鷺流汗被面不能措一語而
旂尉勢若狼虎持械揮衆擲琅鐺於地鏗然有聲大呼曰東廠

二四

拏人誰敢詈喙百姓聞之皆袒臂大詬曰我輩謂天子詔耳東
厰安得逮我吏部拳毆千夫長文之柄奪其械奮擊諸尉洶、
不可遏其一人踹死焉郡守寇慎守道張孝素得民勸諭再三
乃稍戢竟不成開讀或諷公覆水勢難收矣恐徒自苦公曰順
昌小臣也敢引高公大臣不辱之義自裁乎死則許　高皇帝
請亟元凫以清朝廷耳又手書别友惟有豎起脊梁鍊成一鐵
漢以不負知己於是間行赴詔獄嚼齒大罵死一鷺乃緝得為
首者顔佩韋等五人請旨就戮明年璫敗所建逆祠在虎丘奉

旨拆毁吴之荐紳因廢基衷五人遺骸以葬並峙五冢樹碑隆

然表之曰五人之墓太倉史官張溥為之記一鷲罷歸家與客

圍棊會有送邸抄者輙起入内須臾聞哭聲乃自經死

二五

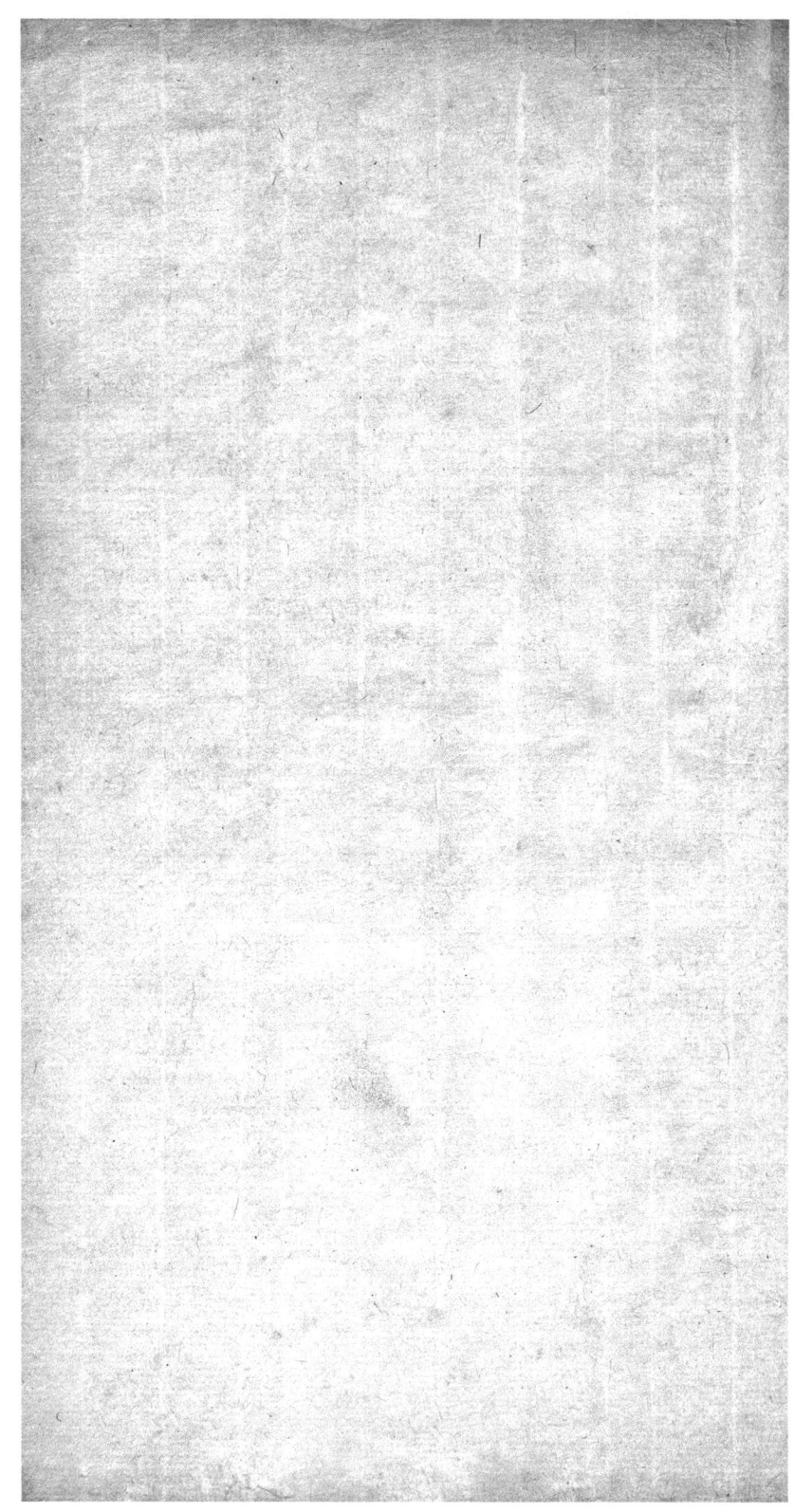

倪文煥疏叅御史夏之令逮死夏巡城曾扶璫小奄故授意殺之蓼洲周公每對人曰倪御史異日不當抵夏御史命耶會蘇人有被察赴補入倪幕以周語爲贄遂羅入織監李實疏中與六君子並逮張孝廉世偉曰倪何人斯即京師所傳百叩御史者是百叩者開罪門軍受責百叩頭璫堦乃貰之此疏乃其讞過贄耳

二六

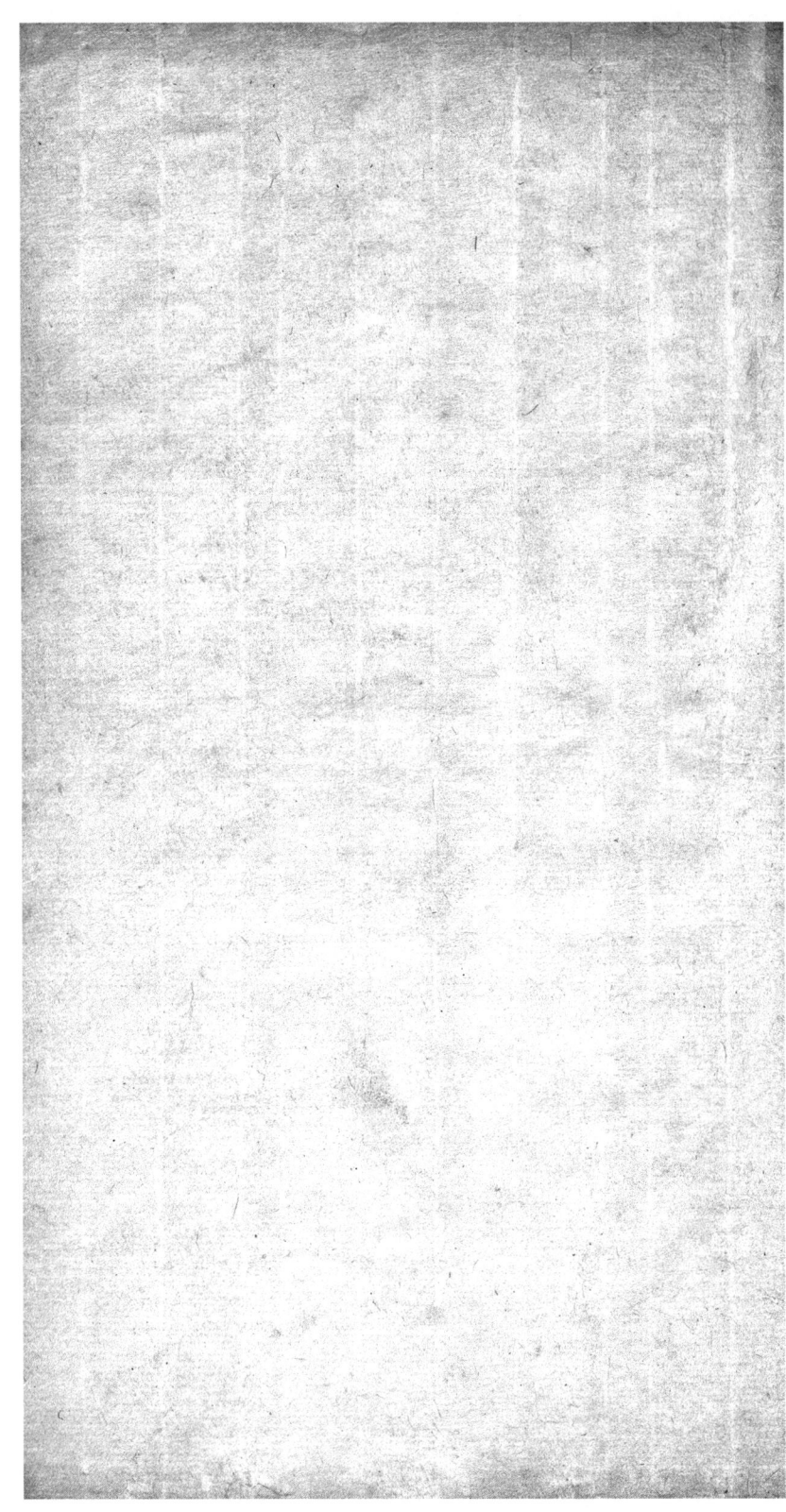

瞿給諫式耜於六君子七君子之死表彰忠中之忠清中之清
慘中之慘有三人焉曰楊漣魏大中周順昌楊被逮自楚抵京
隻身蕭蹇入都門小民有嘆息泣下者曰楊都御史好官今日
何至此明日嘆息之人畢命於廠衛矣行原籍比追僅破屋一
所八旬老母棲於城樓縣官無柰爲設櫃四門遠近爭輸至萬
餘金亦可見公道之在人矣魏自通籍以至吏垣尚僦屋以居
從不受人一錢被逮日萬口稱寃同官旂過常州知府曾櫻見
之淚下顏色不變曰臣子死王家常事耳何必爾〻櫻揖俸餉

百金托人轉致堅辭不受謂譬之嫠婦孀居數十年豈以垂死
改節耶嗚呼櫻固賢大中尤不易矣周司理福州首抗税監高
寀為吏部四方竿牘絶不敢通吿歸惟行李一擔而已大中逮
過吳門親詣其舟慰藉以女婚其長孫先是逆黨紿左公曰不
辨當俾生還以故諸公瀕死無一語忤璫順昌憤之至獄即嚼
齒大罵觸石碎首血濆几案此三臣者清風高節無愧於高攀
龍趙南星鄒元標而死事之慘過之方之前代庶幾楊震范滂
之流即求之本朝亦海瑞劉球之亞

陳太史仁錫周忠毅公傳公劾逆魏初名進忠以首劾故首禍公言之後踰一載竟無人言者公自踵而言之曰指名彈劾獨臣一人為可嘆耳目不識丁心存叵測公疏中語逆奄絮絮講筵惡聲徹御座狂號奔走乞為僧以酬言者幾落姦膽國有人焉其猜可制也而半已化為婦人悲夫公古今快心人也見解快文章快議論快心事快政治快判斷生死快古来不肯去之人即不能死之人判生死如飲食然而後第一快心之事常在我

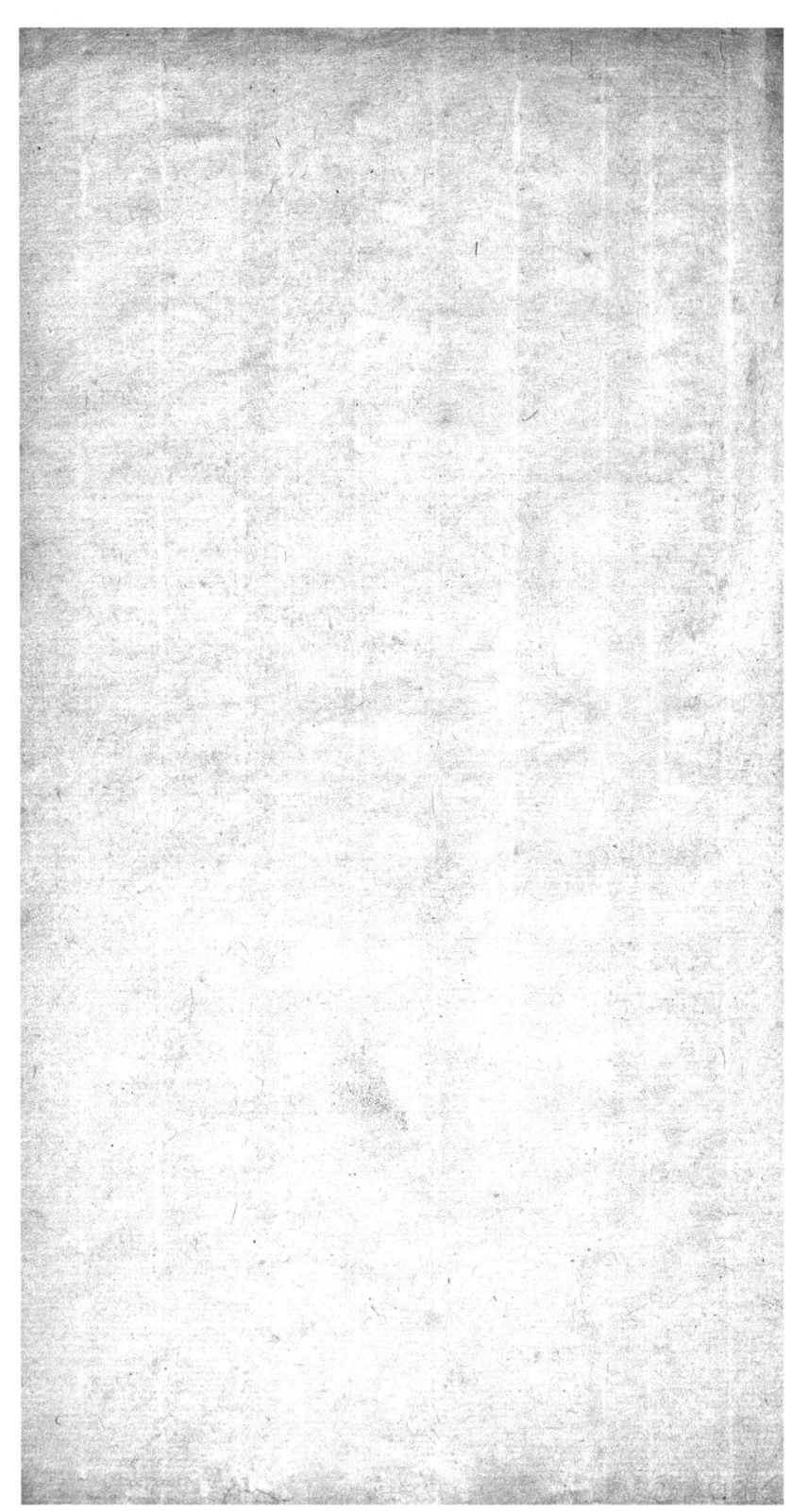

周忠毅公宗建毎昌言於朝謂士大夫當持平心渙黨議無使
國家為熙寧紹聖之續其言論風旨於世所指目賢人君子亦
不盡相附麗而魏忠節公在天垣與公争論敌王僉院德完遂
相牴牾魏描画其末路而公護惜其初節所謂相争如虎者也
及公糾郭鞏疏出魏公亦歎服焉自後内外勾連中旨數出於
是大臣言官相継放逐公遂不惜傾身顛與之同去與之同罪
而卒與之同禍嗚呼公可謂忠讜特達致身授命之君子矣

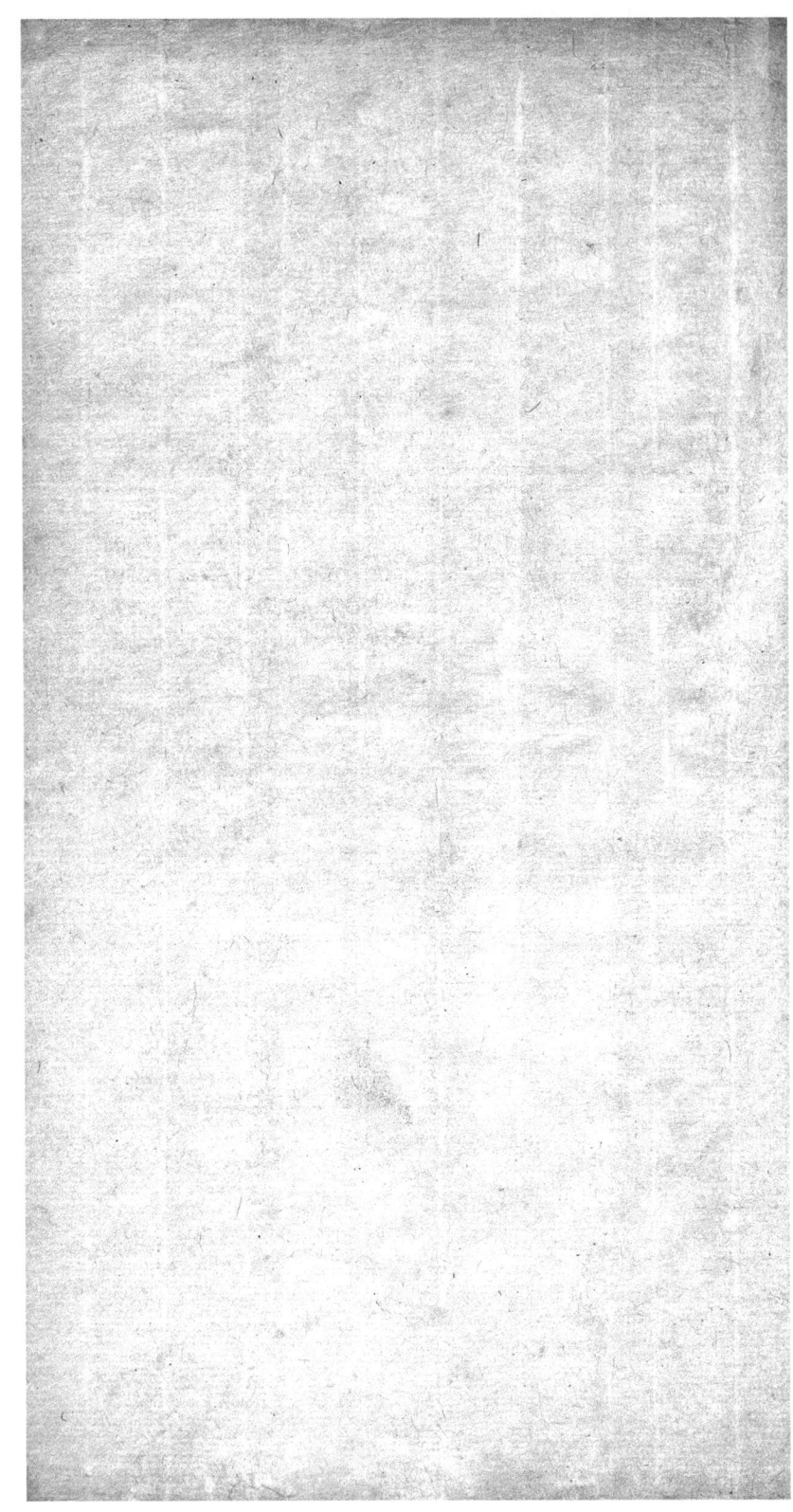

熹廟初登極南昌劉文端公以次相當國蒲州肩隨之兩相和衷收召正人汲汲不暇群小伺其短而思逐之福清再起首揆疑南昌拒其来於是南昌及漢陽周太宰一疏並逐江陰繆文貞公初見福清極言盡規謂南昌漢陽不可去内傳不可奉福清曰上所傳何敢不奉公曰吾師三朝元老始至以去就争之必能遏其漸若一傳而放兩大臣後不可復收矣因言南昌用拙而體直于公實無他意福清始解釋改旨稍温南昌自喜差存體盖王安死而南昌逐南昌逐而勢重不可返矣福清恃其

權智可籠可愚時亦有所補救而卒不能遏其橫流無何楊忠
烈疏參逆奄公往閣探福清曰大洪此疏太容易使其人於上
前時有匡正恐疏行難得此小心謹慎之人公勃然曰誰爲此
言以欺老師者可斬也福清色變而含怒不解亦密具揭諷璫
令其退歸私寓旨加優渥如大臣勳臣者上不失恩下明退讓
爲兩得之道大拂璫意福清惧思有以自解揚言此揭非我意
乃門生繆某所廹也且有爲應山代草之說以實其出揭非本
心而趙高陳楊左魏諸公被逐公時又過慰且餞送明知爲詷

者所得弗避南掌院之推有小璫到閣厲聲曰此人還留他送客遂寢不下被逮日公預聞報曰蚤知有此與應山同事當與應山同禍耳下北鎮撫另加一扭璫盖恨其代草也嗚呼劉忠愍以血裙葬公以墮指殮死無辜復殁無家忌後先慘死冤動天日獄卒之殺忠愍者悔作逆天理事懊恨而死羅文恭公記其事令之士大夫讐公於死後曾不如忠愍之獄卒是何可令文恭見哉

南樂附逆奄入相交鬬鼓煽楊忠烈魏忠節暨趙忠毅高忠憲諸公出死力相支柱黄侍御尊素語門人徐石麒曰乾六龍一亢姤一豕至矣姤一豕鄭𨒪玄黄至矣群賢之龍戰可謂亢矣南樂其姤豕也不務堅貞用晦敦復以俟時而出一決無復之之計其可幾乎鄒忠介公為總憲建首善書院講學公初入臺即進規曰京師非講學地也徐文貞已蕞議於嘉靖矣鄒李用是去魏公將攻南樂公曰須朔後朝小過也攻之急勢不反顧二憾交作不可為矣群公善其言而不能用

三二

頤塵客大章天啟六君子之一也在西曹日司寇王荘毅公以
廣寧失律獄屬公讞公謂經罪稍薄於撫忌者咸怨又荘毅叅
乳媪客氏人傳踈出公手於是楊維垣首創為受熊賄四萬金
之說誣公以媢瑺卒與楊左諸君子逮死先是逯左失陷京城
察院及京營廵視科道日以捉姦細為事送至秋曹稍有影大
率論辟矣其絕無影響者司官知其無辜恐得罪原叅衙門槩
不申理多以饑寒瘐死於獄公至司尚存五十餘人啟司寇曰
以某一人之命易五十人尚便宜況以一官易五十人命耶司

兇嗟歎許之會同曹原雪止留三人餘悉開釋送大理評允而
縱焉又行邉兵部尚書張鶴鳴𠫵河間知縣佟卜年謀叛以杜
茂爲證王司寇不知所坐公曰是不難只以原𠫵斷之可耳王
問云何曰兩人謀叛三箇月其情親於骨肉矣豈有問家人姓
名尚不知耶王大笑審畢問卜年當擬何罪公曰雖非姦細實
是佟養真叛族流二千里可也王嘆服公在西曹引律平反多
所全活而究不免爲權姦所害天道之不可問如此

熹宗沖年登極逆璫結乳媼表裏擅權方侍御震孺潛察其微
首上三朝艱危疏璫銜之巡視南城璫甥傅應星强奪人妻公
窮治之閉應星南城獄璫踵門長跪爲解公不爲理會遼陽淪
陷河西風鶴頻驚自廣寧至三岔河數無人烟公初入臺班慟
哭於朝曰諸君遂棄河西耶若以地險遠願自往視師當此烈
日炎天猶有熱血黄沙之想時璫正憾公緫抵通遂有即真之
命公上疏自陳當此主憂臣辱寧敢愛死惟是越廿餘人而差
臣後必有以攘差中臣者嗟嗟臣何差不可攘而攘僅一一衛

三四

之差且揍刀頭誓死之差耶無幾主事徐大化吳淳夫逢璫意
果以攘差劾公下部院議總憲鄒忠介公奮筆曰御史保全山
海有社稷功不知大化等是何肺腸偏欲中傷善類罷免之而
給事中郭興治遂借道學以攻總憲爲大化報怨於是鄒公逐
公亦移病歸乙丑璫勾連南樂相羅織忠良搆大獄興治復追
論公河西贓私遣緹騎逮問下獄誣坐贓六千餘擬辟公安之
若素丙寅臨決適皇子誕生半夜傳免

丙寅秋審決囚単出惠給諫世揚名第一次方侍御震孺明旦
伏法矣金吾張懋忠治酒爲兩公賦別泣數行下惠公笑曰送
遠行人而洒涙將無重其離思耶顧方公曰子當云何方云曩
既與公言真元孺恐不受殺惠公大笑復云豈有假元孺方公
曰此是隨大千俱壞轉語公未臻此境且防散亂自作主人弗
爲戲論也惠頷之至三鼓俄傳皇子生停刑兩公得不死丁夘秋
審方知倖不可再着易亭年譜與惠公交相刻責謂我輩當此
正稽叔夜顧視日影時惜叔夜浪費於廣陵散耳東脩待盡會

九月　咸廟御極逆璫族誅於是刑部理公等寃萬壽節傳特
旨釋放兩公並轡出獄門婦孺擁觀争識面有嘆息而泣者亦
足見直道之在人心矣

天啟乙丙間逆璫焰熾至稱上公建生祠一敗塗地者乃其初誰授之柄則閣臣魏廣微實罪魁也當楊忠烈疏上璫惶懼無以自解廣微以獻媚固寵之心為秉機報復之計而復有徐大化楊維垣霍惟華阮大鋮倪文煥李魯生等出而從臾之曰閣下若肯擔當忠賢取旨如寄楊左可立去共保富貴無憂也遂與訂盟一意主張倒亂世界試問當日逐楊左而使之去何人票擬也逮楊左而使之來何人播弄也當楊左被逮人皆環視而不敢救惟舊銓臣崔景榮以大義責廣微而門克新遂以

暗唆罪景棻矣按考察呈秀之人而呈秀漸以用事是呈秀特其末流耳一呈秀負嵎而後五虎五彪十孩兒相繼而進是群姦又其支派耳開釁始禍非廣微導其源而誰哉今之人未有直窮到底者由廣微柄國考選者盡出其門所以大魏小魏之謎人人能言之而人人若忘之若律以交結近侍之條廣微真不容於死矣

頌天臚筆云數逆璫之惡必以殺楊左諸臣爲首而原其禍本則楊維垣之忝領大章實爲嚆矢焉蓋自王安死而璫遂專政内則客氏外則沈㴶表裏爲姦故王尚書紀攻沈客而遂譴太常朝薦攻客氏而逐文殿撰震孟救王而逐楊清穉善彌縫故未甚決裂耳楊維垣者徐大化之義子而大化又逆璫之義子也家富而居京師日夜以通内爲事怨王尚書之劾罷大化而知其得罪於客魏也遂合謀逐去之既又疑王攻沈客諸疏俱大章代草故疏攻大章而以四萬賍銀之説陷之其殺機已動

矣嗣後二十四罪之疏出諸姦秉逆璫之欲甘心楊公也遂借此一案而更換入左魏周袁搆成大獄總皆大化維垣等之謀耳故論攻璫之功則王灊文爲曲突徙薪而楊左周魏乃焦頭爛額之客也論附璫之罪則大化維垣爲開山祖而五虎十孩乃傳燈護法之徒也最可恨者聖明御宇凶逆芟除而維垣尚牢執前說欲以汚貞士之香骨沮聖朝之恩典不更毒乎

天啟甲子至丙寅逆璫羅織大獄頻興最慘者有二乙丑之殺六君子以梁夢環之疏也丙寅之殺七君子以織監李實之疏也此其彰明在人耳目者至若工部郎中萬璟以論璫爲群奄雜毆復廷杖一百死御史夏之令得罪内侍倪文焕叅其阻撓毛帥下鎮撫司獄死御史吴裕中疏論閣臣丁紹軾誣爲熊廷弼報怨廷杖一百死後軍經歷張汶以論璫遣戍復逮下鎮撫死刑部侍郎王之寀以梃擊一案下獄死楊州知府劉鐸以詩扇刺時逮下詔獄誣以呪詛中書舍人吴懷賢以楊公二十四

罪瑡詞圄註駢斬西市餘怖死縊死仰藥死如吏部郎中蘇繼歐翰林侍讀丁乾學之類不可勝數

孫文忠公未第時嘗授經易水雲中扶劍游塞下從飛狐拒馬間直走白登又從紇干青波故道南下結納其豪傑與戍將老卒周行邊壘訪問要害阨塞用是曉悉虜情通知邊事本末有勒燕封狼之意又材識通敏為講官時 熹宗即吉選后三宮俱即世以穆廟榮妃傳諭當用寶鄭貴妃曰我有寶何故請劉王安難之謀於内閣公曰鄭所執以難劉者何也安曰以無寶公曰傳諭立后慈寧之事也慈寧之寶故在假榮妃之名而用慈寧之寶則鄭無詞以難矣安躍然稱善一言而嘉禮定釋宮

掖之嬚福清當國公入閣居五人之下凡票擬越席而言無所
梗避人或間公於福清公曰首揆老師也末座門生也以末座
干首揆之政則不可以門生參老師之政何不可福清笑而謝
焉嘗言中書有韓稚圭國事不致決裂又言　熹廟慈仁宮府
事皆可為而老成謀國專任調停是負朝廷也督師再召旋被
譖沮奴騎再入人曰其可三乎則嘆曰張德遠有言上復召我
當即日就道敢以老病為辭乎黨論起或謂公當親近某又為
君子公曰附小人者為小人附君子者未必君子又曰為君子

所容未必君子為小人所容豈非小人平生不附君子頗可求容於小人耶每與黨人語則曰弗墮輪廻間何謂輪廻曰我方制人隨為人制一番擬正又一番輪廻也人才國運有數登朝以來十六七年見幾輪廻矣公未嘗專門講學而資與道近自言得關西馮從吾東越周汝登青州鍾羽正三人磨切之益單務少閒與鹿善繼箕燈危坐覃思精究每謂先帝以漢武鄉唐晉國擬我、則何敢成敗利鈍非所逆覩生老病死時至則行庚幾竊比於二公與戊寅冬奴騎圍高陽部署子姓分堞拒守十餘日砲竭城陷大駡不屈遇害城南圈頭橋父死忠子死孝婦女死節奴僕死主闔家慘殉無一屈辱者公品望在館閣功勳在社稷而闕塞之齟隙朝端之謗焰出於薦紳學士之口一則曰公不當自請督師自請為專命然則孔明之討賊衆兦之督戰當以矯制伏罪乎一則曰公不當身請入覲請覲為偪主君側之疑非偪主而偪奄也興元入朝則有横岡應讖之誣蔚門請覲則有石頭便橋之誣姦邪醜類古今同軌一則曰公不當力主恢復恢復為失筭試問西虜何以遠徙奴穴何以屢遷

戎索昭然柳河之衄師期速也大凌之墮廟筭愆也覺華之陷

後政失也執是而議進取之非以割地爲陰符以先去爲良策

此國之間臣而與於奴之甚者耳夫中外之與公抵牾者有二

一曰守一曰款彼非能爲守也退而已矣亦非能爲款也和而

已矣公嘗貽書當國曰今天下只有一怕耳初怕而開鐵失退

守遼陽再怕而遼陽失退守廣寧三怕而廣寧失退守山海今

山海之怕更甚曰遼陽十萬而敗廣寧十八萬而敗三敗之後

何恃而不怕縮頸斂足曰勿惹古今虜狄之禍莫慘於宋王帛

四一

子女與而又與疆埸土地退而又退與而至於無可與退而至於無可退當時亦只以一怕断送杜稷而今可踊其覆轍哉

天啟間吳門有三君子曰太史文文肅公姚文潔公吏部周忠介公名行為一世所宗而兩孝廉張異度世偉朱德升陛宣奮跡其間與之頡頏海內望諸公如景星慶雲莫不欽其瑞流風餘韻洊世而後猶有徐太史勿齋楊解元維斗兩先生為之紹述卒以殉節死人之云亡邦國殄瘁悲夫

四二

威宗烈皇帝紀

天啟丁卯八月　熹宗不豫時璫燄張甚中外危疑上召信王入諭以嗣位王惶恐不敢當王出未幾上崩翼日群臣勸進登大寶客氏魏忠賢并崔呈秀等次第伏法　帝不動聲色逐元兇旁無一人之助而神明獨運宗社再安崇禎初政天下翕然歸心焉

弇州盛事述　宣宗二子俱為天子曰天順曰景泰令　光宗二子亦俱為天子曰天啟曰崇禎聞少時戲宮中　威廟云哥哥皇帝讓我做罷答曰待我做了與你做天子無戲言事固前定矣

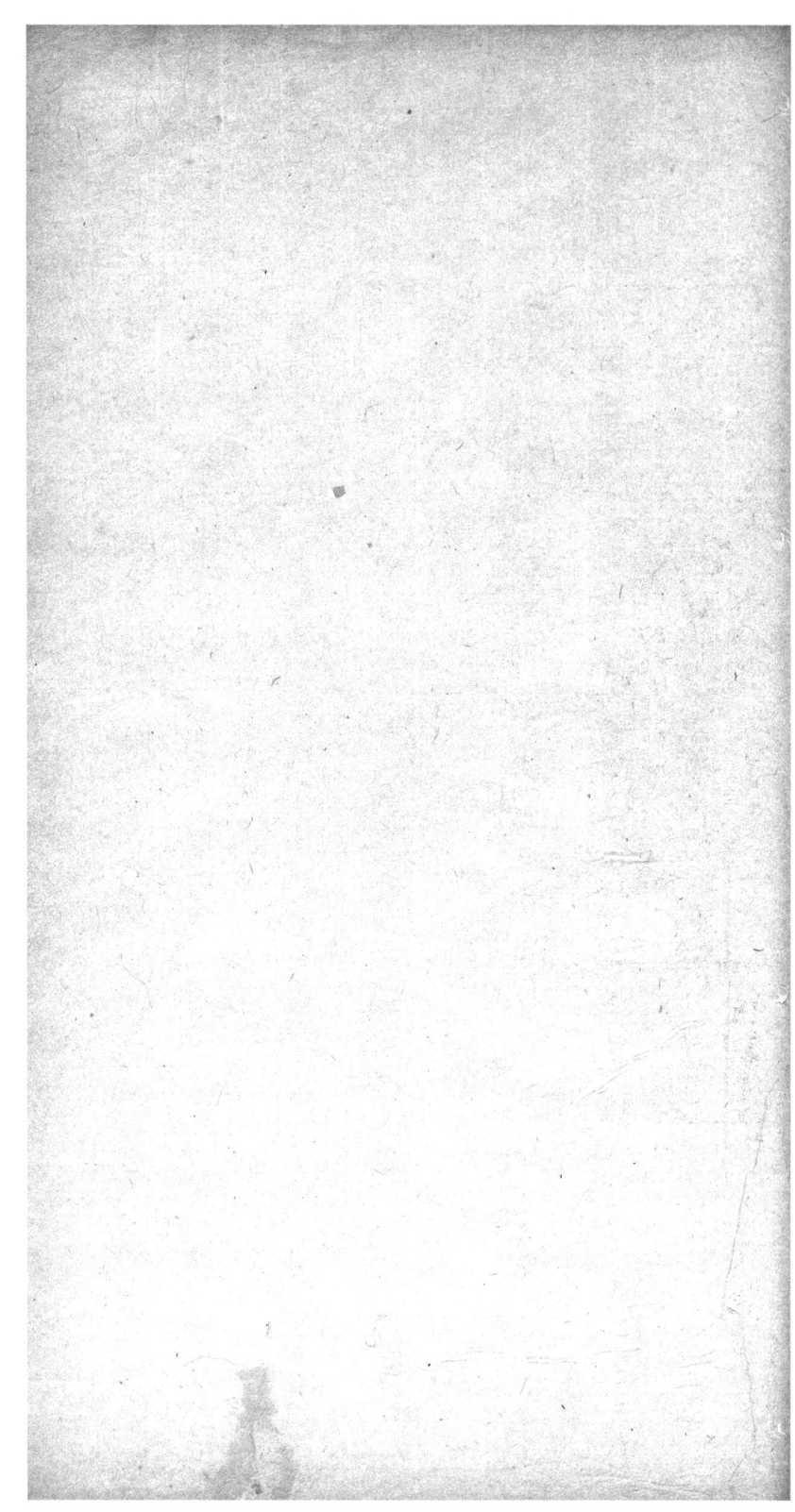

威廟以天啟丁卯登極一日召閣臣入内殿密諭曰今日有異
事清晨内官來報某殿柱有黄袱内有字云天啟七崇禎一還
有福王二十七此妖書也合加根究閣臣固請焚之乃已以十
七移置崇禎名下則福王正得二耳興亡之兆殆有數焉又宫
中有密室久錮不啟上特命啟之見柙内有元人朝會圖一册
牽人胡人分行而拜上覽之不悦今所傳啟畫三軸非也清人
據燕其言始驗

三

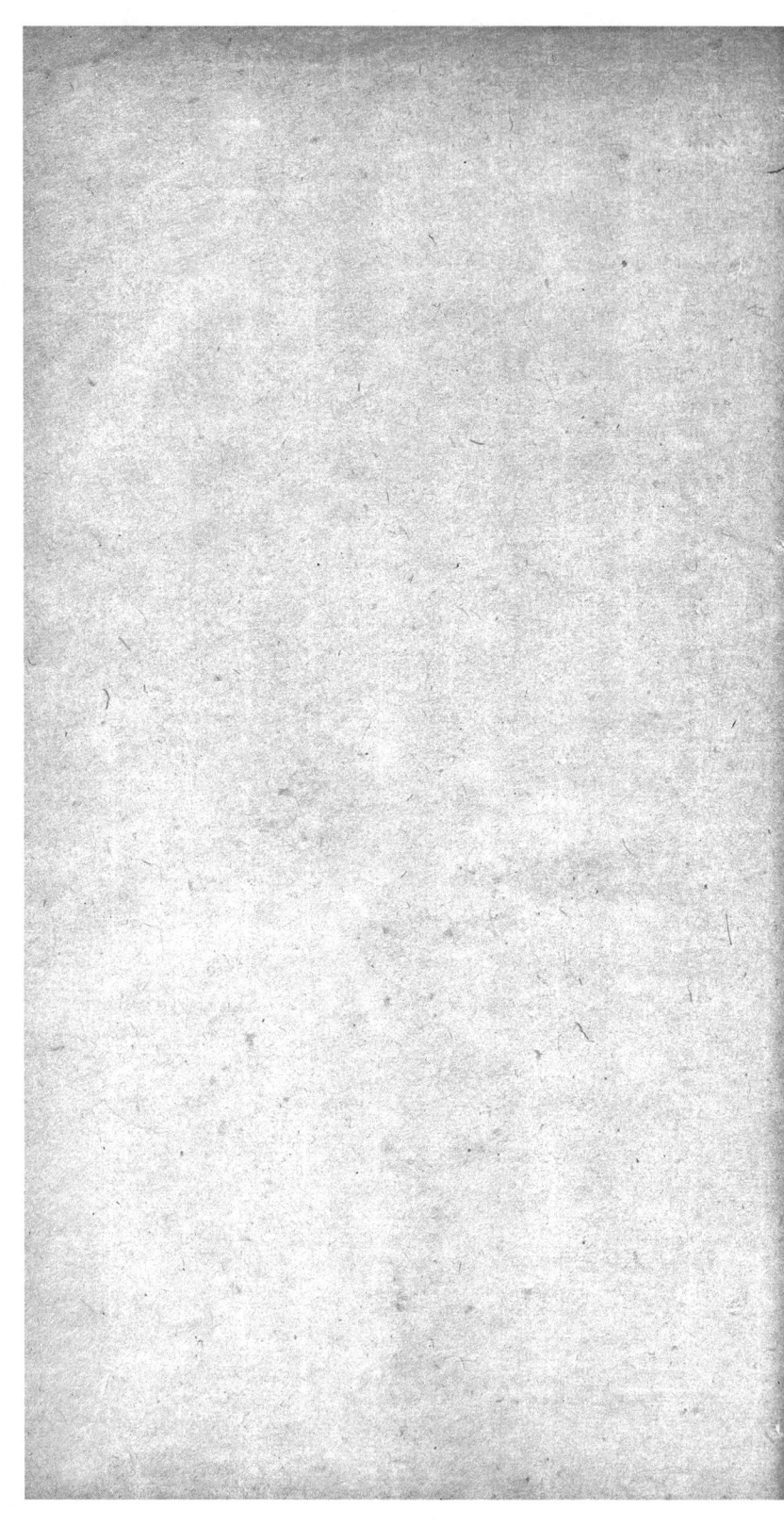

當逆閹竊政舉國若狂最著者如五虎五彪皆録呈秀以進或
謂李夔龍不應在五虎之數尚有甚者如周應秋為十狗之首
烈皇帝既誅忠賢因臺諫言遂定逆案閣臣韓爌端而厚錢龍
錫和而謹不欲叢怨僅以四五十人上請拂聖意再令廣搜且
云皆當重處最輕者為民又以諂附贊導擁戴稱頌為題分列
成案諭閣臣曰忠賢一人在内苟非外廷逢惡何遽至此且内
廷黨姦者亦宜併入閣臣以不知内事對上曰豈皆不知特畏
任怨耳翌日示以黄袱包褁者纍纍曰此皆黨璫實跡也當一

一按入之閣臣奏云臣等職掌惟司票擬三尺法非所習也上

呼吏部問之冢臣王永光以吏部止習考功法不習刑名對乃

令法司同定焉

倪文正公為翰林編修追論罪輔顧秉謙魏廣微等媚璫奪恩
蔭上曰魏廣微持國柄授逆奄毒徧海内實為罪首其以先朝
焦芳例除名為民以為人臣附姦不忠之戒又召廷臣於平臺
問舊閣臣張瑞圖来宗道何以不在逆案對曰二臣無實蹟上
曰瑞圖善書為璫書坊額碑文宗道題崔逆母祭葬本稱在天
之靈其罪著矣又問賈繼春何以不處閣臣言繼春欲善待李
選侍不失厚道後雖反覆其持論間有可取上曰惟反覆故為
小人於是發原奏并前紅本未入各官案列無遺憾　戚廟英

五

㬅明於燭姦如此惜當時執法之臣牵於情面悉從寛典何以

慰六君子七君子之慘殺哉

威廟初姚學士文潔公定天啟間慘死諸臣謚止及楊公大洪而不及左公滄嶼又為周公蓼洲魏公廓園議謚而不及繆太史西谿周侍御来玉李侍御次見黄侍御白安胞中似有優劣愁楊左並稱何得偏遺周公以力伸王僉憲德完與魏公抵牾議本錚、又連柔客魏廓園亦心折而以此見遺若李公以焦芳同傳繆公以此言可斬同詆葉文忠或過激而左公於李選侍有垂簾聽政語雖夏考功允彝亦病其過自不能為諱耳

六

天啟間群小蔟逆奄定三案刋要典改脩　光廟實録鏟削其
與要典牴牾者倪文正公請焚毁要典天下韙之久之改録如
故要典猶弗焚於是文文肅公及國子祭酒許公士柔相継論
改録之謬文肅請刋定改録所筆者而許公則摘抉改録所削
者兩上疏争之與烏程相忤竟為同官所沮嗚呼三朝之事根
抵宫掖下窮私燕上及山陵羣小之改實録也護要典也當璧
之憂危伏蒲之諫諍以逮於選婚誕嗣一切爕典皆没而不書
以為必如是則椒塗之城塹日堅汗青之罅隙盡杜人主習其

七

讀而閲其傳𣳾然如爛紙故牘無可覧觀何從擫煨燼於蕉園
理糾斜於汲冢遂使宫鄰金虎皆得坐保百歲之安而棊藥銅
龍無復通知累朝之故可勝嘆哉

烈皇帝登極以王永光爲冢宰光頗清執王恭廠之變其疏獨
侃侃乃東林諸公必欲逐而去之致永光憤激爲難引用袁弘
勳張道濬等小人再起玄黄之戰又如枚卜一事錢謙益必欲
首推周延儒方以召對爲上眷處同推勢必用周力扼止之不
知上意實屬周不推適啟上疑耳於是黨同之說中於上者益
深溫體仁發難而周爲之助或云内庭已有爲之應者共費八
萬金宫府同聲以排東林而謙益輩懵然不之知也倏蒙召對
謙益以謂枚卜定於此日及入朝方知有溫疏溫與錢廷辯溫

言如泉湧而錢爲稍屈遂謄重讓錢聲色自娱立身本末原不足用而温首發難端與舉朝爲仇勢不得不自結於上入政府專意逢迎惟以苛刻爲事未嘗於上前救一人争一事上彌信其公忠而天下元氣雕殘盡矣周再出頗反温之所爲而招權納賄敗壞國事實在兩人當袁崇煥之獄攻東林者欲陷錢龍錫以羅織時賢周温寔主之後因黄道周疏救周意頗回又久旱不雨言路復言及錢得減辟爲戍初出獄周即過慰極言上怒甚挽回頗費力錢殊感之未幾温至錢因述周語謂非公等

力何得再生温苐曰上原不深求也於是聞者謂温爲質直而
周多機巧實温之巧於擠周耳

本朝稱名本兵者遠則劉忠宣近則王襄毅忠宣起孤生受泰陵特達之知獨立行壹意襄毅之肩貢市當新鄭專斷之日拱手受成議無所梗避崇禎已巳揷酋以議婚為名導奴大入吳縣申公用懋任中樞孤危寡援隻手支撐分兵為六營聯絡布置壁壘一新自是醜類大創遂拔營去以丙己已之役比而論之內無團營之兵外無亨虎之將資捍禦於禁近寄廟社於堵墻使于忠肅當之亦將斂手頼主上神靈羯奴奔迸可不謂難哉

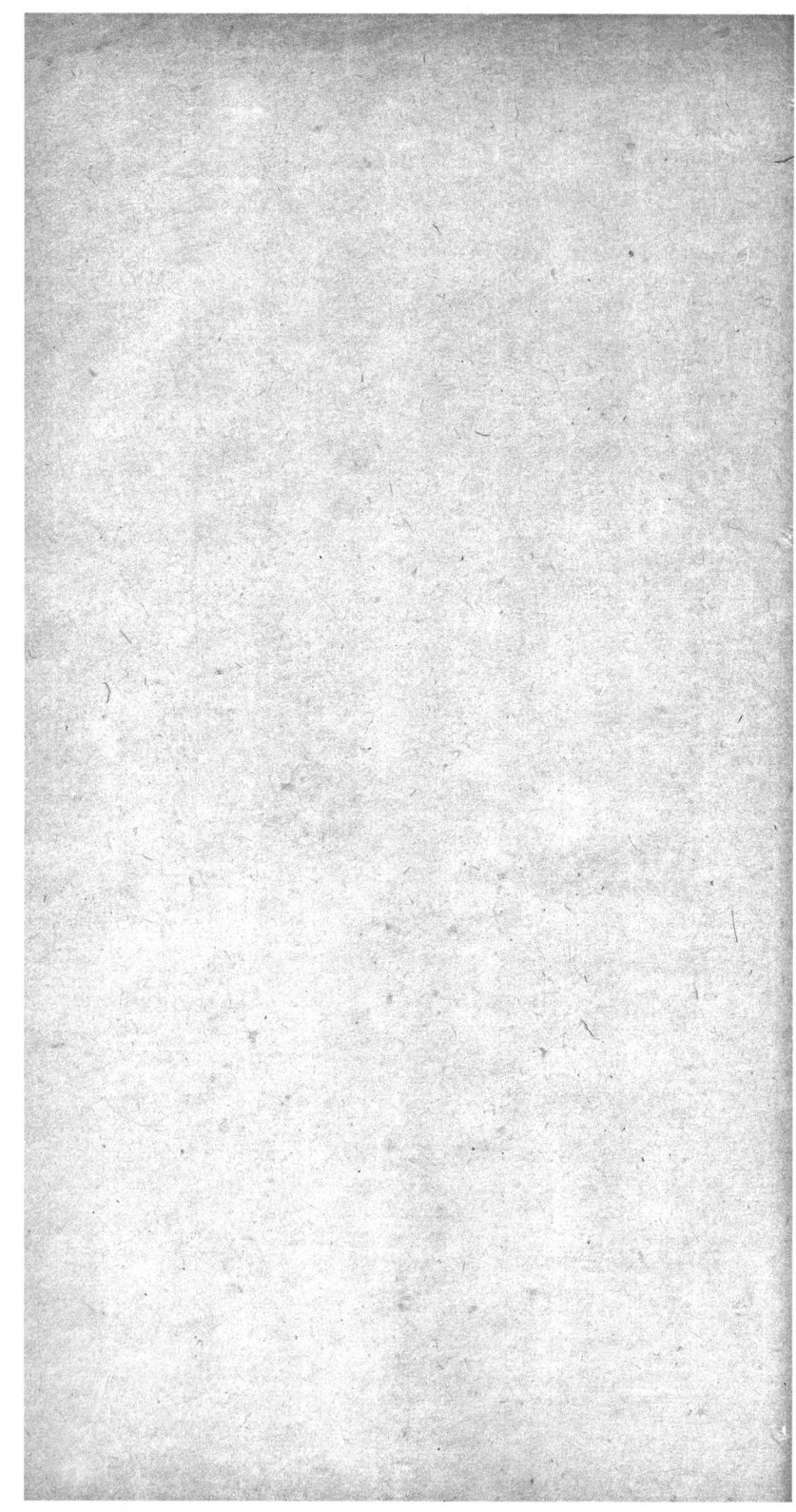

祖宗來閣與廠衛之勢嘗分故以萬眉山之纖糾汪直革西廠
與商文毅比肩無所鯁避者人主之體尊閣部附之以為尊而
國家之權重廠衛不能藉之以為重所謂相為崎而不相為借
者也嘉靖萬曆之交國體稍變閣不能不倚於廠衛而廠衛亦
不能有加於閣其相為崎者猶然至天啟而大變閣與衛皆廠
之私人衛附廠以尊而閣反附衛以重相借相合而閣之體獨
輕　威廟神明獨斷廠衛與閣皆奉職不暇久之而閣始睥睨
其間陰收衛以為用而外託刺舉之名內行鉗網之計閣與衛

合浸淫移奪而舉朝不知　孝宗不云予與我共天下者三公
九卿也是時刑獄委三法司緹騎帥領循徼而已年斌掌詔獄
正色直詞支拄㽵琬如斌者君子以爲真弘治中人物耳

威廟太阿獨操非臣下所能竊而每當大舉措則內璫若能持之其端似陰中而不覺也至舉朝用舍榮枯一視首揆之趨向亦似為所陰移當初政時不許璫與廷臣交一私語於是群忽璫不顧而攻東林者潛結之日以朋黨之說聞於上其時以通內自詡者史𡑞也錢龍錫之獄皆𡑞擠之及其徼寬典錢自云大璫王裕民實為解紛不然必無生理溫之陷錢謙益去死如髮大璫曹化淳憤而發奸棍陳張之陰謀陳張立枷死溫逐而錢釋矣薛之死東厰王德化實為之而周之死則又小王璫怒

之也廷臣通内者漸不以為恥曹璫喪父大臣與臺省多往致
祭小王璫喪毋大臣亦多往送甚有剏為傳单者揚又不之諱
其九卿不往惟鄭三俊耳然此時璫輩實陰為播弄其畏上英
明特甚也若南都則攘臂揚眉内外交相市即大璫自好者亦
嘆以為繩閑盡裂視先帝時天淵矣

秦寇之起緣陝撫胡廷晏狃於積弛束手無措則委之邊兵延
撫岳和聲諱言邊兵為盜則委之內地兩撫欺飾釀患致飢民
悍卒相煽不已而全陝無寧土先是萬曆間念西軍勞苦預給
三月糧歲以為常崇禎己巳秦大旱米價騰涌軍餉告匱又虜
入邊墻延綏巡撫楊鶴甘肅巡撫梅之煥分道勤王兵譁而逃
潰卒畏誅亡命山谷間倡饑民為亂時東事益急廷議核兵餉
各邊鎮咸釐汰裁餉至數十萬秉障兵咸譟又給事中劉懋御
史毛羽健等請裁定驛站即給郵乘傳有額毋濫用縣官錢謂

十三

省驛費蘇民力也而河北游民向藉食驛糈用是無從糊口益無賴兼歲不登所在潰兵煽之而賊遂蟻聚豕突不可收拾矣

吏部郎孫公必顯居潼華間熟諳阨塞要害賊之初起也公里居建議設重鎮以扼關使秦賊不出豫賊不入挈餅口而塞之寇可殄也鄉人恤其私以勞師糜餉尼之寇自是渡澠池而西莫可禁禦噫此勦寇第一策使當國者蚤從此議則一夫當關萬騎難越何至狼奔豕突使秦蜀楚豫盡遭蹂躪哉

劉忠端公自田間召起爲少司空郎奏云陛下以不世出之資
鋭意圖治而施爲次第之間未得其要留意邊疆賊臣以五年
爲期之説進遂致戎馬生郊震驚宗社而朝廷始有積輕士大
夫之心矣由是耳目參於近侍廠衛司譏防而告密之風熾詔
獄及卿士而堂簾之情違人又救過不暇而欺罔轉甚事又仰
承獨斷而謟諛日長甚者參劾之法惟重徵輸官愈貪民愈困
而賦愈逋總理之外復設監紀權愈分法愈廢而盗愈多夫君
臣相與至難也得一文震孟以单詞告罷矣得一陳子壯又以

過繫下獄矣於是市井雜流乃得操其訛説乘間抵隙以希進用國事尚可問哉陛下天縱聖明而諸臣不能以道事君徒取一切可喜之術臣竊痛之疏入不省此奏言言藥石黙破當時病源三復不勝太息

劉忠端公罷職陛辭又奏云張鳳翼溺職中樞而與之專征何以服王洽之死丁魁楚失事於邊而與之戴罪何以服劉策之死督撫勤王之師爭先入衛者幾人何以服耿如杞之死今二州八縣生靈塗炭極矣廷臣之纍又若又可卑無死又何以謝韓爌李邦華之或戍或去豈昔之為異已驅除者今不難以同已互相容隱乎臣於是嘆小人之禍人國無已也皇上惡私交而臣下多以告訐進皇上録清節而臣下多以曲謹容皇上崇勵精而臣下奔走承順以為恭皇上尚綜覈而臣下瑣屑苛求

十六

以示察窺其用心無一不出於身家利禄嗚呼八年之間誰莞國柄臣於是不能爲首揆温體仁寬矣

威宗十七年間閣臣柄用最久受知最深者始終三人而已排衆獨任春注八年不衰則温體仁諫行言聽先後七年之久則周延儒而薛國觀在二人之間所謂送鳥程於既往起宜興於將來者也體仁之姦浮於延儒延儒之貪倍於國觀而兩人皆相繼服法體仁獨以先死逋誅贈蔭官階顯榮無恙余考體仁不植黨不狥私不貪賄亦自矯又故　威廟始終眷注呂目中無珠不能旁求俊乂爲國分憂胸中無膽不肯直下承當拚死出力惟以孤立深結主知而一切戰守撫勦機宜仰承宸斷毫

十七

無補救嘗言主上神聖我等但當將順其美而已嗟乎八年之間綜覈操切慘刻寡恩使國家元氣日銷月削而漸至不可救誰秉國成稔釀若斯之酷也又況媢功嫉能日與東林為難雖由錢謙益激成之然謙益自是小人豈得因謙益而并辱誣賢者必盡芟夷而後快耶平心折衷即起體仁於九原律以始禍當亦無辭自解矣

錢虞山留心經濟　威廟初将有爰立之命或謂曰政将及子滅虜盪寇策果安出則應曰用孫高陽辨虜梅長公辦寇天下安枕矣孫公収復八城以還朝廷功在社稷已巳虜警即家再起當關而同官扼之不使還閣又七年虜陷畿南殺公并鹿太常乾嶽東酋酌酒相慶曰兩人死北人誰敢言滅奴者予長公罷撫里居賊八年不敢窺麻黄公殁後獻賊始陷麻城戒弗犯梅氏持羊酒祭公墳羅拜而去噫天地生才本有數而知而不用、之不盡卒使身與國殉而不得展一手一足之烈也嗚呼

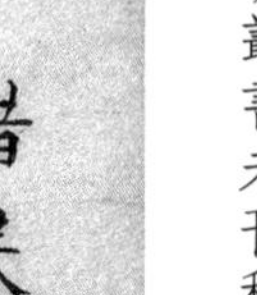
惜矣

威廟丁丑戊寅間韓城相以禮都垣晉僉憲起登掞席先時錢謙益者東林主盟垂涎大拜時陽羨相以少宗伯召對稱旨上殊目屬之錢恐其嫌已會推時并溫體仁咸擯不與於是溫周之交遂合體仁上疏攻謙益叅以科場夙弊　威廟面質霆怒不測閣臣李標周道登等力為申救錢竟落籍而歸陽羨烏程遂徼特簡烏程不兩年驟躋首揆京師有聯云沈灾洲主察涌薛錢牧齋大拜遺溫沈名惟炳楚人自附清流時為吏掌科韓城故與烏程有臭味之投黃緣當國甲申以後沈則汚命偽庭

十九

錢則稽顙戎幕要之五人者皆小人之尤罪俱難曲貸云

李侍御模記自搜括加派之繁興新逋舊徵之交迫雖有水旱盜賊饑饉流亡之災官不敢議題留民不敢望賻恤所以為財賦計不可勝言而財卒以匱自奴酋挿東蠢發于東西而滇黔粤閩閔隴荆洛椎埋竊發流刦騷然所以為厲兵計不可勝言而兵日以弱自選舉之格嚴吏志於畏罪不志於奉職而公廉勤慎不見擢流徙竄殛日益多所以為擇吏計不可勝言而吏治終惰窳而不可救噫誰秉國成其流若此八年獨相溫體仁之罪無所逃矣

二十

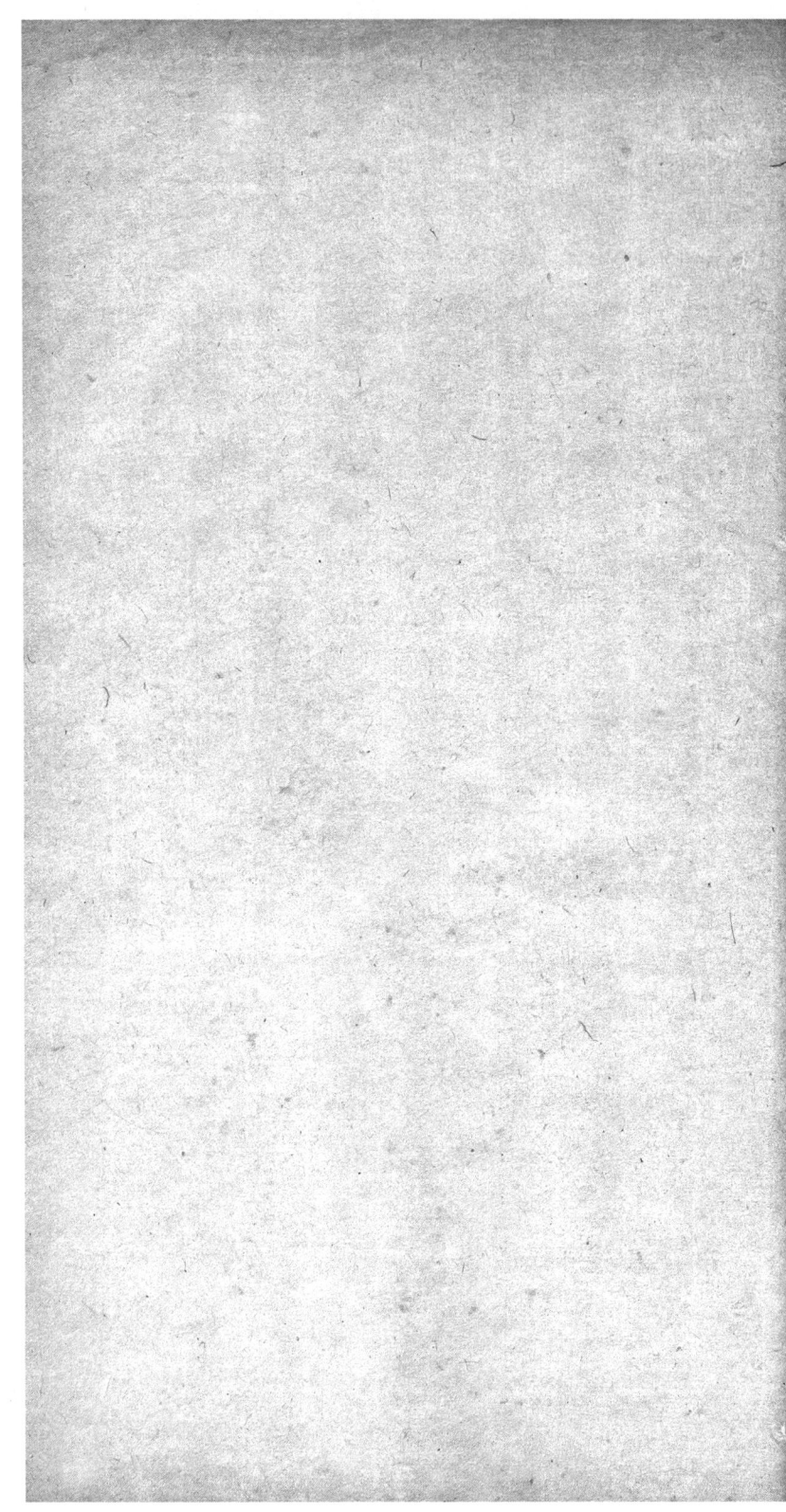

乙亥秦督洪承疇大破賊李自成于函谷自成衆散畧盡其部下相繼俱降自成竄漢南秦兵躡之于北左良玉扼武關以南窮困不得他逸食且盡自經者數次諸將困自成殽函諸山中斷其要害合圍甚密將生虜之督師楊嗣昌曰圍師必缺不若空武關一路設伏商雒鄖均以待之可一擊而盡也於是自成乘隙突走諸將不能禦遂自武關以入鄖陽息馬深山中時河南大饑、民所在為盜自成乃自鄖均走伊雒饑民從者數萬勢復大熾

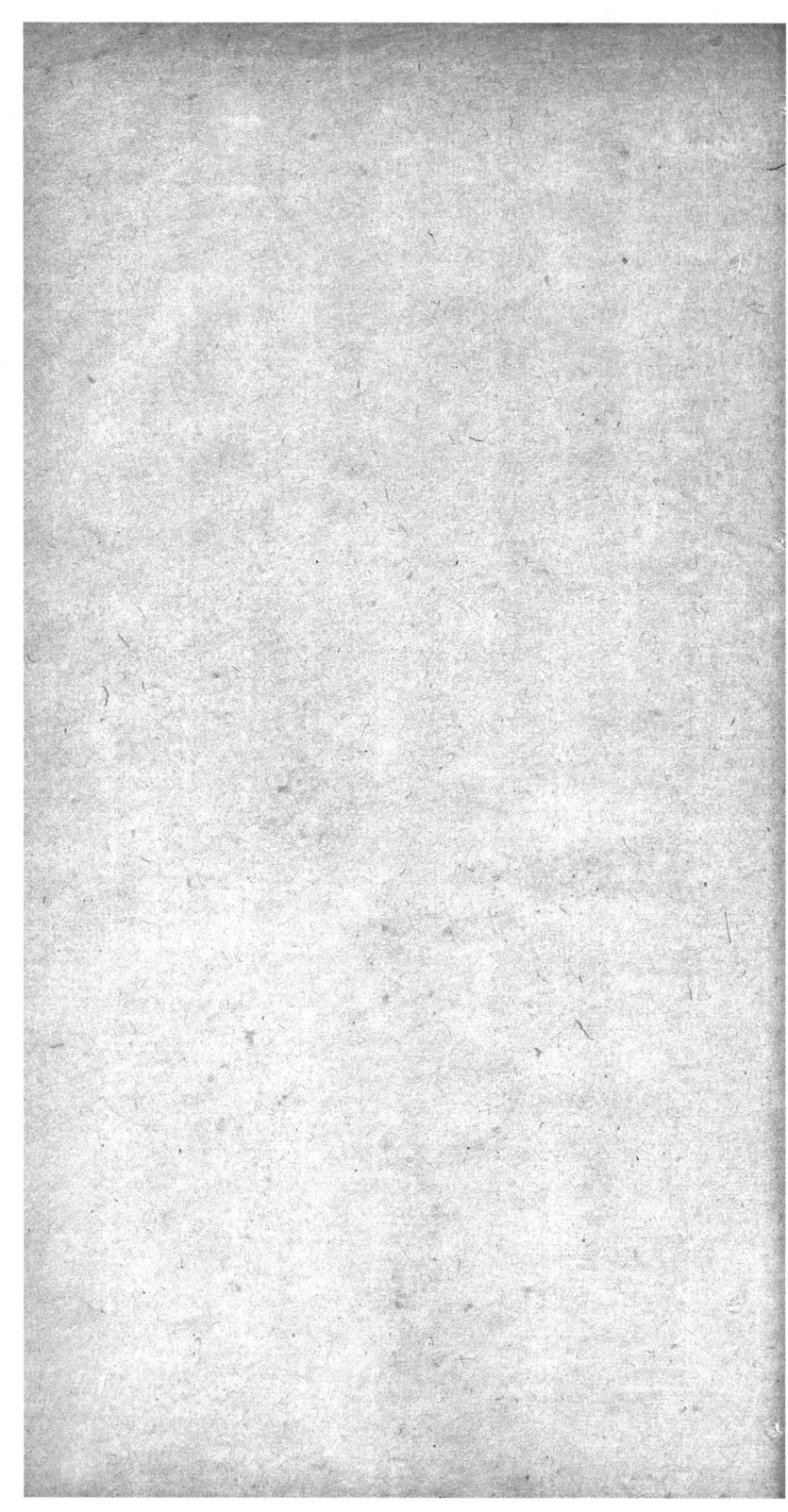

戴東旻撫治鄖陽奏云羅汝才就撫不從解散之令願爲百姓
耕田山盜鈴之説耳張獻忠入據穀城屡檄不前其意將有不
可測者然數省大寇環聚二三百里内四面合圍實有釜魚阱
獸之勢以理臣熊文燦現在兵馬再令督臣洪承疇孫傳庭發
秦兵由興安馳赴協同會勦實蕩平之機也乃當國者無謀置
如充耳專聽文燦之愚一意主撫坐失機會遂致潰裂不可收
拾痛恨何極

二二

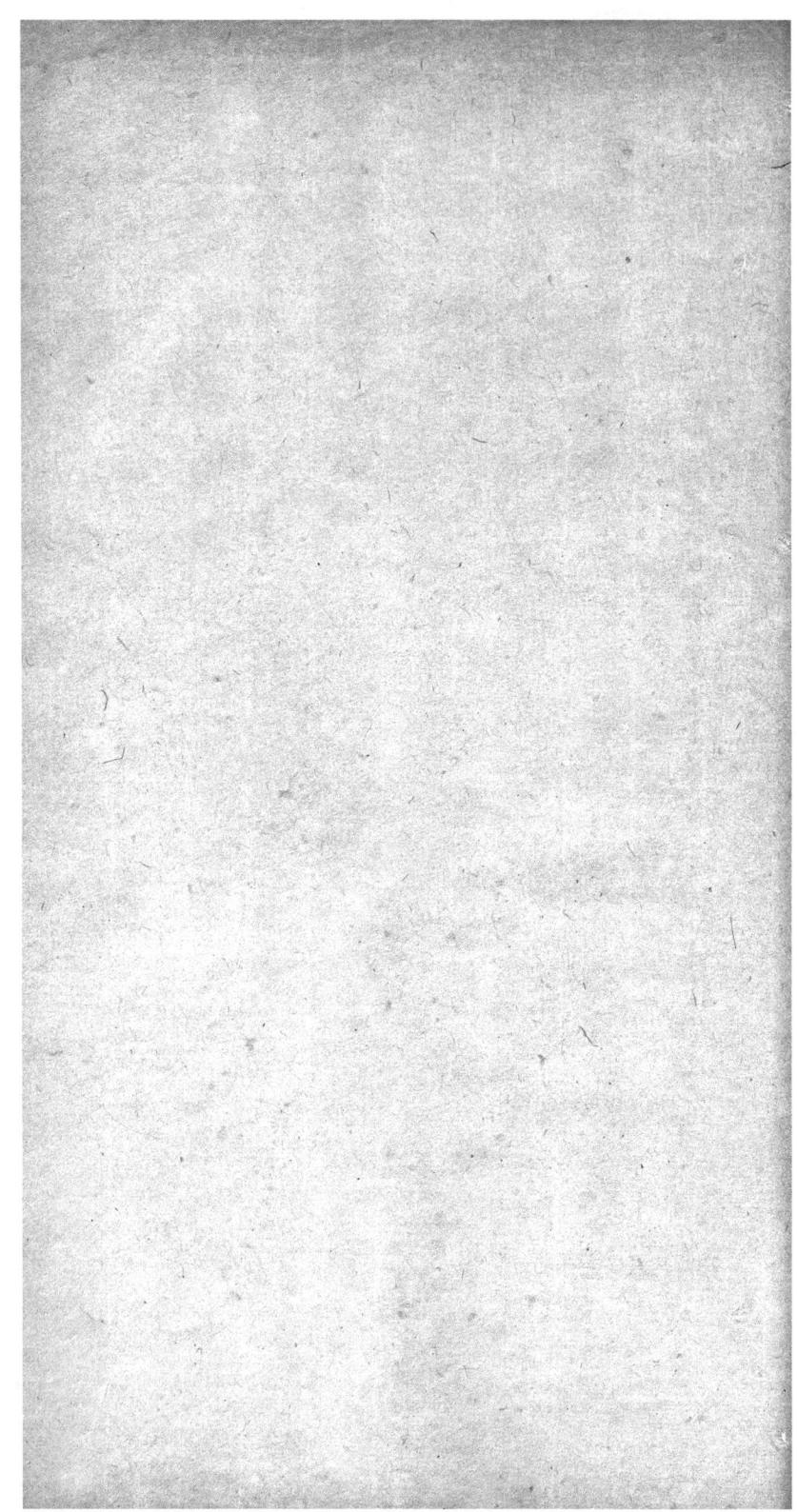

丙子平賊将軍左良玉大破獻賊於太平縣之瑪瑙山獻忠精銳俱盡止驍騎千餘自随道入興歸山中尋自塩井竄興房界會羅汝才勢孤率黨走合獻忠謀渡川西楊嗣昌檄諸将賀人龍李國奇張應元汪雲鳳張奏凱等會師擊之應元雲鳳營於夔之土地嶺待人龍兵三檄不至先是嗣昌以良玉跋扈難制而人龍屢破賊有功請以人龍代良玉佩将印既而良玉瑪瑙山奏捷疏未可動復奏留良玉佩印如故而别加人龍總鎮銜須後命两将皆觖又當獻賊之遁伏興歸也千餘殘兇可立殄

乃良玉以奪印懷懟人龍以歸印觖望遂各逗遛不進使賊復

熾皆嗣昌失兩將之心覬覦故耳

新安方一藻爲遼撫有周元忠者瞽而狡以善卜爲名自云曾爲王化貞用間以講款説遼撫又請往探東西諸部情形説二虜來歸遼撫密疏上聞武陵在中樞聞而大喜以爲天贊我也蠟書抵闗門日夕以謀款爲事又援引舜禹文王樂天保天下之語假西市以緩東征俾數年不來我得一意辦賊而伺間以圖於是蜀人馬紹愉山陰孝康朱集之應募偕元忠往嫚書流聞武陵恐激上怒密囑闗門攺竄其詞以就款局上命集議職方郎中趙光忭再疏駁之武陵詞窮第曰臣終不敢以爲然及

二四

武陵以督師出陳新甲代為中樞主其議益堅而弄如捕風終不得要領新甲坐失陷藩封正國典其事遂寢嗟乎畱鄭公使遼正敵國之體此例雖未可援即如本朝王褒毅高文褒撫俺荅故事奚不可者當國無人遂成道旁築舍亦獨何與

李映碧給諫云吳昌時鄭鄤皆小人之尤也一附鄭冢宰玄嶽一附黄學士石齋人欲擊鄭恐累黄公欲擊昌時恐累鄭公故威廟獨斷誅兩人即孔子誅少正卯不是過　威廟時宜興相喜軟美故多媚子興化相尚聲氣故多僞士吳大理履中曰若周公去其欲則韓范何遠之有余曰不然若吳公去其偏則姚宋何遠之有周機敏稱上意然門客猥雜凴酢紛紜竟忘上爲雄察主矣吳縣秦撫晉譽望翕然聲名減於爲相時盖認門户太着論是非不論真贋耳

二五

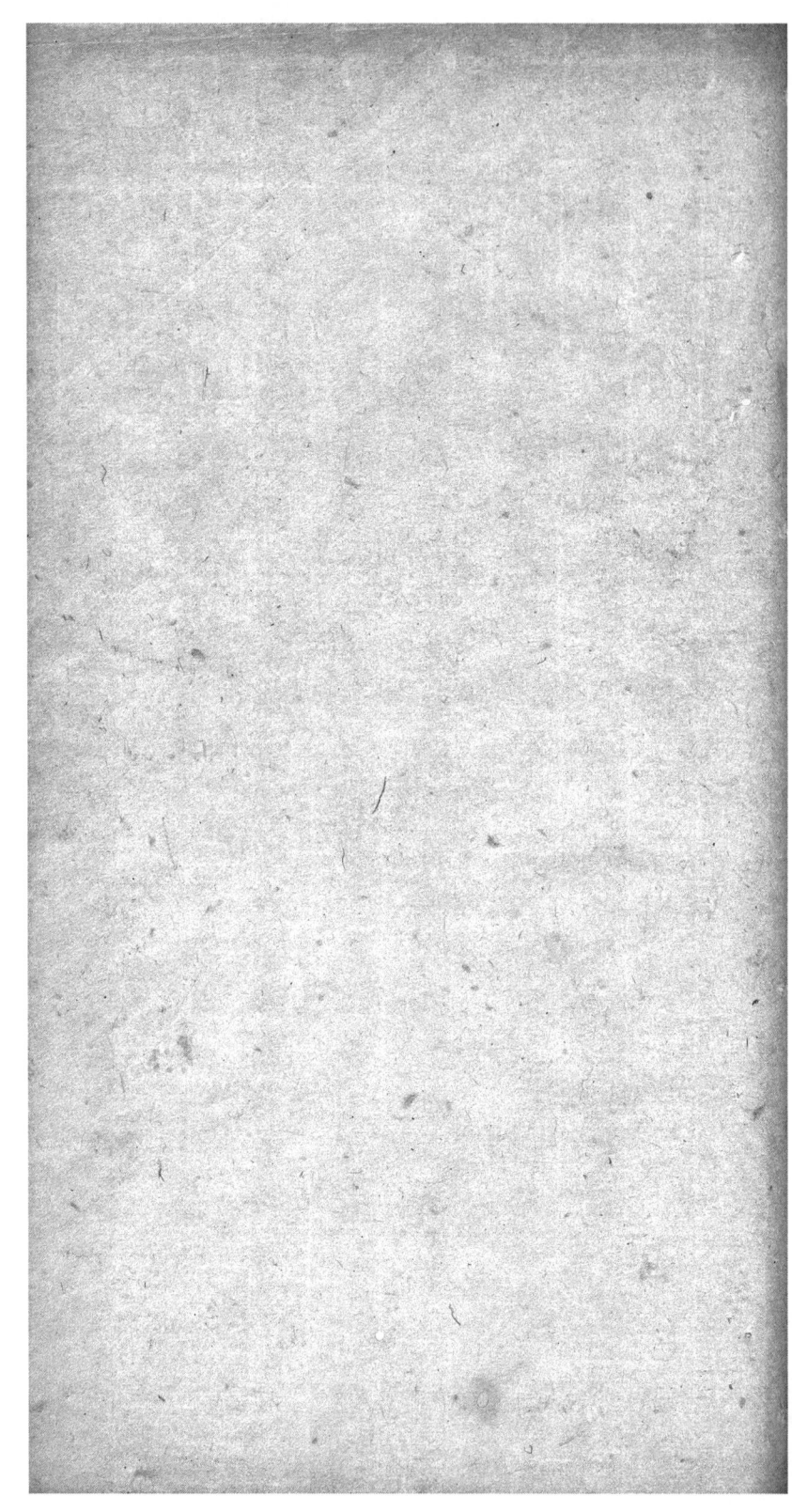

宜與相頗有才凡召對票擬機權互用甚愜上意傾心嚮之諸輔臣皆莫逮也再起田間至京陛見錫宴親為作主回宮欣、有喜色云還是他故壬午冬凡所請蠲逋清獄起廢賜環考選諸大政及罷廠衛罷京營提督内臣無不立賜允行然性多慾門客猥雜寵賂公行竟忘上為明察主矣及出督師識者知上疑之必有朝行夕伺者猶不改故態用劉澤清為中軍大將偏裨奔走如蝟廣開納賄之門偵者皆密以聞更與興化相争權又有臺省群小為之交搆於是雷縯祚疏入而聖怒不可回矣余謂得君之專孰如宜興言聽計從又孰如宜興當時閫門危急謝陛同中樞陳新甲遼撫方一藻等議欵既居揆席何不從史如高文襄用王襄毅撫俺答故事專力辦欵奚不可者又寇氛孔逼日與上議南遷即未可輕如李忠文之策東宮撫軍留都分封定永二王於江南謀出萬全何至有覆巢之慘如此急着先着皆一籌莫展則將焉用彼相哉

宜興罷相歸門人張溥馬世奇每以公論感動之故再起田間為首揆所舉措盡反前事向之所排更援而進之然性貪又見輿情之歸嚮也益自恣納賄彌甚上亦虚己聽之溥既殁世奇遠權勢不入都宜興左右皆小人無為匡救之者壬午冬虜闌入塞自薦抵淮蹂躪二千餘里無能設一策控禦及偵其惰歸自請視師上以裴度目之然意已移矣至軍中未嘗鼓勵一戰惟與幕客私人納賄縱酒偵者皆以聞上怒亟放之歸又因臺省交攻親訊吳昌時於廷置之死仍提延儒至都勒自盡如所

以待國覲者宜興雖寬厚再出多善政及死而人莫之憐以其

太攬權與婪賄耳

東林之始而領袖如顧鄒諸賢繼如高楊左魏又繼如文震孟姚希孟李邦華倪元璐劉宗周最後如張溥馬世奇徐汧黃文章節義為世楷模而攻東林者始為四明繼為亓趙繼為崔魏繼為温薛又繼為馬阮皆公論所不齒也東林中固多敗類攻東林者亦閒有清操特立之人當璫盛時如高弘圖首言詔獄削奪之非王志道召用不出王永光疏指淫刑以致天變王業浩張捷赴召即忤璫斥歸此皆能勁挺不與同汙者　威廟時即宜與之捐成心偕大道而終亦落一不合此則諸賢之過耳

二八

東林宿望梁谿顧端文公涇陽先生高忠憲公景逸先生吉水鄒忠介公南皐先生李忠文公懋明先生山陰劉忠端公念臺先生倪文正公鴻寶先生高邑趙忠毅公儕鶴先生關中馮恭定公少墟先生道學足以繼往聖文章足以師後進經濟足以澤民生氣節足以肅朝綱風教足以型来禩皆挺生之國寶間出之名世也而運際末流不獲竟其用或坎廩以歿或飲恨以終或殉節以逝後死者安從取法焉嗚呼惜哉

二九

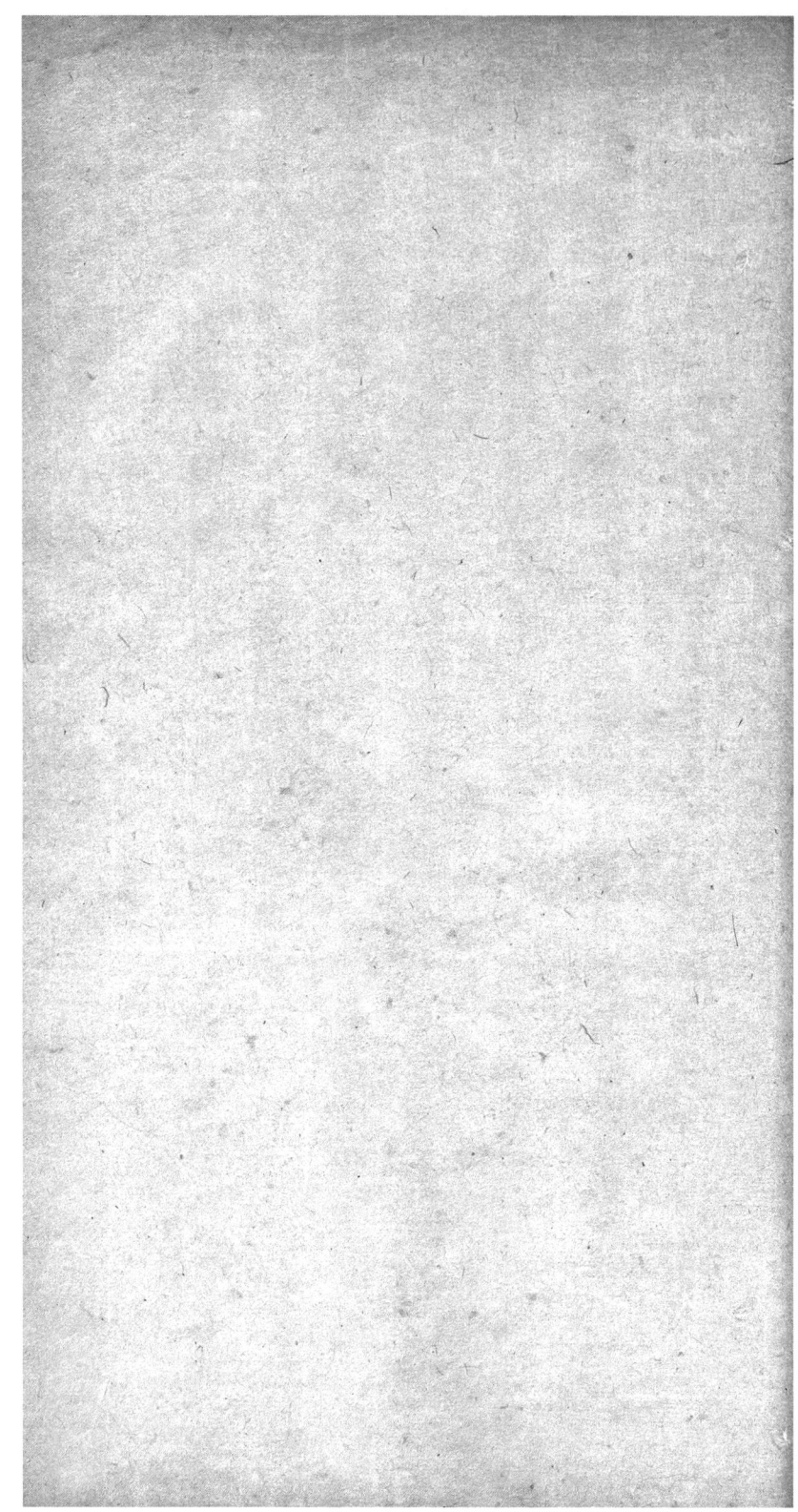

本朝自　孝宗以前人矜名節士大夫爲朝廷之心多爲身家之念少所以風俗素樸海寓乂安自　世廟定陵祖孫相繼百年於兹人盡營私貪風大熾每趋愈下馴至啟禎之季招權納賄結黨欺君遂大敗極壞而不可救其原始於嚴嵩而其流極於周延儒馬士英則始終一轍也豈非亡國敗家之孽種哉

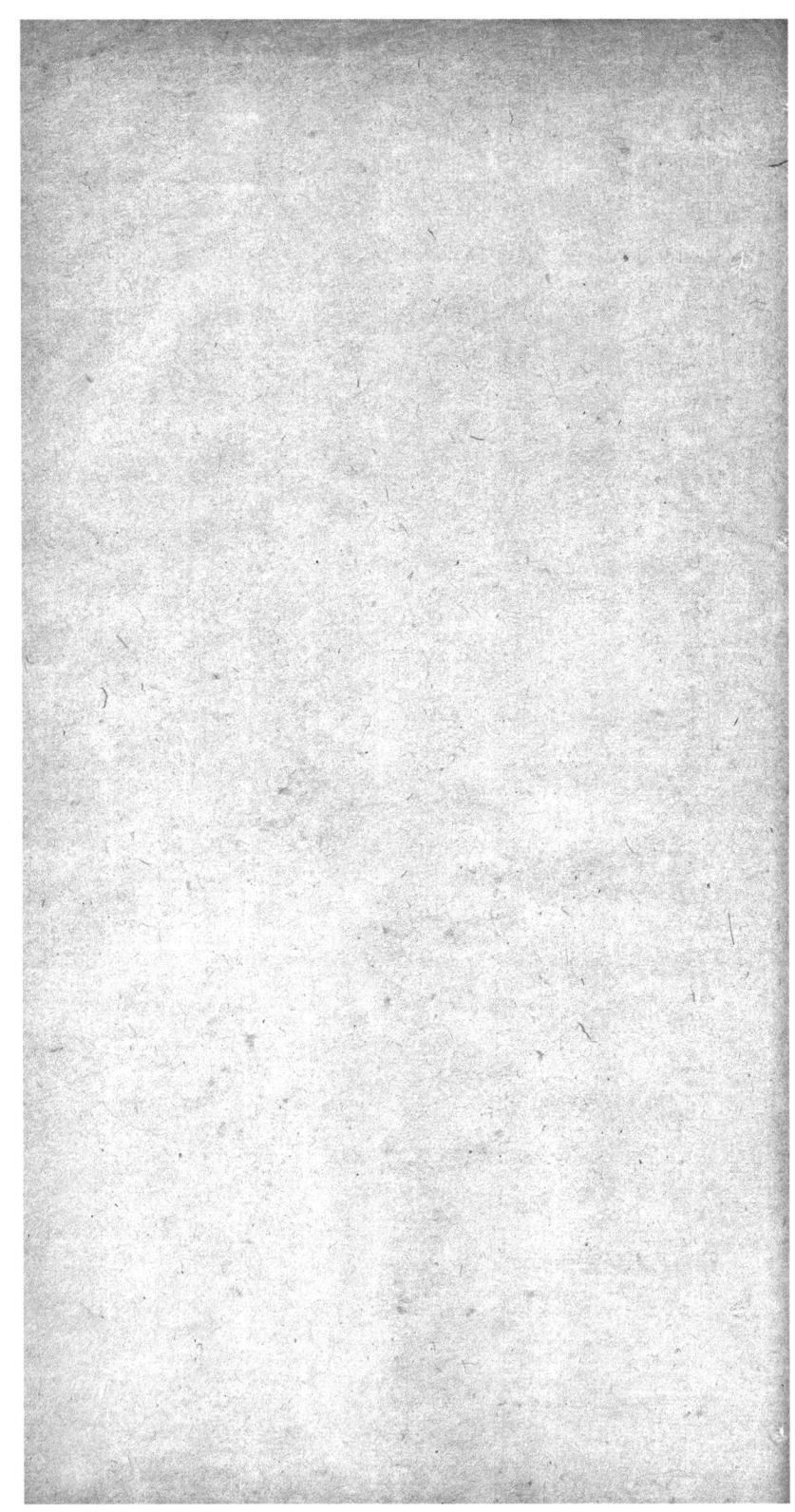

倪文正公曰國家自　神祖中葉以来三四十年間朝宁之局凡三變其始天子靜攝聽臣工群類之自戰而不為之理所謂鼠鬬穴中将勇者勝耳其時血戰玄黄時勝時敗　熹宗之世奄侍擅權宵人處必勝之勢正人亦戢心搏志而甘處不勝不敢復言戰宵人亦不曰戰直曰禽獮之耳然其時正人雖嬰禍患其心愈喜曰吾君子也今上魁柄已振握照虚公百爾臣工皆怵然不敢窮戰而陰制以謀故其時氣戰者敗謀戰者勝謀陽者敗謀陰者勝凡明主所箝鍵以繩貪人者宵人皆借之以

穽正人其正人既謡敗即無可自解曰吾君子宵人亦不靳歸
名君子而但使其無救於謡敗宵人正人皆以不敢言黨而黨
愈熾黨愈熾而國事不可問矣

威廟末年吏部則吳昌時省員則楊枝起廖國遴曹良直龔鼎
孳光時亨臺員則曹溶黃澍周亮工等恣睢貪婪皆一時人妖
曹龔交搆陽羨輿化閒竟至兩敗昌時狡謀辣手通內障天倒
鬭國是枝起國遴則入陽羨幕結黨招權孫侍御鳳毛科之人
以為過吳忠節公領袖天垣語人云兩人自入戶垣從不守科
發抄非匍匐政府則奔走銓曹賣官納賄為實耳始知侍御之
科非謬又罪樞陳新甲未下獄兩人同光時亨倪仁楨曹溶倡
議必殺之及部審日候徐司寇石麒言不可殺者亦此數人司

三二

恣每對人嘆息盖前之必殺以索賄後之不殺以賂入也其横如此余觀此葦皆齷齪小人無足深責竊駭聖主當陽魑魅晝見敢於做鬼裝神興妖作怪直至斷送金甌而後已丙夜思維茫不得其解或是靖難時景鐵練胡諸公再生以報瓜蔓之慘乎不然何狐群狗黨引類呼朋若是之衆耶

夏考功瑗公曰自有遼事以来所用人鮮能勝任當時所望成功惟熊廷弼孫承宗袁崇煥爲庶幾而武臣如劉綎杜松滿桂祖大壽吳三桂其最著也廷弼勇於任事號令嚴肅身自偵探將士多畏而服之遼事數振然性剛而氣傲鄙夷朝貴雖成功亦不能居況未成功乎承宗練而才凡軍中利弊每發言中竅諸帥心服所推轂馬世龍貌偉而寡將略而鎮關門俱無事卒不與虜值耳里居城陷闔門被難傷已崇煥少好談兵見人輒結爲同盟肝胆頗熱然銳而輕每易言天下事召對平臺自矢

五年滅奴洊無經畫已虜入赴援又不能力戰朝中遂以殺
毛文龍為崇煥罪身罹極典妻子流三千里刑浮於罪多矣杜
勇而疎劉為尤勝所招致奇才劍客之屬甲於諸帥劉敗後鮮
有能繼者滿桂驍而廣起自行伍不解文墨拔為統軍群帥不
服各鎮之兵紛集桂未暇拊循之亟驅以戰兵不習將、不習
帥一蹶而覆非桂之罪也大壽家富而健於鬪曾犯法幾被戮
于孫承宗賴崇煥力救之故相得甚驩及為大帥子弟皆分閫
所畜健兒皆虜丁遼人勇敢善戰輦下擅歸以崇煥下獄故而

其母痛責之妻故妾也亦持之甚堅故仍爲國用永平恢復錦州力守皆有功攻圍既久糧竭而兵不赴遂以城降而身自逃歸或云已輸誠於敵然歸即爲國堅守雖子在虜中不之顧亦非有意負國者固守松杏與洪承疇被圍年餘力竭而陷遂致失節三桂即大壽甥也父襄舊爲大帥三桂少年勇冠三軍遼帥莫之及松杏既破單騎逃歸遂爲大將力捍關門闖賊畏憚誘致百端終不從以滅寇自誓申胥復楚三桂無愧焉

三

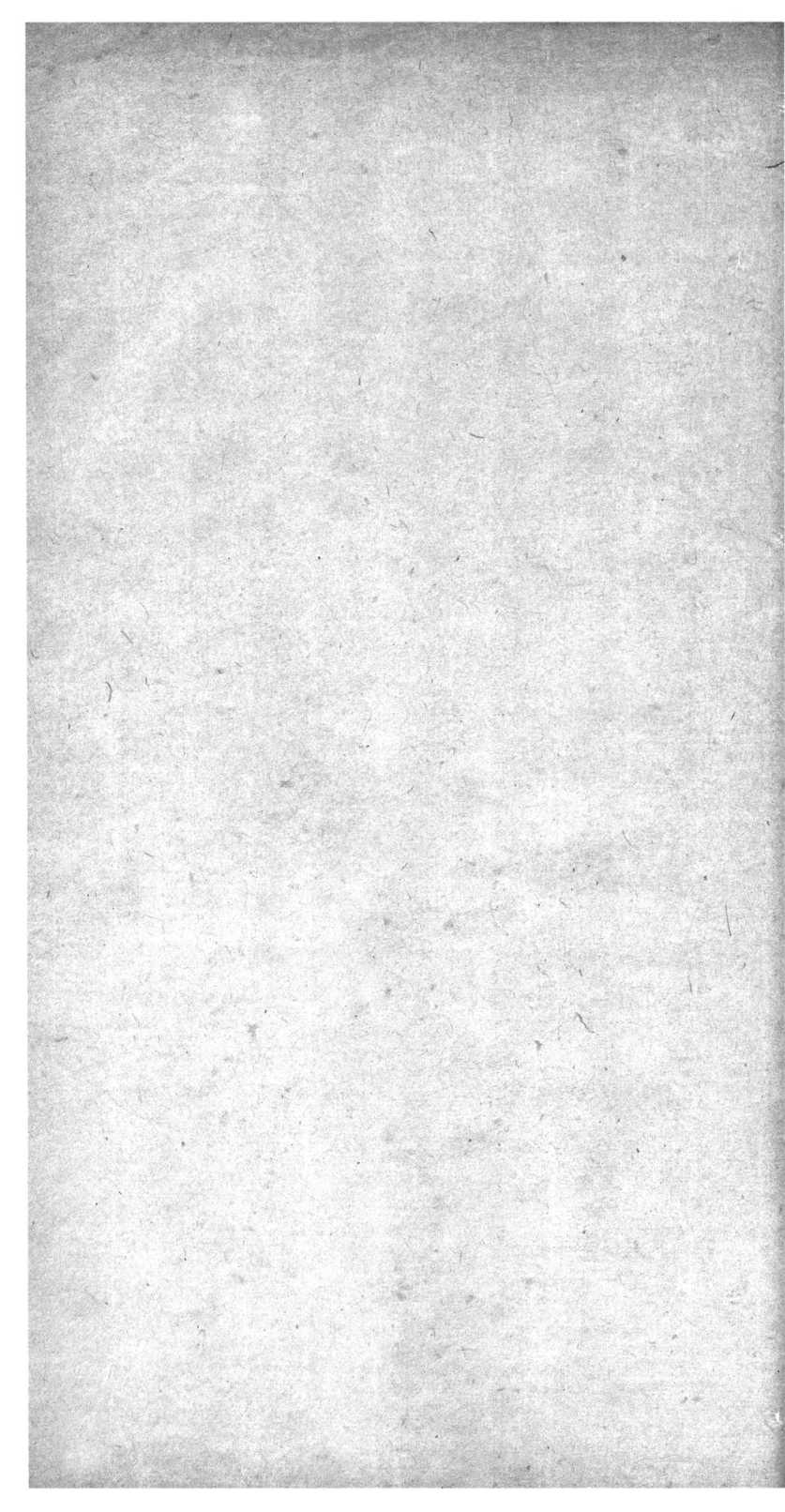

甲申三月賊破大同宣府警報疊至命府部大臣條戰守事宜
左都御史李邦華疏請東宫撫軍南京分封定永二王於江南
上頷之吏科給事中吴麟徵請棄山海關外召吴三桂入援廷
臣以棄地非策不敢主其議督師李建泰駐保定上書請駕南
遷願奉太子先行上召對平臺諭閣臣曰李建泰有疏勸朕南
遷國君死社稷朕将安往大學士范景文及邦華復面請奉皇
太子撫軍江南爲要給事中光時亨大聲曰奉太子往南意欲
何爲将欲如唐肅宗靈武故事乎上默然拂袖起此皆通達時

勢先著急著而爲無識小人所壞光賊之罪寸磔難逭矣

李忠文公饒經濟大畧撫天津議建營壘造营房千二百間馬
廐五百躬先畚鍤翼如告成芻糗山積束伍練膽之法一倣戚
武莊新書從事選鋒六千人輕車二千輛部伍分明器械脩飭
高陽公閱邊至津嘆曰今九邊胥若是何憂戎馬哉叅贊南樞
廵行江北周覽形勝詳察水陸防禦機宜謂守江東不如守江
北請於滁和全椒墾田數千畝聚衆數千人且屯且練以固門
户守下流不如守上江請於池陽之閒開府釆石置哨太平舟
車兼制以固咽喉又謂徐州居四方邊水陸交會宜宿重兵設

總督一旦有事片檄徵調北邊虜西邊𤞤中莫陵京此天下萬全大局也京營舊制軍務於伍糧支於衛會軍者不覈糧司糧者不㸃軍蠹弁積棍窟穴其中因緣為姦公總戎政定為經制炤現在軍數人給印票該衛造冊掛號然後赴倉計部按冊驗票給米票不符冊即偽票冊浮於票即偽冊濫支者法無赦磨勘兩月清出虛冐歲省二十四萬有奇以還度支

甲申三月闖賊破三關李忠文公爲總憲熏沐具疏請下明詔
令臣民死守用　成祖朝　仁宗皇帝監國故事急遣皇太子
撫軍南京越數日又請命定永二王分封江南上袖公疏遶殿
巡行且讀且嘆疏稾對袖紙𧸘漫爛猶不去手盜諭閣臣陳演
憲臣言是演頗泄其語於是羣臣爭疏南遷臺省交口詆讕上
恚且恨公二疏并寢不行昔有唐天寶房琯畫詔而開藩有宋
靖康李綱抗議於決戰公忠謨偉畧不下二公抹亡圖存綽有
成筭　先帝識路自迷操刀不割却國醫而待盡仰毒藥以趣

亡遂使次律拱手伯紀結舌死賊抒撫膺之慮雜種快脱帽之謀廟社淪胥主臣同盡納肝無救於衞臧藏血何補於周危寧不恫乎有餘悲耶

萬曆間西江有二儒者曰鄒忠介公元標曾恭端公同亨鄒公識公于諸生最以萬物一體之學既登第謁曾公南太宰署中曾公明燈促席極論古今典章吏治人才世運曰吾老矣一腔報國微忱舉付吾子公學術原委得之二公為多邇公之大節終始有三章笥録牒端禮刊碑蘊義生風終始一節則以黨論終始開拓心胸補苴倫紀不聚生徒不

矜者作則以學問終始盤錯橫身艱難致命以熱血濺宗社以
丹誠答知遇則以忠君報國終始

三八

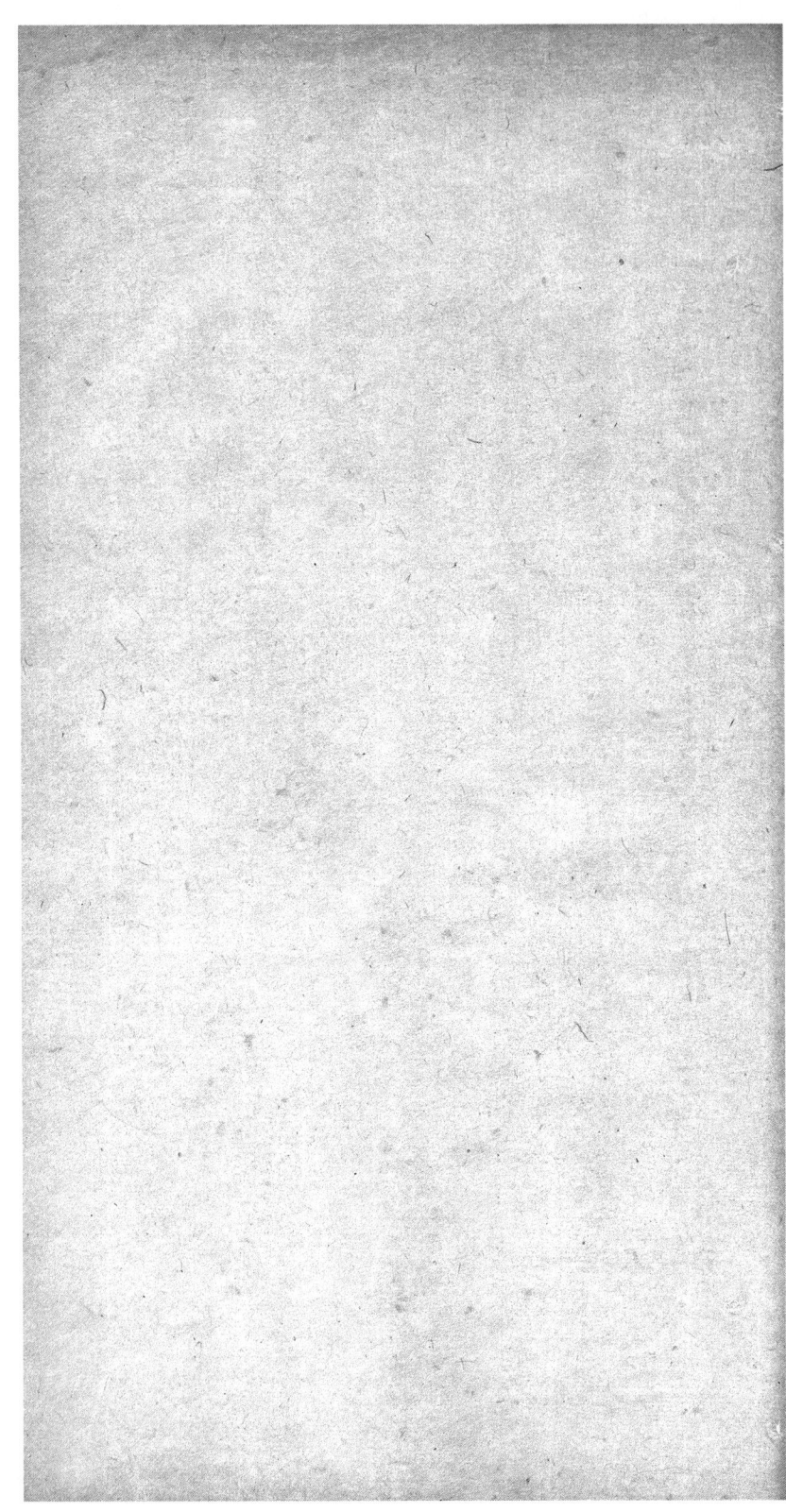

烈皇帝之英敏勤政自當中興而卒致淪喪者以輔佐非人也
庚發如范景文之慱大方岳貢之清勤不失為賢惜用之稍晚
謝陛不狥物情亦不違公論三人者於二黨皆虛公不滯謝時
合時離或以其機智少之其料許譽鄉也實逢迎溫意未發郎
推鄭三俊為總憲似亦善補過者然闖寇之難范死最烈炤耀
千古方以宜精微房入內聞變即自縊為僕所解欲再縊而寇
已入擒之受刑最慘搜其寓囊橐蕭然欲大用之終不屈以死
或咎其死之少遲然大節終無敗也謝不免於巨虜未發即歿

三九

或云爲虜所疑無足數矣

國家以科目取士三百年間未嘗乏扶危定傾之人何至思陵之季人盡營私遂啟積輕士大夫之念於是思保舉思摸授又思用世勳即書隸廝養亦徵特授玷清班然後賈帑競售平臺召對立談取官上之側席撫髀誠亟矣而卒不收一手一足之烈君真孤立臣悉寡恩彼肉食鄙夫無責已東林固稱才藪然持清議鎮雅俗者雖不乏人求如于廷益王伯安楊邃菴何不數又見耶果數丁陽九天不生才乎抑當宁者文法深誅戮亟而人不敢以身試法也三九大老自北變殉國外凡靦顏偷生

四十

潜軀營窟者清夜捫心亦當媿死

比變驚聞錢虞山在籍首倡立潞藩之說蓋恐福王立則重理三案也於是姜少宗伯曰廣呂少司馬大器皆和之意亦深遠然潞爲疎屬不有惠桂兩藩乎當時李給諫清語觧司馬學龍曰禍自此始矣　神祖御極最久德澤在人心若舍孫立姪誰不當立倘左良玉挾楚鄭芝龍挾益孰禁之者群議籍、聖安帝不得已移書四鎮諭以擁戴而四鎮亦恃此爲功分割土宇閣部史公雖忠勤自矢未免以前議爲嫌避权外督精神不用以圖闖聯清而日惟調戢四鎮晚夜不遑及四鎮稍輯則闖

四一

滅清張且以不討賊罪我而我又不先命親王宰輔致書於彼
國之敵體者乃以人主書自稱呼彼可汗何率畧也況閣臣無
深謀遠筭授之行人惟以不屈節三字囑故左少司馬卒抗節
死而陳洪範馬紹愉皆齷齪小人輸誠降敵不得要領以旋至
朝政之壞自閣臣姜公曰廣高公弘圖總憲劉公宗周太宰徐
公石麒行後恣行漁獵罔顧清議馬士英貪阮大鋮張孫振袁
弘勳貪而橫左逆因之借題内犯盡撤江防兵以遏之而敵遂
乘蘆溇江陷都縶主有同拾芥禍貽於謙益事壞於士英大鋮

而勢牽於良玉父子則黄澍爲之鼓煽皆　高皇帝之罪人耳

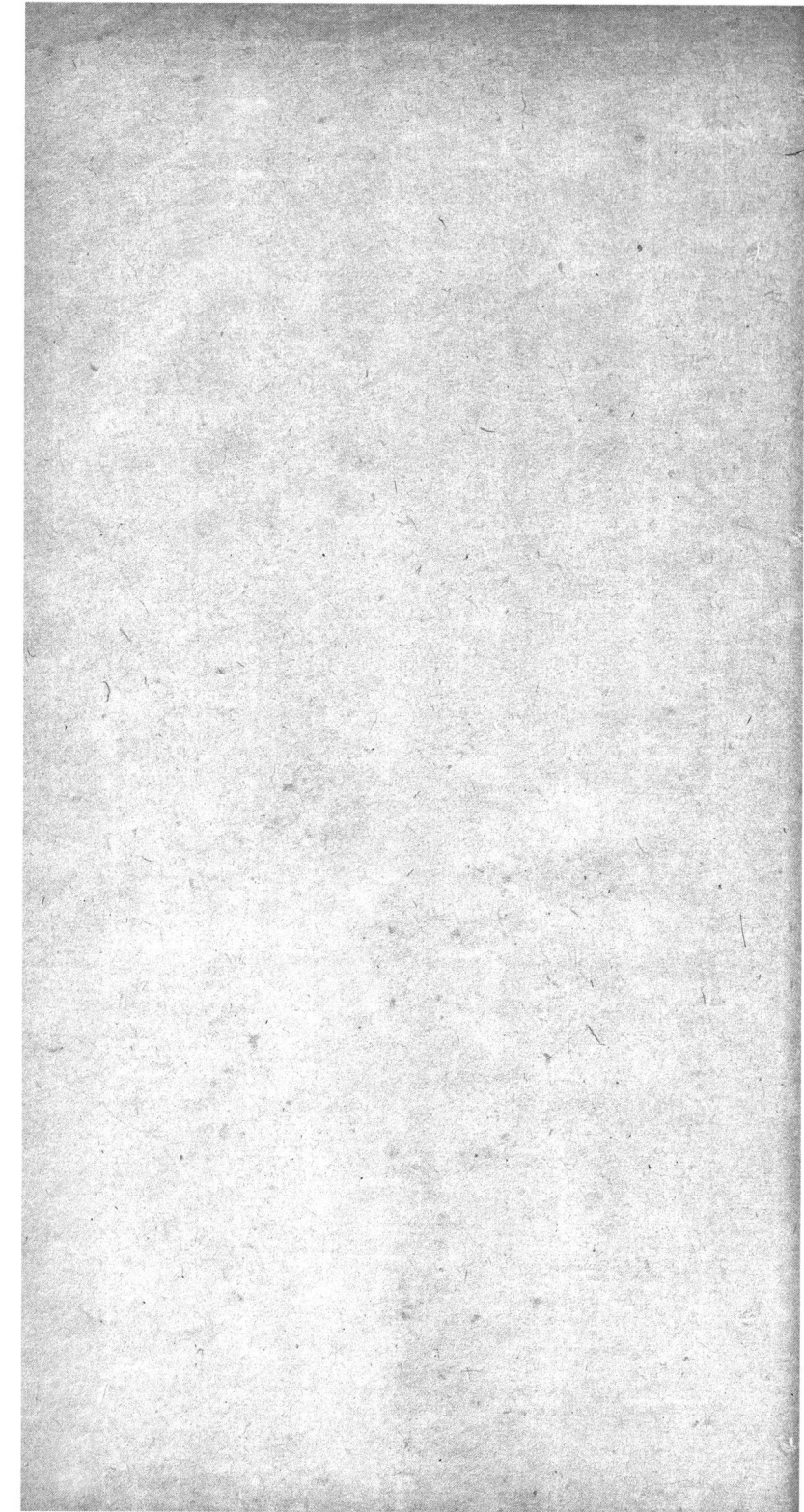

沈給諫甯泉嘗語人曰吾未渡江時望東林如山岳渡江後始悉錢謙益熊明遇等所爲夙昔之意俱灰冷矣又云輿人之言皆謂張捷美而諸公攻之何也後迅與捷俱殉國而錢則稽顙我幕云錢博極群書尤留心史學當馬阮專政時以聲氣夙望而詆東林薦逆案不知作史時何以措毫國變後史藁悉付絳雲樓一炬亦天意不欲彰此穢史耶

四三

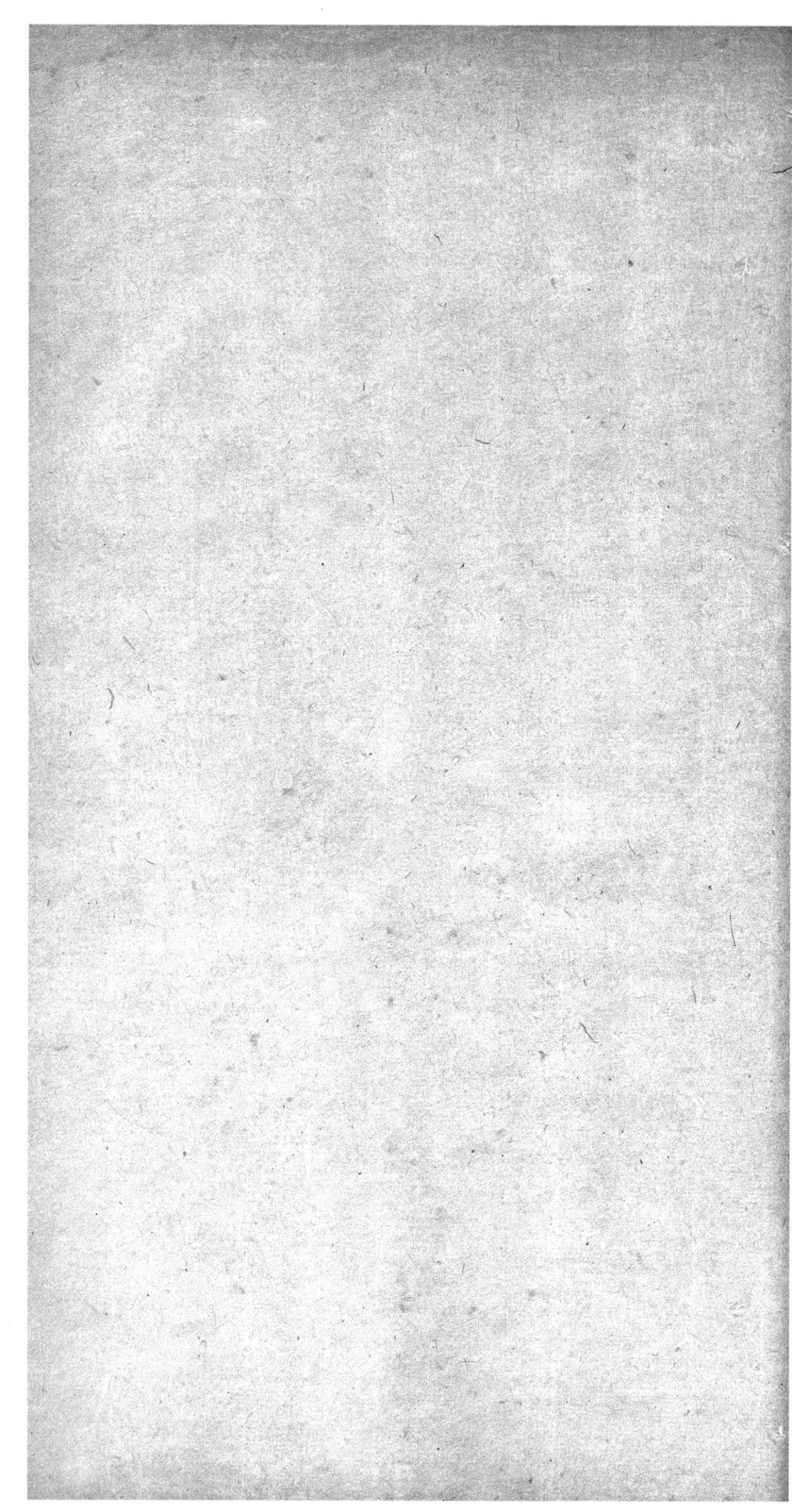

錢忠介公肅樂疏云我國家中葉上固受其危下亦未免見傷
往者遼事起而有遼餉詔書有曰暫累吾民一年已而為定額
矣及勦餉復有勦餉詔書如前已而復為定額矣楊嗣昌請抽
練九邊之兵以制虜疲餉詔書復如前已而復為定額矣加以
催科之令毒於猛虎撟虔之吏剥民媚官由是言之元氣之傷
已甚前年起義王之仁方國安日吸紹興民間之膏血而空之
王鳴謙張國柱日吸寧波民間之膏血而空之谷文光李璉又
日吸天台民間之膏血而空之一時有此三空傷不益甚乎今

其餘習尚未盡變㠯所謂難於夏商者此也言之可謂嘆息

事會之來必有其漸　威廟出禁中遼參易之即爲建州入中原遍地觜參之兆威廟夾吴昌時於殿廷即爲闖賊入神京夾拶縉紳追贓之兆　威廟改張侍御任學爲總兵即爲建州改總兵土國寶撫吴耿焞撫燕之兆　威廟用無賴武舉陳啓新爲給諫即爲建州養馬揞水放炮各賤役爲司道守令之兆

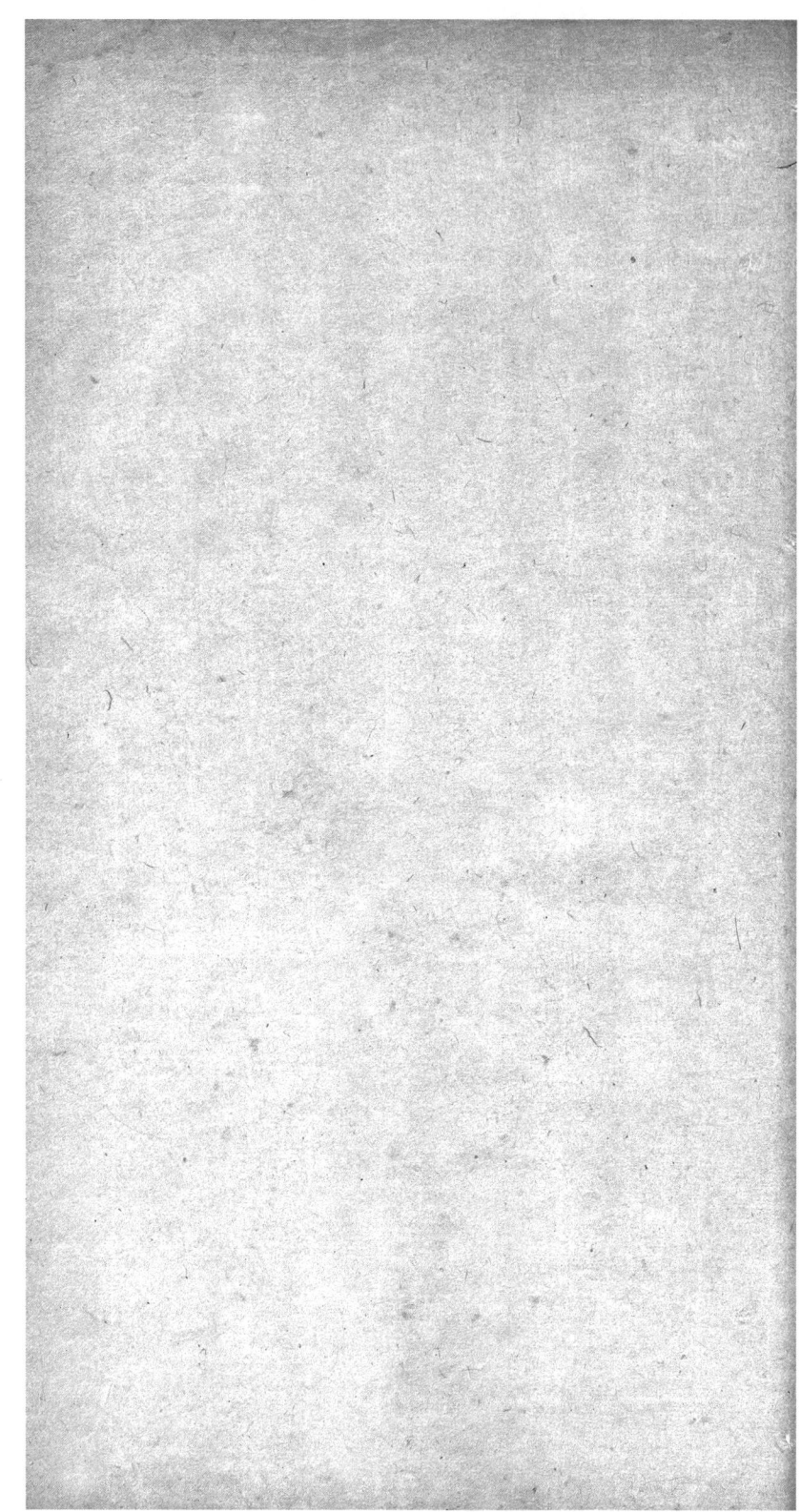

附五朝耆舊記

起萬曆甲戌訖崇禎癸未凡生平景仰宦游親炙及先輩傳聞事久論定名實不爽者聊據姓氏爵里以誌黄髮遺黎之感因歎世際末流諸君子懷琛抱璞生不逢時非用違其才則位不配德且一罹璫瓺再賫闖難三經𠵊革摧殘困阨甚至身膏斧鑕血化青燐者何可勝道心動觷𨓞悼喪儀型恐後死者不得與於斯文也悲夫癸丑夏仲拾遺氏四明野史壐菴漫録

神祖萬曆二年甲戌科

趙忠毅公諱南星號儕鶴北直高邑人吏部尚書　好善若渴嫉惡如讐澄叙官方公忠清執家食三十載海内卜其進退以爲安危遭璫讒殁於戍所

丁丑科

鄒忠介公諱元標號南臯江西吉水人左都御史　釋褐即疏論江陵奪情予杖謫遣里居講學四十年後起總憲稍覺平恕於京師建首善書院

庚辰科

顧端文公諱憲成號涇陽南直無錫人太常卿　闡明濂洛宗旨首建東林書院講學爲海内清流冠冕所最

研辨者無善無惡心之體一語發文成所未發有功名教

鍾中丞公　諱羽正號龍源山東益都人左僉都御史　同吉水講學翛然不滓清修若鶴

癸未科

劉文節公　諱應秋號允陽江西吉水人國子祭酒　掾履端醇粹然真品

丙戌科

王文肅公　諱圖號衷白陝西耀州人禮部尚書　槩步端儀人欽國器

己丑科

高忠憲公　諱攀龍號景逸南直無錫人左都御史　璫逮自裁攬轡澄清風標峻整首參崔逆追賍先見卓識　二

臨化時尤徵學力堅定　端修

馮恭定公諱從吾號少墟陝西延安人左副都御史
遂養與吉水同心啟迪大闡宗風　踐履篤實

方廷尉公諱大鎮號魯嶽南直桐城人大理卿
學問淵醇家庭孝友無間鄉人尊為文孝先生深
自砥礪二十四年臺資不求榮進馮高兩公總憲
特薦乃晋中執法未徵罷歸　手荻嶽又

王莊毅公諱紀號獻葵山西芮城人刑部尚書
執法如山

壬辰科

韓文忠公諱爌號象雲山西蒲州人少師兼太子太師中極
殿大學士吏部尚書韓相業光明護持善類手定
逆璫爰書廓清奸佞大抒公憤

喬司寇公諱允升號鶴皋河南洛陽人刑部尚書　不狥不撓同蒲州定逆千秋鐵案

乙未科

劉文端公諱一燝號諟菴江西南昌人少保兼太子太保武英殿大學士吏部尚書　光廟升遐　熹宗御極受遺定策再奠鐘簴

陳冏卿公諱大綬號赤石江西浮梁人太僕少卿前兩浙學憲不染一塵介絜自好有古人之風

陳少宰公諱于庭號中湛南直宜興人南京右都御史　骨鯁不阿手標峙嶽

曹冏卿公諱學佺號能始福建侯官人太僕卿福州殉難壯歲辭榮振興風雅石倉詩選爲昭代名山大業

戊戌科

鄭冢宰公諱三俊號玄嶽南直建德人吏部尚書　諡真任事亮節清標儀型四海

熊經畧公諱廷弼號芝岡湖廣江夏人兵部尚書薊遼總督死西市傳首九邊　不受金錢不通饋問與人爭
國家大計如身事家事戮力危疆卒以擠死惜哉

辛丑科

劉忠端公諱宗周號念臺浙江山陰人左都御史乙酉殉難孤忠自許蕭然樸素海内清介第一流至峻節高標難進易退有古大臣之風

周忠惠公諱起元號綿貞福建海澄人蘇松巡撫璫逮死詔獄　實心為國不屈權奄

甲辰科

李忠文公　諱邦華號懋明江西吉水人左都御史甲申殉難
有體有用卓識宏裁魁勢披猖密請東宮撫軍
江南尤諗曲突僉人誤國竟致覆巢光賊寸磔不
足償罪矣

孫文忠公　諱承宗號愷陽北直高陽人太保建極殿大學士
兼兵部尚書殉難宰相行邊辭安就危本誠心施大
用功在社稷

徐學士公　諱光啟號玄扈南直上海人禮部尚書兼東閣大
學士曾理團練　精律知兵留心幹濟

丁未科

楊忠烈公　諱漣號大洪湖廣應山人左副
獄　以給諫受知　光廟與聞
之功二十四大罪首犯兗鋒中
日月爭光

左忠毅公　諱光斗號滄嶼南直桐城人
詔獄　婁邪秉正緼義生風于
李杜云

惠司寇公　諱世揚號元孺陝西清澗人刑[illegible]
孤冷與人落落百煉之剛矢死不[illegible]寅秋
臨決天佑忠貞前星誕慶偕方侍御半夜傳免

庚戌科

高文忠公　諱弘圖號硜齋山東膠州人東閣大學士兼工部
尚書乙酉蠡城盡節　介節稜嶒不屑以少司空
屈總理権璫馬阮翻逆案痛哭掛冠

張冢宰公　諱慎言號藐姑山西陽城人吏部尚書　絜清自
砥為少司空時余觀政冬官每欽風采留銓彙茹

衆正殫魁争逆案不可翻拂衣去國

癸丑科

范文貞公

諱景文號質公北直吳橋人東閣大學士兼工部尚書甲申殉難

端亮清忠有御變之才揮霍之略司李即署門不受囑不受饋人稱為不二公

周忠介公

諱順昌號蓼洲南直吳縣人吏部文選司員外郎

璫逮死詔獄

賢名高月旦清望滿寰區剛腸俠氣與魏忠節訂婚舟次緹騎激變[illegible]道

周忠毅公

諱宗建號来玉南直吳江人御[illegible]

英敏勇決遇事風生過目不忘以遼事為先品人從國家起[illegible]於長才真天生豪傑

方中丞公諱震孺號孩未南直壽州人
不避艱險親歷危疆保全
邏卒生出獄門

繆學士公諱昌期號西谿南直江陰人翰
逮死詔獄　奮不顧身一死殉國
石交

丙辰科

魏忠節公諱大中號廓園浙江嘉善人吏科都給事中璫逮
死詔獄　清操勁骨介然不撓領袖天垣激揚流
品權豪斂戢

瞿中丞公諱式耜號稼軒南直常熟人僉都御史巡撫廣西
端溪賤作晋東閣大學士吏部尚書粵東殉難

獎掖人羣及引善類孤撑半壁翼戴宗支精誠貫

日

己未科

姜少傅公 諱曰廣號燕及江西新建人東閣大學士户部尚

書丁亥殉難 絜志提躬正己率物猶見先輩典

型

張清惠公 諱瑋號二無南直武進人左僉都御

尚絶意營構蕭然物外威鳳冥鴻

陳學士公 諱子壯號秋濤廣東南海人禮部

院侍讀學士[illegible]英才卓犖介節

姚文絜公 諱希孟號現聞南直吳縣人翰

平生刻苦淬礪瑩潤無瑕

蔡忠襄公 諱懋德號雲怡南直崑山人

西殉難 絜己奉公學優養

熹宗天啟二年壬戌科

倪文正公諱元璐號鴻寶浙江上虞人[illegible]
風規卓越標格夐迥節義文
公相並

盧忠烈公諱象昇號九台南直宜興人兵部尚
史總理七省己卯陣亡　以身許國
碧九原垂名青史

黃學士公諱道周號石齋左春坊左諭德兼翰林院侍讀學
士思文朝晉東閣大學士兵部尚書乙酉遇害
一味樸忠奮往不顧蠲覺盡瘁不愧文山

文文肅公諱震孟號湛持南直長洲人狀元及第東閣大學
士兼禮部尚書　為孝廉三十載清標絕俗物望

攸崇甫入政府與烏程不合投劾而歸

祁忠敏公　諱彪佳號世培浙江山陰人僉都御史巡撫蘇松

乙酉殉難　大才出以小心遇事明敏當機勇決

英姿卓識超出等恒

陳文莊公　諱仁錫號芝臺南直長洲人國子祭酒[illegible]周[illegible]

計邊情碩抱宏猷贊襄啟沃惜未竟其[illegible]

吳忠節公　諱麟徵號磊齋浙江海鹽人太常少[illegible]

不立墻宇不傍聲氣正直持躬[illegible]公

孟忠貞公　諱兆祥號首形山西交河人刑[illegible]

難　雅望清修溫溫如玉

王忠端公　諱家彥號尊五福建莆田人戎[illegible]

申殉難　正色毅容有泰山巖[illegible]

乙丑科

凌忠清公諱義渠號茗柯浙江烏程人
夷然冲雅蕭然閒淡風度汪
袁中丞公諱繼咸號臨侯江西宜春人
御史總督江楚被執至燕不屈
君有身惟許國疊山止水合爲
萬中丞公諱元吉號茹荼江西南昌人僉都
與城同殉　揮霍有餘臨敵制勝禦
感宗崇禎元年戊辰科
史少保公諱可法號道隣錦衣籍河南祥符人東閣大學士
兼兵部尚書乙酉殉難　實心任事坦懷待物狥
國孤忠惜才力不逮
徐學士公諱汧號勿齋南直長洲人翰林院侍讀學士兼詹
事府少詹事乙酉盡節　一身荷綱常之重千秋

節烈百世高風

金忠節公諱鉉號伯玉南直武進人兵部車駕司主事甲申
殉難　夙懷徇國之志砥行飭躬無慚名教

金侍御公諱聲號正希南直休寧人御史加兵部右侍
酉被執遇害　捐糜自矢終日談兵說劍
志

辛未科

左中丞公諱懋第號蘿石山東萊陽人兵
御史使燕不屈死之　墨纕從
報國抗節不回顏魯公文信國

馬文忠公諱世奇號素脩南直無錫人
經局洗馬甲申殉難　公本

高寄百尺樓上人

楊太史公諱廷麟號機部江西青江人[illegible]
難 故沃經筵奏對蹇諤抹黃
稱矯又

章都諫公諱正宸號格菴浙江會稽人
理寺丞 兩長天垣三下詔[illegible]
然

成忠毅公諱德號玄升山西霍州人兵部武選司[illegible]
殉難 奮凡直前毫無瞻狗可謂獨立不懼[illegible]

甲戌科

劉文正公諱理順號湛陸河南杞縣人狀元及第左春坊左
中允甲申殉難 正笏立朝義形於色

浙東山水簿總目卷首一卷卷末一卷

本書選用中國國家圖書館藏本影印

鎮海范鑄撰。鑄字壽金，號柳堂，又號野諶。當甲寅夏，浙省開局修通志，其後聘柳堂爲編纂，以其精於山水形勢，遂任『山水』一門。凡浙東山水，皆親歷之。既自爲《經行記》（如《天台經行記》及《後記》刻於乙卯），而以所得及古人之筆記一一彙録之。全書今在餘姚某當鋪謝某處。憶己巳秋章一山（梫）致書李雲書，勸我收是書。我答以此書可爲刊入《四明叢書》否，則擬五百番爲贈，由是音信杳然。僅留《簿目》一册。後訪之鎮海人士，則柳堂逝矣。嗚呼！吾負柳堂實多，他日必思訪得原稿，以傳刻之，藉志吾過。乙酉春，約園。

（《約園雜著三編》卷二《藏書題跋二・浙东山水簿目一册》）

卷首叙録

卷末叙例

鎮海范鑄壽金著

浙東山水簿總目

四明叢書　約園抄本

總目　　浙東山水簿

山脈

水派

卷五山水經行篇第四子卷七

古游記

今游記

卷六山水文字篇第五子卷十

山水詩

山水文

卷末

叙例

浙東山水簿

卷首敘錄

幹脈 九篇 幹脈記

幹脈總綱上

幹脈總綱下

仙霞嶺

仙霞分脈

仙霞南幹幹脈記第一

仙霞北支幹脈記第二

仙霞中支幹脈記第三

卷三上之中

大盆山

支脈總綱上

支脈總綱下

仙霞支榦餘脈

竝仙霞南榦左面七縣支脈記第一 江山 慶元 泰順 平陽 雲和 景寧 瑞安

竝仙霞北支右面四縣支脈記第二 常山 開化 遂安 壽昌

卷三中之下

仙霞中支左右十一縣支脈記第三 遂昌 宣平 麗水 縉雲 龍泉 松陽 西安 龍游 湯谿 武義 永康

卷三下之上

大盆六支餘脈

括蒼山左右四縣支脈記第四（青田 永嘉 仙居 黃巖）

雁蕩山左右三縣一廳支脈記第五（樂清 太平 玉環）

環金華山六縣支脈記第六（東陽 義烏 金華 蘭谿 浦江 諸暨）

卷三下之下

竝會稽山四縣支脈記第七（嵊 會稽 山陰 蕭山）

夾天台山五縣支脈記第八（天台 寧海 象山 新昌 臨海）

環四明山六縣支脈記第九（上虞 餘姚 慈谿 鄞 奉化 鎮海）

附定海廳近治山水可游者記

山水血脈篇第三下卷之四

水派

卷四上之上

江海

江海總綱

浙江附水經注錯簡考正

卷四上之下

入浙江之巨川

信安江

東陽江

浦陽江

附西小江鑑湖水

附考證浦陽江考辨　鑑湖序考證

曹娥江

附考證山居賦注考證　毛奇齡三江考辨

卷四中之上

浙海

附海島四區定海廳四面諸島　象山外海南北諸島　玉環外海南北諸島

鎮下關海北面諸島

卷四中之下

入浙海之巨川

甬江

附考證

天門水俗曰裏港海

附考證天門東門二山辨

三門港

靈江

甌江

附考證處州大谿源考水道提綱辨誤

飛雲江

附鼇江

入浙海諸水

寧紹緣海五縣河渠記第七奉化鄞餘姚慈谿鎮海

附山北長河記縣歷上虞餘姚慈谿鎮海四縣境

環三門港二縣水澤記第八象山寧海

夾靈江五縣水澤記第九天台仙居臨海黃巖太平

卷四下之下

甌江上下流十二縣一廳水澤記第十慶元龍泉雲和麗水青田景寧遂昌松陽宣平縉雲永嘉樂清玉環

夾飛雲江鼇江三縣水澤記第十一泰順瑞安平陽

山水經行篇第四卷之五

括蒼之脈
國朝潘耒游仙居諸山記
卷五上之中上
古行記
雁蕩之脈
明孫轂雁蕩游記
陶望齡雁蕩紀游
鄭汝璧游雁蕩山記
徐宏祖游雁蕩山記
又後記

國朝張臧藻中雁蕩紀游

卷五上之下上

古行記

金華之脈

宋方鳳金華游録

元吳師道游金華北山記

又後記

明徐宏祖游金華北山記

徐渭游五洩記

會稽之脈

明張元忭游秦望山記

天台之脉

明徐宏祖游天台山記

又後記

國朝潘耒游天台山記

洪亮吉游天台山記

四明之脉

宋鄧牧游雪竇記

明沈明臣游四明山記

宋王安石鄞縣經行記

附録范鑄游四明山碎金集

元吴萊甬東山水古蹟記

浙東諸山水

明瞿文昌浙東行記

卷五上之下下

江海

宋樓鑰浙江行記

明程嘉燧新安江行記

湯仲矅浙江游記

國朝孫嘉淦浙江行記

俞曉霞浙江紀程

明王穉登客越志

國朝鄒代鈞浙海紀程

卷五下之上及下之下

今行記

范鑄浙東山水經行十記

卷五下之上

剡中行記第一

天台山行記第二

天台山行後記第三

詩

山水之詩

子目繁不録

卷六上之中上

山之詩

子目繁不録

卷六上之中中

子目繁不録

卷六上之中下

子目繁不録

卷六上之下

水之詩

手目繁不録

卷六下之上

山水之文

晉陸雲答車茂安書

附晉謝安與支遁書

戴逵申三復贊

又閒游贊序

又閒游贊

國朝施元孚石門洞記

章楹石門山觀瀑記

青田志小石門山紀勝

[illegible]名記

第六行疑有字闕

唐樓光千東巖隱難記

明　後隱難記

宋葉夢得小仙都山紀勝

梁劉昭龍邱山注

卷六下之中中

山之文

元李孝光雁蕩又記

明何白雁蕩八記

國朝施元孚雁蕩十一記

附雁山評　雁山銘　雁山序

跋雁山書

卷六下之中下

山之文

梁劉峻金華山棲志

宋謝翱金華山三記

明宋濂五洩山志

第六行疑有字闕

卷六下之中甲

山之文

元李孝光雁蕩又記

明何白雁蕩八記

國朝施元孚雁蕩十一記

附雁山評　雁山銘　雁山序

跋雁山書

卷六下之中下

山之文

梁劉峻金華山棲志

宋謝翶金華山三記

明宋濂五洩山志

卷六下之中中

山之文

秦李斯會稽山刻石文

晉王羲之蘭亭序

附新婦尖宋陵紀事始末

釋傳燈天台山形勝考

唐白居易沃洲山禪院記

元危素四明山碑

又白水觀記

梁孔稚圭金庭山楮伯玉碑

唐裴通金庭山王右軍書樓墨池記

國朝姚燮支家奥記

卷六下之下

水之文

宋王安石餘姚海塘記

宋曾鞏廣德湖記

明邱緒東錢湖議

宋邵亢月湖衆樂亭記

明徐渭三江閘記

宋林元晉迴沙閘記

魏峴烏金堨記

右録五篇實為浙東山水簿書讀漢書西域傳其篇首

數語耳而賅括萬里之形勢及叙次諸國其書盈寸而簡明又僅如數語心竊好之而未能學也今此簿於山水之小者魁父蹄涔曲折里數暨名稱古蹟物產雖未能纖悉無遺然於繁者簡之散者整之使千數百里山川之脉絡作一筆書此則區區所究心而自以為有合於古籍之體裁之萬一者爾但官書有程限時日促迫不能悉心討論疎謬之處自知不免督而正之尚望於州里之碩學

卷末叙例　　浙東山水簿

新唐書地理志江南道名山十有三而浙東得其六雁蕩尚不與焉孫綽云登陸則有四明天台陳夢說云宇內名山天台雁蕩盡之矣抑又有進者句餘會稽之山皆著於山海經皆在浙東禹貢三江韋昭以為松江浙江浦陽江也而浙東又得禹貢三江之半於是述浙東山水簿宋陳舜俞記廬山冠以山水總叙今用其例述山水總論篇第一山經紀某山俞紀某水出焉漢志紀某水兼紀出於某山及其過郡縣幾行若干里而乾隆府廳州縣志有眾水歸合表今參用其例述山水譜系

篇第二知有分水之嶺乃知山之有大榦知有大榦乃知有分支且知有小支夫知山之有榦有支有小支則山之脉絡見矣山之脉絡見則水之派別亦見矣此大地之血脉管子云水者地之血也今用其語述山水血脉篇第三大抵兩水合而龍伏如蘭谿馬公灘是已亦即所謂兩水之間必有山也兩龍分而水始如仙霞中支北支間而衢港出焉是已亦即所謂山之間必有水也此又山水互相貫輸為血脉者新唐書吐蕃傳載劉元鼎使吐蕃記遼史地理志載王曾上事皆行記之屬也今用其例述山水經行篇第四吳郡文粹赤城集皆以藝文別錄不與地理雜廁黃宗羲作四明山志末附詩括文括今參用其例述山水文字

篇第五淮南卒篇有要略趙岐注孟子篇終有篇叙今用其例卷末述叙例終焉凡此皆分篇之大例也不寧惟是山水血脈本諸圖（新舊圖多疏略而光緒測量圖尤譌）圖不足輔之以經行記此篇次之例也管墨韓非諸子類皆自為經自為傳說今略仿其例以山水總論及山水譜系為綱領以血脈篇為經而緯之以經行記猶有所未備以山水文字彌縫之此又全簿次序之例也堪輿家說山脈云乘風則散界水則止今用其說故此簿之宗旨兩言以蔽之曰以山界水（即所謂嶺有分水者）以水界山（即所謂水亦有分山者）此又全簿紀述之例也（至於山表由本以及末水表由末以及本山脈亦由本以及末）

而支脈則由末以及本水派亦由末以及本而水澤則由本以及末此叙山水順逆聯絡之定例也山所以分水而有時水派過山者山脈低伏也水所以界山而有時山脈渡水者水載高地也所謂有過峽之山有過脈之水此叙山水斷續聯絡之變例也如四明大脊之尾山脈有斷處及四明右小幹之脈渡東錢湖之類是也又若龍游縣江北岸有小赤山迤邐西行及入西安境而江北赤山忽在江南又迤邐而結為爛柯山此又山脈渡水之明驗已以浙東之山為崑崙大幹之分支者此徐宏祖之説也山脈水派仿禹貢道山道水之文而幹脈兼用堪輿家之説江海參用水道提綱之例支脈叙次用劉録參以柳州近治山水記太湖七十二峯記之例水澤叙次用鑑湖圖序之例間嘗竊論之古時山少而今時山多何耶蓋一山必有數峯或數十百峯古者不稱峯

為山後之人於峯之類皆稱山於是而一山有數峯或
數十百峯者竟化為數山或數十百山矣即如四明一
山也而有峯二百八十逮後人隨地各立山名於是而
四明一山不啻二百八十山矣此名稱不審本末之故
耳夫山豈如息壤之有孳生哉今叙榦脈但載其名山
大山而瓅瓅支峯小山一邱一壑別載於支脈中又此
簿紀山之例也紀山水不紀怪異用延祐四明志之例
參用漢地理志顏注之說近人潘紹詒修處州府志亦云道家之說多不經不悉錄
凡水道源委長者綜其里數支港短流則略之此班志
之例也簿中附錄自著用張元忭紹興志之例東陸商

華山經云志撮詩文古疏今密瓦玉雜糅綜揆斯道不惟其備惟其醇楊應琚西寧府志云藝文内郡常苦其多斯抉擇宜精邊地常苦其少故搜羅宜廣然鄙宂者亦不濫登旨哉斯言今用其例以慎去取大抵於古取之密於今取之疏每篇後附考證論説用禹貢錐指之例不如蓋闕聖有謨訓計然所病不知言知故此簿有可考證者乃詳之否則不敢穿鑿附會以求詳蓋猶是古例爾每事有例每例必舉所本此乃河間紀氏譜録之例也

外孫陳會階校録

四明叢書

約園抄本